国家重点档案专项资金资助项目

民国时期重庆民族工业发展档案汇编

重庆电力股份有限公司

重庆市档案馆◎编

唐润明◎主编

西南师范大学出版社
国家一级出版社 全国百佳图书出版单位

图书在版编目（CIP）数据

民国时期重庆民族工业发展档案汇编：重庆电力股份有限公司 / 重庆市档案馆编；唐润明主编. -- 重庆：西南师范大学出版社，2021.6
ISBN 978-7-5697-0917-9

Ⅰ. ①民… Ⅱ. ①重… ②唐… Ⅲ. ①电力工业-历史档案-汇编-重庆-民国 Ⅳ. ①F426.61

中国版本图书馆CIP数据核字（2021）第098775号

民国时期重庆民族工业发展档案汇编
重庆电力股份有限公司

MINGUO SHIQI CHONGQING MINZU GONGYE FAZHAN DANG'AN HUIBIAN
CHONGQING DIANLI GUFEN YOUXIAN GONGSI

重庆市档案馆 ◎ 编　唐润明 ◎ 主编

出版策划：陈　涌
责任编辑：李晓瑞　张　昊　杨佳宜　王玉竹　于诗琦　何雨婷　张昊越　伯古娟　李浩强
特约编辑：姚良俊
装帧设计：双安文化
出版发行：西南师范大学出版社
地址：重庆市北碚区天生路2号
邮编：400715
http://www.xscbs.com
市场营销部电话：023-68868624
经　销：全国新华书店
印　刷：重庆市开源印务有限公司
幅面尺寸：210mm×285mm
印　张：293.25
字　数：3293千字
版　次：2021年6月　第1版
印　次：2021年6月　第1次印刷
书　号：ISBN 978-7-5697-0917-9

定　价：2680.00元（全九辑）

民国时期重庆民族工业发展档案汇编

重庆电力股份有限公司

编辑委员会

编辑说明

一、《民国时期重庆民族工业发展档案汇编·重庆电力股份有限公司》是国家重点档案专项资金资助项目。

二、项目缘起：2020年，国家档案局、财政部继续实施『国家重点档案保护与开发项目』并公布选题方向，重庆市档案馆积极响应，根据选题方向与馆藏实际，将《民国时期重庆民族工业发展档案汇编》进行申报并获得批准。重庆电力股份有限公司在民国时期是重庆地区关系民生不可或缺的重要民族工业，该公司所留存的档案是《民国时期重庆民族工业发展档案汇编》的重要组成部分。经项目组研究，决定将重庆电力股份有限公司档案纳入《民国时期重庆民族工业发展档案汇编》之中。经过半年多的工作，该项目已经完成，进入出版阶段。

三、项目意义：电力的使用，是人类社会文明进步的标志，电力使用的早晚与多少，则反映了一个地区或城市近代化、城市化的程度。重庆作为中国西部地区设市较早的城市，其电力的产生、使用和发展，与重庆城市的发展紧密相连：1932年，重庆士绅潘文华、刘航琛、康心如等发起筹设重庆电力股份有限公司；1935年2月，该公司正式成立，内设董事会，有董事长1人、常务董事4人、董事15人，监察7人，经理部则设有总经理、协理、总工程师各1人。随着时代的发展与社会的需要，重庆电力股份有限公司也日益发展壮大，先后设有发电厂3个，资本总额达到3000万元，发电量与用户也与日俱增。因此，重庆电力股份有限公司的设立与发展，既伴随着重庆城市的发展进步，又对重庆城市的近现代化进程有着积极的促进作用，是研究重庆城市以及重庆民族工业发展的重要对象。

四、档案概况：重庆市档案馆馆藏之重庆电力股份有限公司档案，主要分布在重庆电力股份有限公司等全宗内，它集中地反映了1937—1950年间重庆电力股份有限公司筹设、创办、经营、管理的情况和该时期在重庆的政府机构、工矿企业用电及居民生活用电状况。

五、为了使读者更方便阅读档案，编者在选编档案时，除按需要进行选编外，所做的加工工作主要有：①对每一份档案，重新撰写了标题；②对原档中个别内容排放顺序错乱者，按内容的有机联系进行了必要的调整；③原档中部分无时间记录的档案，根据内容进行了考订补充，并用脚注进行说明；④所选的每一份档案，都在最后标明了其所在的全宗号、目录号与卷号，其中，全宗号以4位数字标识，不足者前面加『0』，目录号、卷号以实际数字标识，如『0123-1-29』，即表明此份档案在0123全宗，1目，29卷内。

编　者

二〇二〇年十二月

总目录

编辑说明 …… 一

一、组织沿革

重庆市政府关于重庆电力工厂登记单（一九三七年七月） …… 二

关于检呈重庆电力股份有限公司设立登记文稿上四川省建设厅的呈（附公司章程、股东名簿、营业概算书等）（一九三七年二月十八日） …… 四

重庆市社会局关于重庆电力股份有限公司依法申请登记给该公司的通知（一九四二年五月二十二日） …… 四二

重庆电力股份有限公司请重庆市政府拨用江北县政府旧址地皮给重庆电力股份有限公司建筑江北办事处的代电（一九四五年二月十七日） …… 四三

重庆市政府关于抄发考核重庆电力股份有限公司之改进意见给该公司的训令（附意见）（一九四五年三月十七日） …… 四八

重庆市政府关于重庆电力股份有限公司请求拨用江北县政府旧址地皮建筑江北办事处的回电（一九四五年三月三十日） …… 五七

艰苦挣扎中之重庆电力股份有限公司（一九四七年五月十三日） …… 五八

重庆电力股份有限公司的中国全国民营电业协会会员证书（一九四七年七月三日） …… 七五

重庆电力股份有限公司的中国全国工业协会会员证（一九四七年十月二十二日） …… 七六

重庆电力股份有限公司关于遵令编具重庆电力股份有限公司概况致重庆市工务局的代电（附概况）（一九四八年一月十二日） …… 七七

重庆电力股份有限公司组织规程（一九四八年六月十八日）……………………八九
重庆电力股份有限公司职工恤养规则（一九四八年六月十八日）……………………九七
重庆电力股份有限公司关于检寄公司概况致中央银行贴放委员会的函（附概况）（一九四九年三月二十二日）……………………一〇一
重庆电力股份有限公司经济状况……………………一〇五
重庆电力股份有限公司困难状况概述……………………一〇八
重庆电力股份有限公司南岸分厂设立经过等……………………一二四
重庆电力股份有限公司现状……………………一二六
重庆电力股份有限公司概况（包括组织沿革）……………………一三〇
重庆电力股份有限公司业务概况及整理经过……………………一三四
重庆电力股份有限公司遭遇之困难……………………一五七
重庆电力股份有限公司之现状……………………一六一
重庆电力股份有限公司执照……………………一六九
重庆电力股份有限公司组织系统表……………………一七一
重庆电力股份有限公司维持现状之意见……………………一七二
重庆电力股份有限公司近况……………………一八四

二、章程制度

重庆电力股份有限公司营业章程（一九三五年）……………………二〇〇
关于检送修正重庆电力股份有限公司职工奖惩规则及职工抚恤规则致公司董事会的函（附规则）（一九三五年七月六日）……二三七
电气事业注册规则（一九三八年七月）……………………二五〇

重庆电力股份有限公司关于修正职员出勤津贴暂行规则的函（一九四〇年十月七日）……二五六
重庆电力股份有限公司关于修正技工、学徒、小工、职员出勤津贴暂行规则的布告（附规则）（一九四〇年十月七日）……二五八
重庆电力股份有限公司关于核查第二次修正职员出勤津贴的布告（一九四〇年十月十五日）……二七一
重庆电力股份有限公司稽核室组织规程（一九四〇年十月二十一日）……二七四
重庆电力股份有限公司章程（一九四一年十一月二十一日）……二八四
重庆电力股份有限公司各种规则草案（一九四二年五月）……二九二
重庆电力股份有限公司人事章则等（一九四二年十月二十日）……三九四
重庆电力股份有限公司职员任免规则（一九四二年十月二十日）……四三三
重庆电力股份有限公司组织规程（一九四二年十月二十日）……四三六
重庆电力股份有限公司组织规程草案（一九四二年十月二十日）……四四六
重庆电力股份有限公司工友奖惩规则（一九四二年）……四五七
重庆电力股份有限公司非常时期职工抚恤规则（一九四二年）……四六八
重庆电力股份有限公司职工恤养规则疑义各点（一九四三年九月十三日）……四七二
重庆电力股份有限公司营业章程（一九四三年十月）……四七七
重庆电力股份有限公司用电检查组办事细则（一九四四年三月四日）……五〇四
重庆电力股份有限公司关于检送重庆电力股份有限公司营业章程致重庆市政府的代电（附章程）（一九四四年五月二日）……五一四
重庆电力股份有限公司关于抄发用电审查委员会组织规程、用电标准及管理用电办法给各科、处、组等的通知（附组织规程、用电标准、管理用电办法）（一九四四年九月十四日）……五三五
重庆市政府关于修正重庆电力股份有限公司营业章程给重庆电力股份有限公司的指令（一九四五年五月二十七日）……五四五
重庆市电气承装业管理规则（一九四七年九月三十日）……五四八
重庆电力股份有限公司章程（一九四八年四月二十八日）……五五三

重庆电力股份有限公司组织规程（一九四八年六月十八日）……五六四
重庆电力股份有限公司新机建设委员会组织大纲（一九四九年三月二十二日）……五七二
重庆电力股份有限公司各厂、处、科担任技术工作职员过时工作奖励办法上程本臧的呈（附办法）（一九四九年七月四日）……五七四
重庆电力股份有限公司各科室、组值日暂行办法（一九四九年九月十二日）……五七七
重庆电力股份有限公司人事规则（一九四九年十一月）……五七九
重庆电力股份有限公司包灯供电暂行办法……六〇一
重庆电力股份有限公司临时维持委员会组织规程……六〇五
重庆电力股份有限公司职员福利委员会组织章程……六〇七
重庆电力股份有限公司营业章程……六一六
重庆电力股份有限公司处理窃电规则……六四四
重庆电力股份有限公司加班办法……六五五
重庆电力股份有限公司值日规则……六五七
重庆电力股份有限公司工友宿舍暂行规则……六六一
重庆电力股份有限公司处理材料暂行规则……六六五
重庆电力股份有限公司购买及处理材料暂行规则……六七五
重庆电力股份有限公司职员福利委员会组织章程……六八七
重庆电力股份有限公司职工奖惩规则……六九六
重庆电力股份有限公司经营电气事业各种应用细则汇编……七〇二

三、**会议纪录**

重庆电力股份有限公司董事会第一次会议纪录（一九三五年一月二十二日）……七四〇
重庆电力股份有限公司董事会第二次会议纪录（一九三五年三月二十日）……七四四
重庆电力股份有限公司董事会第三次会议纪录（一九三五年四月十二日）……七四九
重庆电力股份有限公司董事会第四次会议纪录（一九三五年五月二日）……七五五
重庆电力股份有限公司董事会第五次会议纪录（一九三五年五月二十四日）……七六二
重庆电力股份有限公司董事会第六次会议纪录（一九三五年七月二日）……七六六
重庆电力股份有限公司董事会第七次会议纪录（一九三五年八月二日）……七七二
重庆电力股份有限公司董事会第八次会议纪录（一九三五年九月五日）……七七八
重庆电力股份有限公司董事会第九次会议纪录（一九三五年十二月二十日）……七八五
重庆电力股份有限公司董事会第十次会议纪录（一九三六年一月一日）……七九五
重庆电力股份有限公司董事会第十一次会议纪录（一九三六年六月二十二日）……七九九
重庆电力股份有限公司董事会第十三次会议纪录（一九三六年九月十九日）……八一〇
重庆电力股份有限公司董事会第十四次会议纪录（一九三六年十月三十日）……八一五
重庆电力股份有限公司董事会第十五次会议纪录（一九三六年十二月二十九日）……八一九
重庆电力股份有限公司董事会第十六次会议纪录（一九三七年二月一日）……八二四
重庆电力股份有限公司董事会第十七次会议纪录（一九三七年三月七日）……八三〇
重庆电力股份有限公司董事会第十八次会议纪录（一九三七年四月二十日）……八四〇
重庆电力股份有限公司董事会第二十次会议纪录（一九三七年五月二十日）……八五三
重庆电力股份有限公司董事会第二十一次会议纪录（一九三七年六月二十四日）……八五八

重庆电力股份有限公司董事会第二十二次会议纪录（一九三七年七月二十日）……八六四
重庆电力股份有限公司董事会第二十三次会议纪录（一九三七年八月二十八日）……八七〇
重庆电力股份有限公司董事会第二十四次会议纪录（一九三七年九月二十日）……八七六
重庆电力股份有限公司第二十五次董事会决议录（一九三七年十一月二十日）……八八六
重庆电力股份有限公司董事会第二十六次决议录（一九三七年十二月二十日）……八九四
重庆电力股份有限公司临时董事会决议录（一九三八年一月二十七日）……八九九
重庆电力股份有限公司临时董事会决议录（一九三八年二月十二日）……九〇七
重庆电力股份有限公司第二十七次董事会决议录（一九三八年二月二十六日）……九一一
重庆电力股份有限公司第二十八次董事会决议录（一九三八年三月二十一日）……九一六
重庆电力股份有限公司第二十九次董事会决议录（一九三八年四月二十日）……九二三
重庆电力股份有限公司第三十次董事会决议录（一九三八年五月二十日）……九二八
重庆电力股份有限公司第三十一次董事会决议录（一九三八年六月二十一日）……九三六
重庆电力股份有限公司第三十二次董事会决议录（一九三八年七月二十日）……九四〇
重庆电力股份有限公司临时董事会决议录（一九三八年七月二十五日）……九四五
重庆电力股份有限公司第三十三次董事会决议录（一九三八年八月二十日）……九五〇
重庆电力股份有限公司第三十四次董事会决议录（一九三八年九月二十日）……九五五
重庆电力股份有限公司临时董事会决议录（一九三八年十月三日）……九六二
重庆电力股份有限公司第三十五次董事会决议录（一九三八年十月二十日）……九六九
重庆电力股份有限公司第三十六次董事会决议录（一九三八年十二月二十日）……九七五
列席重庆电力股份有限公司第三十六次董事会决议录（一九三八年十二月二十六日）……九七七
重庆电力股份有限公司临时董事会决议录（一九三九年十二月二十八日）……九八一

总目录

重庆电力股份有限公司第四十七次董事会决议录（一九四〇年一月二十日）……九九五
重庆电力股份有限公司第四十八次董事会决议录（一九四〇年二月二十日）……一〇〇四
重庆电力股份有限公司临时董事会决议录（一九四〇年三月六日）……一〇一二
重庆电力股份有限公司第四十九次董事会决议录（一九四〇年三月二十日）……一〇一九
重庆电力股份有限公司临时董事会纪录（一九四〇年四月一日）……一〇二七
重庆电力股份有限公司董事会第五十次会议纪录（一九四〇年四月二十日）……一〇三四
重庆电力股份有限公司临时董事会议纪录（一九四〇年五月十一日）……一〇四一
重庆电力股份有限公司第五十一次董事会决议录（一九四〇年六月二十日）……一〇四七
重庆电力股份有限公司第五十二次董事会决议录（一九四〇年七月十九日）……一〇五三
重庆电力股份有限公司第五十三次董事会决议录（一九四〇年九月二十日）……一〇五九
重庆电力股份有限公司第五十四次董事会决议录（一九四〇年十月二十一日）……一〇六七
重庆电力股份有限公司第五十五次董事会决议录（一九四一年一月二十日）……一〇七五
重庆电力股份有限公司第五十六次董事会决议录（一九四一年二月二十日）……一〇八二
重庆电力股份有限公司临时董事会议纪录（一九四一年三月三日）……一〇八九
重庆电力股份有限公司第五十七次董事会决议录（一九四一年三月二十日）……一〇九六
重庆电力股份有限公司第五十八次董事会决议录（一九四一年四月二十一日）……一一〇一
重庆电力股份有限公司第五十九次董事会决议录（一九四一年八月二十日）……一一〇七
重庆电力股份有限公司第六十次董事会决议录（一九四一年九月二十日）……一一一四
重庆电力股份有限公司临时董事会决议录（一九四一年十一月七日）……一一二五
重庆电力股份有限公司第六十一次董事决议录（一九四一年十二月十六日）……一一三四
重庆电力股份有限公司第六十二次董事会议决议录（一九四二年一月十七日）……一一四〇

重庆电力股份有限公司第六十三次董事会决议录（一九四二年二月二十三日）……………………………一一五一
重庆电力股份有限公司临时董监会议决议录（一九四二年三月三日）……………………………一一六〇
重庆电力股份有限公司第六十四次董事会决议录（一九四二年三月二十日）……………………………一一六四
重庆电力股份有限公司第六十五次董事会决议录（一九四二年四月二十日）……………………………一一七〇
重庆电力股份有限公司第六十六次董事会决议录（一九四二年五月二十一日）……………………………一一七六
重庆电力股份有限公司第六十七次董事会决议录（一九四二年六月二十日）……………………………一一八七
重庆电力股份有限公司第六十八次董事会决议录（一九四二年八月二十日）……………………………一一九四
重庆电力股份有限公司第六十九次董事会决议录（一九四二年九月二十一日）……………………………一二〇六
重庆电力股份有限公司第七十次董事会决议录（一九四二年十月二十日）……………………………一二一四
重庆电力股份有限公司第七十一次董事会决议录（一九四二年十一月二十日）……………………………一二二九
重庆电力股份有限公司第七十二次董事会决议录（一九四二年十二月二十一日）……………………………一二三六
重庆电力股份有限公司第七十三次董事会决议录（一九四三年一月二十日）……………………………一二四八
重庆电力股份有限公司第七十四次董事会议决议录（一九四三年二月二十日）……………………………一二五八
重庆电力股份有限公司第七十五次董事会议决议录（一九四三年三月二十日）……………………………一二六四
重庆电力股份有限公司第七十六次董事会议决议录（一九四三年四月二十日）……………………………一二七二
重庆电力股份有限公司临时董事会决议录（一九四三年五月三十一日）……………………………一二七九
重庆电力股份有限公司第七十七次董事会议决议录（一九四三年六月二十一日）……………………………一二八四
重庆电力股份有限公司第七十八次董事会决议录（一九四三年八月十九日）……………………………一二九二
重庆电力股份有限公司临时董事会纪录（一九四三年十一月二十四日）……………………………一三〇三
重庆电力股份有限公司临时董事会纪录（一九四四年二月七日）……………………………一三二一
重庆电力股份有限公司第七十九次董事会纪录（一九四四年二月二十一日）……………………………一三三六

重庆电力股份有限公司临时董事会纪录（一九四四年四月二十七日）……一三四三
重庆电力股份有限公司第八十次董事会纪录（一九四四年五月二十日）……一三五八
重庆电力股份有限公司第八十一次董事会纪录（一九四四年六月二十日）……一三六九
重庆电力股份有限公司第八十二次董事会纪录（一九四四年七月二十日）……一三七七
重庆电力股份有限公司临时董事会议纪录（一九四四年八月十一日）……一三九一
重庆电力股份有限公司第八十三次董事会议纪录（一九四四年十月二十日）……一四〇四
重庆电力股份有限公司第八十四次董事会会议纪录（一九四四年十一月二十日）……一四二一
重庆电力股份有限公司第八十五次董事会议纪录（一九四五年二月二十日）……一四二九
重庆电力股份有限公司临时董事会议纪录（一九四五年三月九日）……一四四一
重庆电力股份有限公司临时董事会议纪录（一九四五年四月二日）……一四五一
重庆电力股份有限公司董、监联席会议纪录（一九四五年四月十日）……一四六三
重庆电力股份有限公司第八十六次董事会议纪录（一九四五年五月二十一日）……一四七八
重庆电力股份有限公司临时董事会议纪录（一九四五年六月十三日）……一四九二
重庆电力股份有限公司第八十七次董事会纪录（一九四五年七月二十日）……一五〇五
重庆电力股份有限公司临时董事会议纪录（一九四六年四月二日）……一五一九
重庆电力股份有限公司第九十三次董事会议纪录（一九四六年四月二十二日）……一五二七
重庆电力股份有限公司第九十四次董事会议纪录（一九四六年五月二十日）……一五三四
重庆电力股份有限公司临时董事会议纪录（一九四六年七月九日）……一五三八
重庆电力股份有限公司第九十六次董事会议纪录（一九四六年八月十六日）……一五四八
重庆电力股份有限公司第九十七次董事会议纪录（一九四六年九月二十日）……一五五一
重庆电力股份有限公司临时董事会议纪录（一九四六年十月九日）……一五五八

重庆电力股份有限公司第九十八次董事会议纪录（一九四六年十月二十一日）……一五六六
重庆电力股份有限公司临时董事会议纪录（一九四六年十二月十一日）……一五六八
重庆电力股份有限公司第九十九次董事会纪录（一九四六年十二月二十一日）……一五七五
重庆电力股份有限公司第一百零四次董事会议纪录（一九四八年一月二十日）……一五七八
重庆电力股份有限公司关于检送一九四八年四月三十日临时董事会选举董事及监察人结果致重庆电力股份有限公司董事会各董事、监事（一九四八年五月三日）……一五八三
重庆电力股份有限公司第一百零六次董事会议纪录（一九四八年六月十八日）……一五八六
重庆电力股份有限公司临时董事会议纪录（一九四九年三月二十二日）……一五八八
重庆电力股份有限公司紧急董事会议纪录（一九四九年六月十日）……一五九四
重庆电力股份有限公司临时董事会议纪录（一九四九年七月六日）……一六〇三
重庆电力股份有限公司第一百零八次董事会议纪录（一九四九年八月二十二日）……一六〇七
重庆电力股份有限公司第一百零九次董事会议纪录（一九四九年十月二十日）……一六二三
重庆电力股份有限公司临时紧急董事会议纪录（一九四九年十一月十四日）……一六三四
重庆电力股份有限公司董事会临时紧急会议纪录（一九四九年十二月二十三日）……一六四五
重庆电力股份有限公司董、监联席会议纪录（一九五〇年一月六日）……一六五七
重庆电力股份有限公司临时紧急董、监联席会议纪录（一九五〇年一月八日）……一六六四
重庆电力股份有限公司临时维持委员会第一次会议纪录（一九四四年八月二十四日）……一六六九
重庆电力股份有限公司临时维持委员会第二次会议纪录（一九四四年八月三十一日）……一六七八
重庆电力股份有限公司临时维持委员会第三次会议纪录（一九四四年九月十四日）……一六八三
重庆电力股份有限公司临时维持委员会谈话会纪录（一九四四年九月二十一日）……一六九八
重庆电力股份有限公司临时维持委员会第四次会议纪录（一九四四年十月五日）……一七〇五

重庆电力股份有限公司临时维持委员会第五次会议纪录（一九四四年十一月二日）……一七一二
重庆电力股份有限公司临时维持委员会第六次会议纪录（一九四四年十二月十四日）……一七一八
重庆电力股份有限公司临时维持委员会第七次会议纪录（一九四四年十二月二十八日）……一七二二
重庆电力股份有限公司临时维持委员会第八次会议纪录（一九四五年二月一日）……一七二八
重庆电力股份有限公司业务会报纪录（一九四四年一月四日）……一七三二
重庆电力股份有限公司业务会报纪录（一九四四年三月十三日）……一七三三
重庆电力股份有限公司第十五次业务会报纪录（一九四四年五月十六日）……一七三六
重庆电力股份有限公司第十六次业务会报纪录（一九四四年五月二十三日）……一七四〇
重庆电力股份有限公司第十七次业务会报纪录（一九四四年五月三十日）……一七四四
重庆电力股份有限公司第十八次业务会报纪录（一九四四年六月六日）……一七四八
重庆电力股份有限公司第十九次业务会报纪录（一九四四年六月十三日）……一七五四
重庆电力股份有限公司第二十次业务会报纪录（一九四四年六月二十日）……一七六〇
重庆电力股份有限公司第二十一次业务会报纪录（一九四四年六月二十七日）……一七六二
重庆电力股份有限公司第二十二次业务会报纪录（一九四四年七月四日）……一七六五
重庆电力股份有限公司第二十三次业务会报纪录（一九四四年七月十一日）……一七六七
重庆电力股份有限公司第二十四次业务会报纪录（一九四四年七月十八日）……一七七〇
重庆电力股份有限公司第二十五次业务会报纪录（一九四四年七月二十五日）……一七七三
重庆电力股份有限公司第二十七次业务会报纪录（一九四四年八月八日）……一七七五
重庆电力股份有限公司第二十八次业务会报纪录（一九四四年八月二十五日）……一七七七
重庆电力股份有限公司第二十九次业务会报纪录（一九四四年八月二十二日）……一七七九

重庆电力股份有限公司第三十次业务会报纪录（一九四四年九月五日）……一七八一
重庆电力股份有限公司第三十一次业务会报纪录（一九四四年九月十二日）……一七八三
重庆电力股份有限公司第三十二次业务会报纪录（一九四四年九月十九日）……一七八五
重庆电力股份有限公司第三十三次业务会报纪录（一九四四年九月二十六日）……一七八八
重庆电力股份有限公司第三十四次业务会报纪录（一九四四年十月三日）……一七九〇
重庆电力股份有限公司第三十七次业务会报纪录（一九四四年十月三十一日）……一七九二
重庆电力股份有限公司第三十八次业务会报纪录（一九四四年十一月十四日）……一七九五
重庆电力股份有限公司一九四五年度业务会报纪录（一九四五年）……一七九八
重庆电力股份有限公司一九四六年度业务会报纪录（一九四六年）……一八七六
重庆电力股份有限公司一九四七年度业务会报纪录（一九四七年）……一九四七
重庆电力股份有限公司一九四八年度业务会报纪录（一九四八年）……二〇二九
重庆电力股份有限公司一九四八年度业务会报纪录（一九四八年）……二〇五〇
重庆电力股份有限公司一九四九年度业务会报纪录（一九四九年）……二一九九
重庆电力股份有限公司第一次临时股东大会决议录（一九三六年七月十日）……二四〇一
重庆电力股份有限公司临时股东大会纪录（一九三九年一月十日）……二四二九
重庆电力股份有限公司第三届股东常年大会纪录（一九三九年二月十日）……二四三三
重庆电力股份有限公司临时股东会纪录（一九三九年三月十一日）……二四五五
重庆电力股份有限公司第四届股东常年大会纪录（一九四〇年三月二十五日）……二四五七
重庆电力股份有限公司第九届股东会议纪录（一九四五年四月四日）……二四七六
重庆电力股份有限公司第十一届股东大会会议纪录（一九四七年四月二十四日）……二四八八
重庆电力股份有限公司定于一九四八年四月二十八日召开第十二届股东大会的启事（一九四八年三月二十七日）……二五〇二

重庆电力股份有限公司第十二届股东大会会议纪录（一九四八年四月二十八日）……二五一〇
重庆电力股份有限公司股东户名暨股款、股权登记表（一九四九年三月）……二五三四
重庆电力股份有限公司第十三届股东大会议程（一九四九年三月二十二日）……二五四八
重庆电力股份有限公司第五届股东大会议程……二五五四
重庆电力股份有限公司第七十九次股东会议程等……二五五五
关于抄发沙磁区会议纪录的训令、函（一九四七年十二月三十日）……二五六六

四、职员名册

重庆电力股份有限公司一九三三年入职职工（一九四四年六月九日）……二五七四
重庆电力股份有限公司一九三四年入职职工（一九四四年六月九日）……二六〇四
重庆电力股份有限公司一九三五年入职职工（一九四四年六月九日）……二六二六
重庆电力股份有限公司一九三六年入职职工（一九四四年六月十日）……二六四七
重庆电力股份有限公司一九三八年入职职工（一九四四年六月八日）……二六五三
重庆电力股份有限公司一九三九年入职职工（一九四四年六月八日）……二六六九
重庆电力股份有限公司一九四〇年入职职工（一九四四年六月十二日）……二六七九
重庆电力股份有限公司一九四一年入职职工（一九四四年六月八日）……二七二一
重庆电力股份有限公司一九四二年入职职工（一九四四年六月十日）……二七五五
重庆电力股份有限公司一九四三年入职职工（一九四四年六月十日）……二七七六
重庆电力股份有限公司一九四四年入职职工（一九四四年五月十日）……二八〇五
重庆电力股份有限公司一九四五年入职职工（一九四五年二月二十八日）……二八〇九

重庆电力股份有限公司一九四六年入职职工（一九四七年七月八日）……二八二〇
重庆电力股份有限公司一九四七年入职职工（一九四七年四月六日）……二八五二
重庆电力股份有限公司一九四八年入职职工（一九四八年六月三日）……二八五七
重庆电力股份有限公司一九四九年入职职工（一九四九年八月二十五日）……二八六三
重庆电力股份有限公司稽核室现有及拟添用人员职务分配参考表（一九四一年二月一日）……二八六六
关于报送重庆电力股份有限公司稽核室及所属各股现有职员及文卷、公物清册的呈（附清册）（一九四二年五月十二日）……二八七九
重庆电力股份有限公司工人工资表（从军工友）（一九四五年五月）……二八八三
重庆电力股份有限公司全体职员名册（一九四五年七月二十日）……二八八五
重庆电力股份有限公司全体职员一九四五年度考绩清册（一九四五年）……二九三九
重庆电力股份有限公司全体职员名册（一九四五年）……二九九六
重庆电力股份有限公司工友名册（一九四六年五月）……三〇三二
重庆电力股份有限公司全体职员名册（一九四六年）……三一八八
重庆电力股份有限公司关于请查收公司主管人调查表致重庆行辕的代电（一九四八年四月十二日）……三二二七
重庆电力股份有限公司一九四八年职员动态表（一九四八年）……三二二九
重庆电力股份有限公司职员人数统计表（一九四九年八月）……三二六八
重庆电力股份有限公司职工人数、薪酬统计表（一九四九年十月二十四日）……三三二九
重庆电力股份有限公司职员考绩册……三三三〇
重庆电力股份有限公司应请加级各员姓名表……三三六〇
关于秘书室检送一九四六年度考绩册及考绩办法致稽核室的函（附办法、名册）（一九四七年七月二十五日）……三三六一
重庆电力股份有限公司稽核室及所属各股职员姓名、薪金清册……三四一四
重庆电力股份有限公司一九四五年到职职员名册……三四一九

重庆电力股份有限公司各科、厂、处、组、社高级职员一九四三年、一九四四年考绩清册……三四二四
重庆电力股份有限公司一九四三年到职职员册考绩后记……三四七七
重庆电力股份有限公司各科科长及各办事处主任名册……三四八六
重庆电力股份有限公司各科室职员一九四一年度考绩改支薪金清册……三四八九
重庆电力股份有限公司全体职员姓名、薪级册……三五二六
重庆电力股份有限公司各科、股职员姓名清册……三五三〇
重庆电力股份有限公司全体工友名册……三五五五
重庆电力股份有限公司稽核室稽查股现有职员名册……三七二一
重庆电力股份有限公司一九四七年到职名册……三七二三

五、计划总结

重庆电力股份有限公司一九三六年度报告书（一九三六年）……三七三四
重庆电力股份有限公司一九三七年度报告书（一九三七年）……三七七二
重庆市工务局关于鉴核重庆电力股份有限公司改进计划给重庆电力股份有限公司的指令（一九四〇年一月十八日）……三八一八
重庆电力股份有限公司一九四一年度业务状况（一九四一年）……三八二〇
重庆电力股份有限公司一九四二年统计年报（一九四二年）……三八三一
重庆电力股份有限公司给重庆市政府、经济部、国家总动员会议为拟具战后各厂计划呈请鉴核并肯准予借款买汇订购机器的代电（一九四四年九月五日）……三八七二
重庆市公用局关于检发重庆电力股份有限公司新电厂之计划书的训令、代电（一九四六年六月）……三八九九
重庆电力股份有限公司整理重庆市电力方案及请求重庆市市长杨森协助各项（一九四八年五月二十五日）……三九〇三

重庆电力股份有限公司关于请查收一九四八年六月电气事业月报表致工商部电业司的代电（一九四八年九月十三日）……三九〇六
重庆电力股份有限公司关于请查收一九四八年七月电气事业月报表致工商部电业司的代电（一九四八年九月二十日）……三九〇九
重庆电力股份有限公司一九四八年八月电气事业月报（一九四八年）……三九一一
重庆电力股份有限公司一九四八年度业务状况（一九四八年）……三九一三
重庆电力股份有限公司建设新厂计划书……三九一九
重庆电力股份有限公司办理重庆市水电整理方案经过及提请注意事项……三九四一

六、生产经营

张玠关于商讨路灯有关事项上重庆电力股份有限公司的呈（一九三九年十二月十八日）……三九六九
张玠关于商讨重庆市用电事宜上重庆电力股份有限公司的呈（一九三九年十二月十八日）……三九七二
张玠与市政府商谈电气营业及取缔事宜上重庆电力股份有限公司的呈（一九三九年十二月二十二日）……三九七六
经济部关于再发取缔强用电流布告给重庆电力股份有限公司的批（一九四二年一月十九日）……三九七八
重庆电力股份有限公司煤量收发存卸报告表（一九四三年九月九日）……三九八二
重庆电力股份有限公司第一、二、三发电厂每千瓦时燃煤数量统计表（一九四三年）……三九八六
重庆电力股份有限公司关于检送重庆电力股份有限公司第二厂和第三厂发电月报、周报及电力价格表致经济部的代电（一九四四年十二月三十日）……三九九二
重庆电力股份有限公司关于检送一九四四年发电、购电输出抄见及损度数统计表致战时生产局、经济部、重庆市工务局的代电（一九四五年一月三十一日）……三九九五
重庆电力股份有限公司关于检送第一厂、第二厂和第三厂发电周报、月报等致经济部电业司、重庆市工务局的代电（一九四五年六月十四日）……三九九七

重庆电力股份有限公司关于检送第一厂一九四七年五月、六月发电月报，第二厂一九四七年四月发电月报和第三厂四月、五月、六月发电月报等致经济部电业司的代电、函（一九四七年七月十七日）……四〇〇四
重庆电力股份有限公司关于检送第二厂发电月报及电气事业报告表致重庆市工务局统计室的函（一九四七年七月三十一日）……四〇六八
重庆电力股份有限公司第一厂和第三厂关于轮流停电办法致重庆电力股份有限公司秘书室的函（附轮流停电表）（一九四七年十二月十二日）……四〇七四
重庆市工务局关于变更轮流停电办法与重庆电力股份有限公司往来函电（一九四七年十二月）……四〇七七
重庆电力股份有限公司、国民政府主席重庆行辕关于拟具公私用电办法草案及包灯制章则的代电（附办法）（一九四七年十二月二十九日）……四〇八五
重庆市参议会关于借拨电机致重庆电力股份有限公司的代电（一九四八年四月十九日）……四一〇〇
重庆电力股份有限公司关于披露解决窃电问题致大公报馆的函（一九四八年五月十日）……四一〇八
重庆市加强管理用电暂行办法（一九四八年五月十五日）……四一一一
重庆电力股份有限公司关于解决窃电问题致大公报馆的函（一九四八年五月十七日）……四一一六
重庆电力股份有限公司关于核实窃电处理办法致重庆市政府的代电（一九四八年五月二十一日）……四一二五
重庆电力股份有限公司关于一九四八年四月最高负荷、发电及购电等数致经济部电业司的代电（一九四八年五月二十九日）……四一二七
重庆电力股份有限公司关于依法办理电表被窃案件向重庆市警察局、工务局的呈、代电（附被窃电表清单）（一九四八年六月七日）……四一二九
重庆市政府关于检发重庆市加强管理用电暂行办法给重庆电力股份有限公司的训令（附办法）（一九四八年七月二日）……四一三二
重庆市工务局关于登报公告加强管理用电办法给重庆电力股份有限公司的训令（附办法）（一九四八年七月三日）……四一三六

重庆电力股份有限公司关于拨借五千瓦机炉致南京总统府大总统、重庆绥靖公署、重庆市政府市长、重庆市参议会等的代电（一九四八年七月十九日）……四一四二
重庆电力股份有限公司关于拨给五千瓦电机致工商部、重庆市政府的代电（一九四八年八月三十日）……四一五七
重庆电力股份有限公司关于制定厂务科各发电厂燃煤竞赛暂行办法给各科、室、厂、处、组的通知（附办法）（一九四八年九月二十一日）……四一六三
重庆电力股份有限公司关于告知用户注意支付电费的启事（一九四八年九月二十四日）……四一六七
重庆电力股份有限公司关于制定锅炉燃煤暂行办法致各科、厂、处、组的函（附办法）（一九四八年九月三十日）……四一七〇
重庆电力股份有限公司关于装设用户电表的启事（一九四八年九月三十日）……四一七七
重庆电力股份有限公司放线材料补助费价目表（一九四八年十月九日）……四一八二
重庆电力股份有限公司关于查收杆线测量图及放杆器材数量表并按规定补助致兵工署第三十兵工厂、联合勤务总司令部第四粮秣厂的函（一九四八年十月十三日）……四一八四
重庆市参议会关于检送解救重庆市电荒办法致重庆电力股份有限公司的代电（一九四八年十月二十六日）……四一八七
重庆电力股份有限公司关于检送修正材料处理规则给各单位的通知（附规则）（一九四九年五月十六日）……四一八九
重庆电力股份有限公司关于设法改善供电致重庆区机器工业同业公会的函（一九四九年一月二十七日）……四一九八
田习之关于重庆电力股份有限公司供电、发电方面的答复……四二〇〇
化验室设备及药品预算表……四二〇四
重庆电力股份有限公司一九四四年度平均抄见度数统计表……四二一二

七、财务状况

成渝铁路工程局与重庆电力股份有限公司订立购用、供给电流合同（一九三六年九月十四日）……四二一五

交通部重庆电报局与重庆电力股份有限公司订立馈电合同（一九三七年十月一日）…………四二一九
重庆电力股份有限公司一九三七年损益计算表、盈余分配表、资产目录表、余额表、材料年报表等（一九三七年）……四二三二
重庆电力股份有限公司一九四〇年决算报告表（一九四〇年十二月三十一日）…………四二九七
重庆电力股份有限公司股东户名暨股额股权登记表（一九四一年二月二十四日）…………四二九九
重庆电力股份有限公司关于请豁免营业税致重庆市营业税处的函（一九四一年三月二十一日）…………四三一四
重庆电力股份有限公司关于请免征一九四一年二月、三月税捐致四川省营业税局的函（一九四一年五月八日）…………四三一九
关于请豁免一九四一年四月应纳营业税致四川省营业税局的函（一九四一年六月六日）…………四三二三
刘航琛、程本臧关于一九四一年六月一日实行重庆电力股份有限公司出勤津贴、值班津贴及值日津贴暂行规则并检附改订津贴一览表（一九四一年六月二十八日）…………四三二六
重庆电力股份有限公司业务科关于请鉴核重庆电力股份有限公司各种出勤津贴上刘航琛、程本臧的呈（附各种津贴一览表）（一九四一年六月二十九日）…………四三二八
重庆电力股份有限公司改订津贴一览表（一九四一年六月）…………四三三三
重庆市营业税处关于准缓征重庆电力股份有限公司营业税给重庆电力股份有限公司的通知（一九四一年九月二十四日）……四三三五
关于检送重庆电力股份有限公司历次加股经过情形的函（一九四一年十一月二十二日）…………四三三八
重庆电力股份有限公司一九四一年决算报告表…………四三三九
重庆电力股份有限公司一九四一年报表…………四三四一
重庆电力股份有限公司董事会关于检送一九四二年六月资产负债表等致重庆电力股份有限公司各董事、监事的函（附表）（一九四二年七月十八日）…………四三七四
重庆电力股份有限公司关于公司困难请准豁免历年营业税上重庆市营业税处的呈（一九四三年六月十四日）…………四三七七
经济部核定重庆电力公司电价表等（一九四三年八月）…………四三八〇
重庆市政府关于无法豁免营业税给重庆电力股份有限公司、重庆自来水公司的训令（一九四三年十二月二十八日）…………四三八七

财政部关于转知重庆电力股份有限公司照规定缴纳营业税给该公司的通知（一九四四年三月二十八日）……四三八九
重庆电力股份有限公司一九四四年五月电力价格报告表（一九四四年五月）……四三九二
重庆电力股份有限公司关于转请行政院豁免重庆电力股份有限公司营业税致经济部、重庆市政府、国家总动员会议的代电（一九四四年八月十二日）……四三九三
重庆电力股份有限公司员工津贴表（一九四四年十二月）……四三九六
重庆电力股份有限公司股东户名及股款、股权登记表（一九四四年）……四三九八
重庆电力股份有限公司一九四四年报表……四四〇〇
重庆电力股份有限公司一九四五年业务状况及决算情形……四四三四
重庆电力股份有限公司与宝源煤矿公司订购锅炉用精选煤交货付款办法（一九四六年十一月）……四四四三
重庆电力股份有限公司一九四六年报表……四四四六
重庆电力股份有限公司关于检送公司现有资本与资产总额及历年增值情形致四川省政府的代电（一九四七年四月三十日）……四四五四
重庆电力股份有限公司关于检送一九四七年七月开支及收入预算表等并调整电价致重庆市政府、重庆市工务局的代电（一九四七年七月十二日）……四四五八
重庆电力股份有限公司关于请鉴察一九四七年五月和六月收支概况表致重庆市工务局的代电（一九四七年七月三十一日）……四四六四
重庆电力股份有限公司一九四七年报表……四四六七
资源委员会天府煤矿公司关于派员商洽偿还历年所欠煤款事宜致重庆电力股份有限公司的函（一九四八年四月二十六日）……四四七五
重庆电力股份有限公司与电一煤厂订购售煤合同（一九四八年五月）……四四七七
重庆电力股份有限公司关于请将每月现钞额增为八十亿元致中央银行重庆分行的函（一九四八年六月七日）……四四七九

重庆电力股份有限公司业务科营业股电费保证书、手续费、预收业费、补助费等表格（一九四八年八月十二日）……四四八一
重庆电力股份有限公司订购电力设备概况（一九四八年十月十五日）……四四八三
工商部关于公布电价调整计算公式给重庆区电气工业同业公会的通知（附公式）（一九四八年十二月三日）……四四八五
交通银行重庆分行关于检送储煤贷款契约致重庆电力股份有限公司的函（附契约）（一九四八年十二月八日）……四四九三
重庆电力股份有限公司与宝源矿业公司订购煤合约（一九四九年一月十五日）……四五〇二
资源委员会天府煤矿公司营运处关于检送天府煤矿公司煤价表致重庆电力股份有限公司的函
（一九四九年二月四日）……四五〇五
渝新纺织股份有限公司关于检送用电合同正副本致重庆电力股份有限公司的函（附合同）（一九四九年二月七日）……四五〇七
重庆电力股份有限公司关于改订收费办法的启事（一九四九年二月十五日）……四五一一
资源委员会天府煤矿公司营运处检送一九四九年三月煤价表致重庆电力股份有限公司的函（一九四九年三月八日）……四五二六
基泰工程司关于检送正式合约致重庆电力有限公司的函（附合约）（一九四九年三月二十四日）……四五二九
重庆电力有限公司关于签订合约致基泰工程司的函（一九四九年四月一日）……四五三七
重庆电力股份有限公司关于电价计算方法的报告（一九四九年四月二十六日）……四五三九
田习之、重庆电力股份有限公司秘书室关于电费以煤计价及内部联整办法的通知（一九四九年四月二十九日）……四五四〇
重庆市政府关于核定调整电价办法的训令、代电（一九四九年五月四日）……四五四四
重庆电力股份有限公司关于检送调整电价情形致四望栈的函（一九四九年五月七日）……四五四九
重庆电力股份有限公司关于检查电价改用银元为基础情形致资源委员会泸县电厂的函（一九四九年六月二十二日）……四五五二
天原电化厂重庆工厂与重庆电力股份有限公司用电合约（一九四九年七月）……四五五五
重庆电力股份有限公司当前困难及其请求事项……四五五八
重庆电力股份有限公司职员薪级表……四五六一
重庆电力股份有限公司损失总结算……四五六二

国家重点档案专项资金资助项目

民国时期重庆民族工业发展档案汇编

重庆电力股份有限公司

第①辑

重庆市档案馆◎编

唐润明◎主编

西南師範大學出版社
国家一级出版社　全国百佳图书出版单位

目录

一、组织沿革

目录

二、章程制度

目录

一、组织沿革

重庆市政府关于重庆电力工厂登记单（一九三七年七月） 0219-2-191

重慶市政府工廠登記憑單 社字第 23 號

茲有重慶電力廠在

本市大溪溝設廠

製造各種電力電燈工業品

依照工廠登記規則填具甲[illegible]種

重庆市政府关于重庆电力工厂登记单（一九三七年七月） 0219-2-191

登記表聲請登記經審核尚無不合

除登記並轉呈備案外合行發給憑

單為據

市長李宏錕

中華民國二十六年七月 日

关于检呈重庆电力股份有限公司设立登记文稿上四川省建设厅的呈（附公司章程、股东名簿、营业概算书等）（一九三七年二月十八日）

0219-2-193

1

存查 廿六年三月三日

民國廿六年二月十八日

重慶電力股份有限公司呈請設立登記文稿

會計師謝霖 蘇祖勳 代辦

正則會計事務所

关于检呈重庆电力股份有限公司设立登记文稿上四川省建设厅的呈（附公司章程、股东名簿、营业概算书等）

（一九三七年二月十八日） 0219-2-193

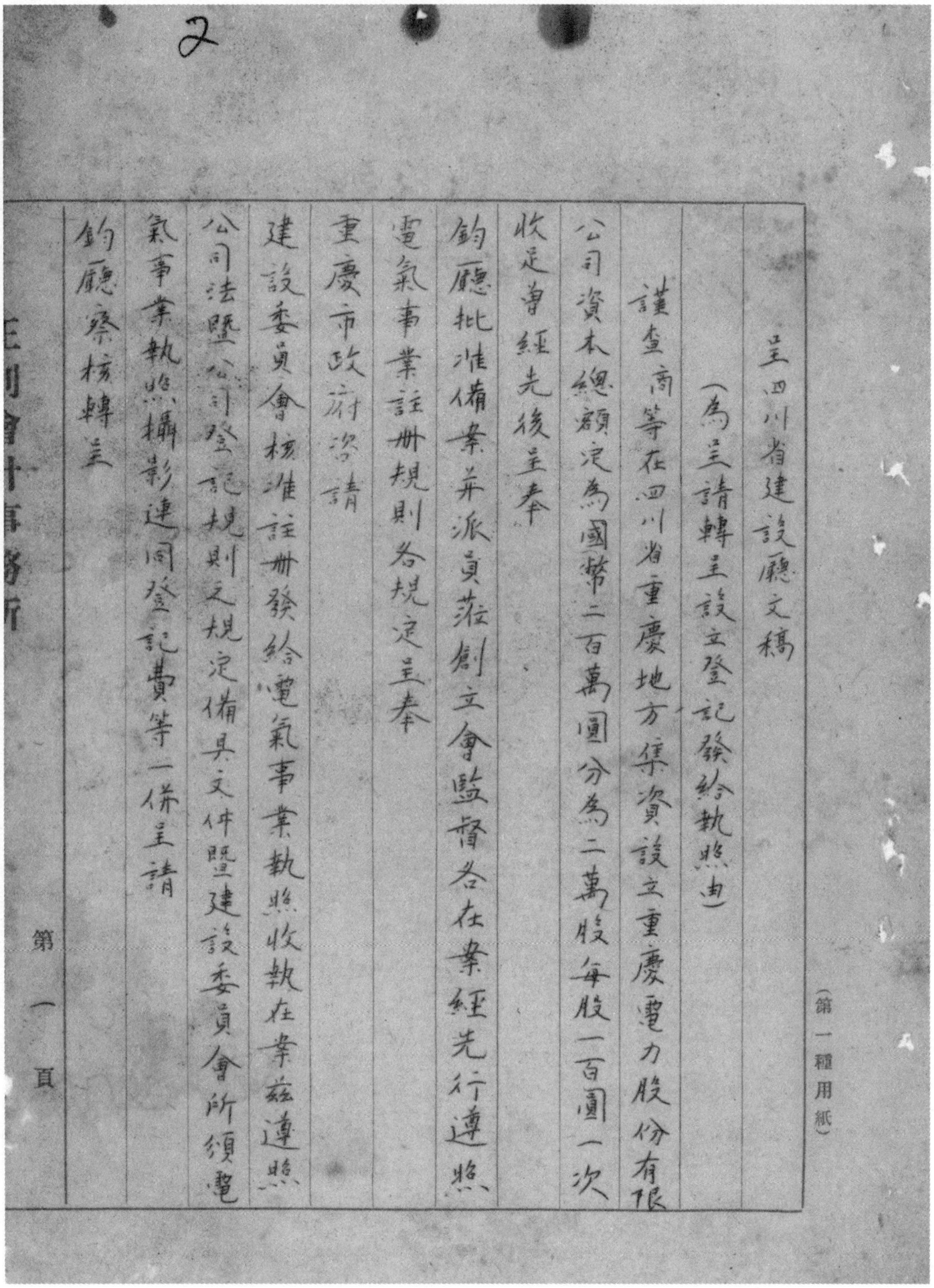

2

呈四川省建設廳文稿

（為呈請轉呈設立登記發給執照由）

謹查商等在四川省重慶地方集資設立重慶電力股份有限公司資本總額定為國幣二百萬圓分為二萬股每股一百圓一次收足曾經先後呈奉

鈞廳批准備案并派員蒞創立會監督各在案經先行遵照

電氣事業註冊規則各規定呈奉

重慶市政府咨請

建設委員會核准註冊發給電氣事業執照收執在案茲遵照

公司法暨公司登記規則之規定備具文件暨建設委員會所須電氣事業執照攝影連同登記費等一併呈請

鈞廳察核轉呈

（第一種用紙）

第 一 頁

关于检呈重庆电力股份有限公司设立登记文稿上四川省建设厅的呈（附公司章程、股东名簿、营业概算书等）

（一九三七年二月十八日） 0219-2-193

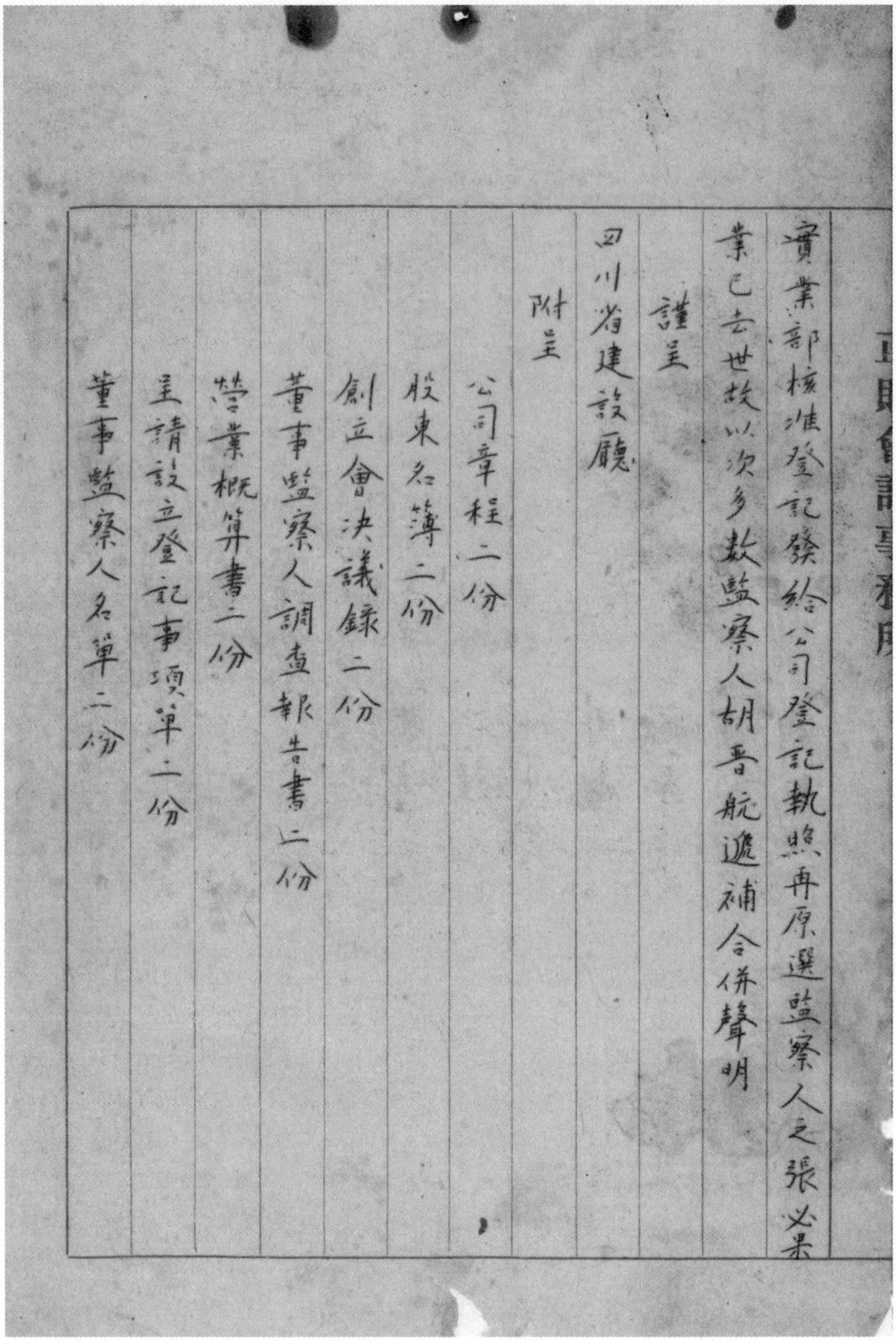

實業部核准登記發給公司登記執照再原選監察人之張必果
業已去世故以次多數監察人胡晉航遞補合併聲明

謹呈

四川省建設廳

附呈

公司章程二份

股東名簿二份

創立會決議錄二份

董事監察人調查報告書二份

營業概算書二份

呈請設立登記事項單二份

董事監察人名單二份

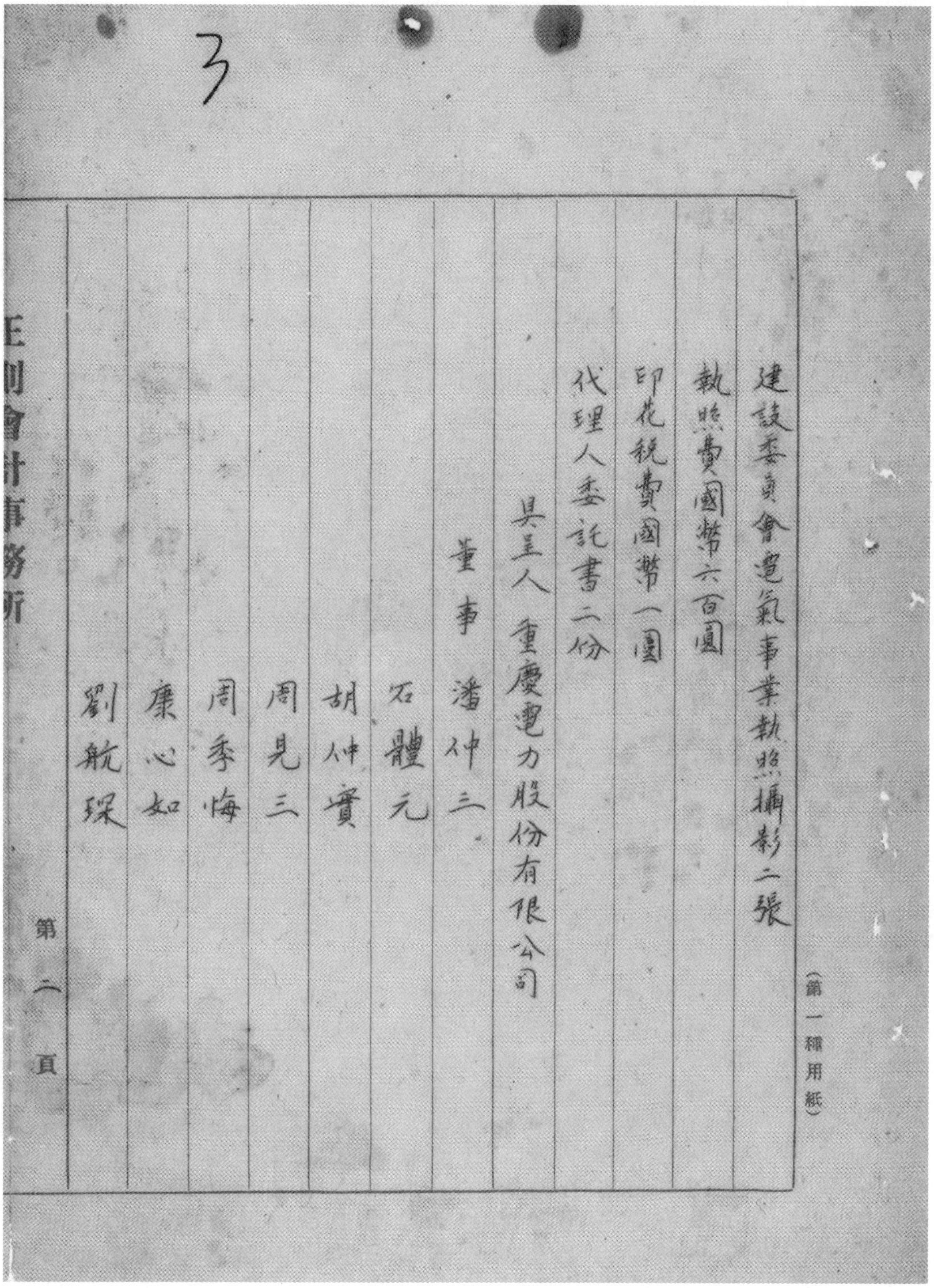

（第一種用紙）

建設委員會電氣事業執照攝影二張

執照費國幣六百圓

印花稅費國幣一圓

代理人委託書二份

具呈人　重慶電力股份有限公司

董事　潘仲三

石體元

胡仲實

周見三

周季悔

康心如

劉航琛

第二頁

正則會計事務所

关于检呈重庆电力股份有限公司设立登记文稿上四川省建设厅的呈（附公司章程、股东名簿、营业概算书等）

（一九三七年二月十八日）　0219-2-193

正則會計事務所

陳懷先

盧作孚

監察人 郭文欽

甘典夔

胡汝航

傅友周

吳晉航

右代理人

會計師謝　霖

會計師蘇祖南

重慶狀元橋街太華樓巷

正則會計事務所

关于检呈重庆电力股份有限公司设立登记文稿上四川省建设厅的呈（附公司章程、股东名簿、营业概算书等）（一九三七年二月十八日） 0219-2-193

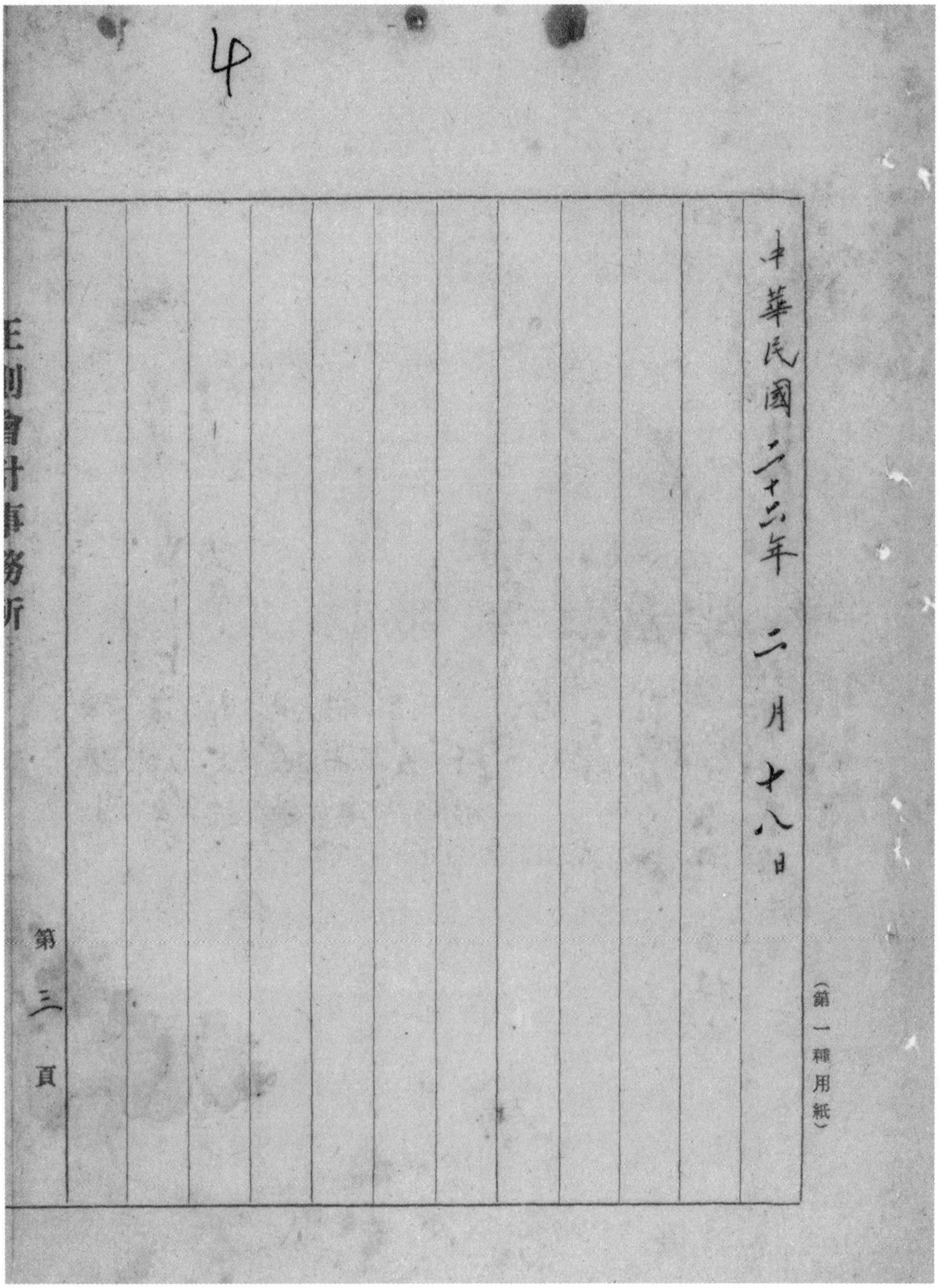

4

中華民國二十六年二月十八日

（第一種用紙）

則會計事務所

第三頁

关于检呈重庆电力股份有限公司设立登记文稿上四川省建设厅的呈（附公司章程、股东名簿、营业概算书等）

（一九三七年二月十八日） 0219-2-193

关于检呈重庆电力股份有限公司设立登记文稿上四川省建设厅的呈（附公司章程、股东名簿、营业概算书等）（一九三七年二月十八日） 0219-2-193

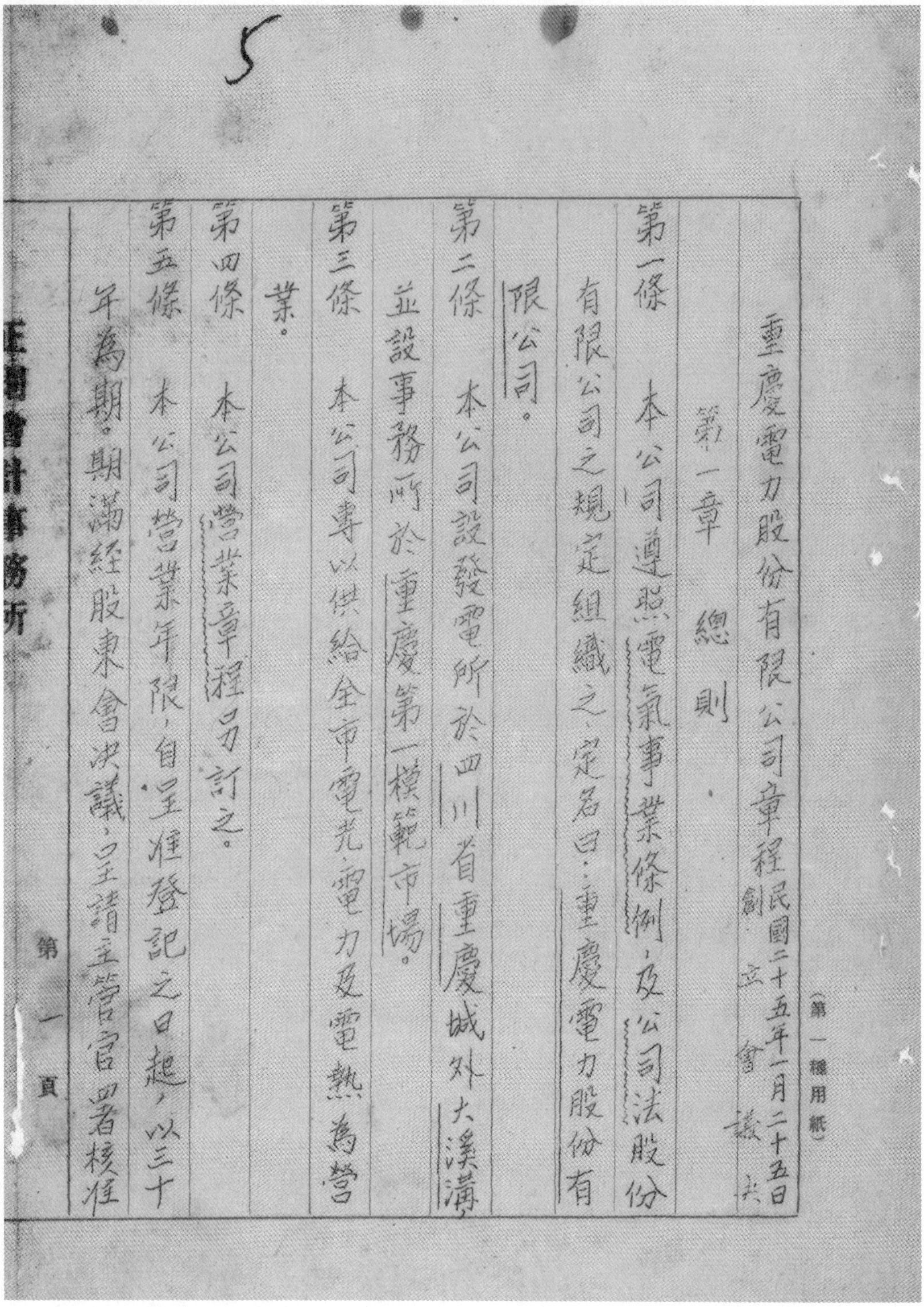
5

（第一種用紙）

重慶電力股份有限公司章程 民國二十五年一月二十五日創立會議決

第一章 總則

第一條 本公司遵照電氣事業條例、及公司法股份有限公司之規定組織之，定名曰：重慶電力股份有限公司。

第二條 本公司設發電所於四川省重慶城外大溪溝並設事務所於重慶第一模範市場。

第三條 本公司專以供給全市電光、電力及電熱為營業。

第四條 本公司營業章程另訂之。

第五條 本公司營業年限，自呈准登記之日起，以三十年為期。期滿經股東會決議，呈請主管官署核准

正則會計事務所

第 一 頁

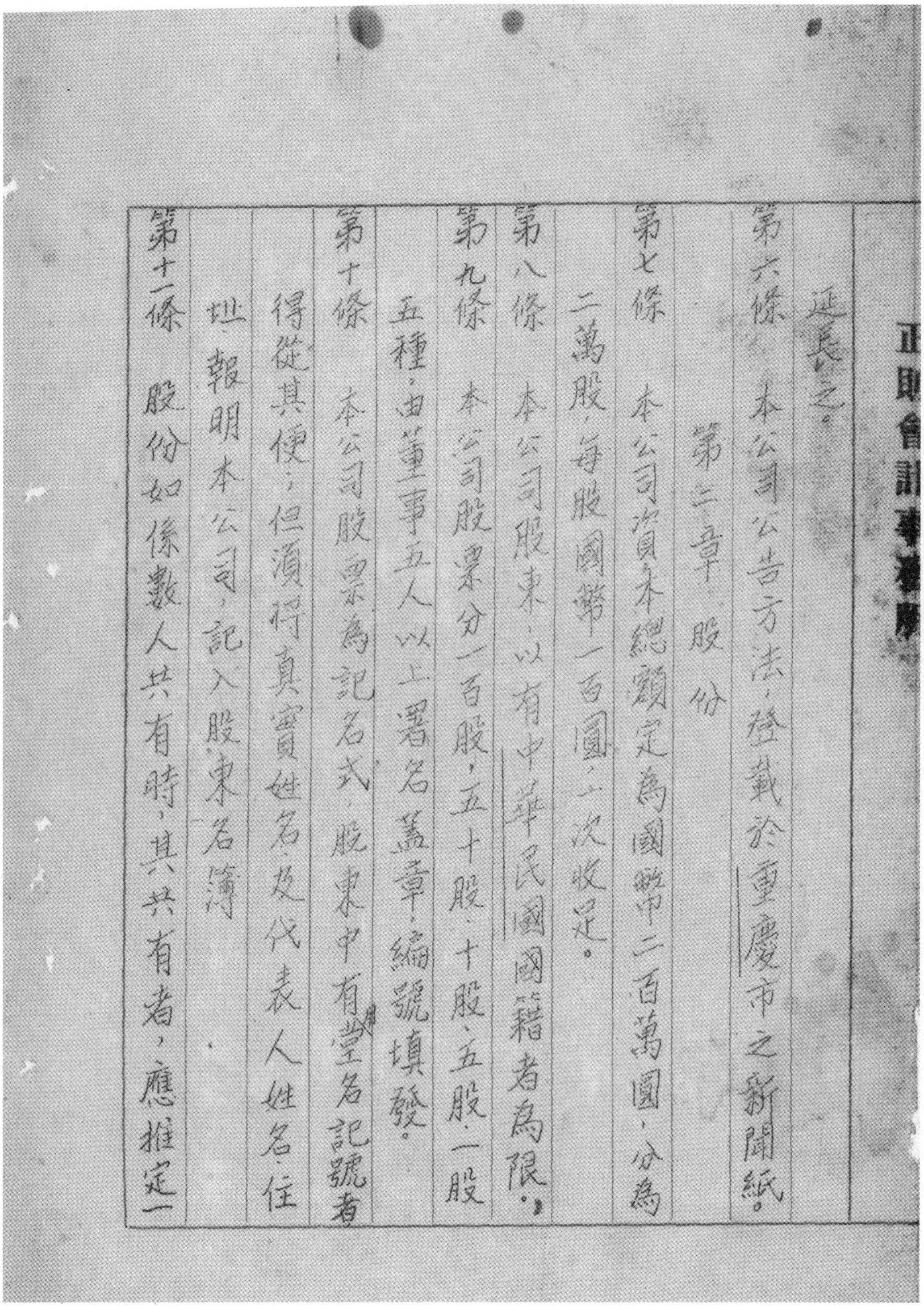

延長之。

第六條　本公司公告方法，登載於重慶市之新聞紙。

第二章　股份

第七條　本公司資本總額定為國幣二百萬圓，分為二萬股，每股國幣一百圓，一次收足。

第八條　本公司股東，以有中華民國國籍者為限。

第九條　本公司股票分一百股、五十股、十股、五股、一股五種，由董事五人以上署名蓋章，編號填發。

第十條　本公司股票為記名式，股東中有用堂名記號者得從其便；但須將真實姓名及代表人姓名、住址，報明本公司，記入股東名簿

第十一條　股份如係數人共有時，其共有者，應推定一

关于检呈重庆电力股份有限公司设立登记文稿上四川省建设厅的呈（附公司章程、股东名簿、营业概算书等）（一九三七年二月十八日）　0219-2-193

关于检呈重庆电力股份有限公司设立登记文稿上四川省建设厅的呈（附公司章程、股东名簿、营业概算书等）（一九三七年二月十八日） 0219-2-193

6

（第一種用紙）

人行使股東權利。

第十二條 股東應將印鑑或簽字式樣，填具印鑑，交本公司收存備查，如有變更時亦同。

第十三條 股東向本公司領取股息紅利時，以股票為憑。轉讓股份，或對本公司行使一切股東權利時，以本公司收存之印鑑或簽字式樣為憑。

第十四條 股東送交本公司收存之印鑑圖章，如有遺失時，應即邀同相當保人，填具保單，向本公司聲叙遺失緣由，經本公司審核無訛，方准改換新印鑑。

第十五條 股東因買賣、贈與、繼承或其他關係移轉本公司股份所有權時：

第 二 頁

正則會計事務所

关于检呈重庆电力股份有限公司设立登记文稿上四川省建设厅的呈（附公司章程、股东名簿、营业概算书等）（一九三七年二月十八日）　0219-2-193

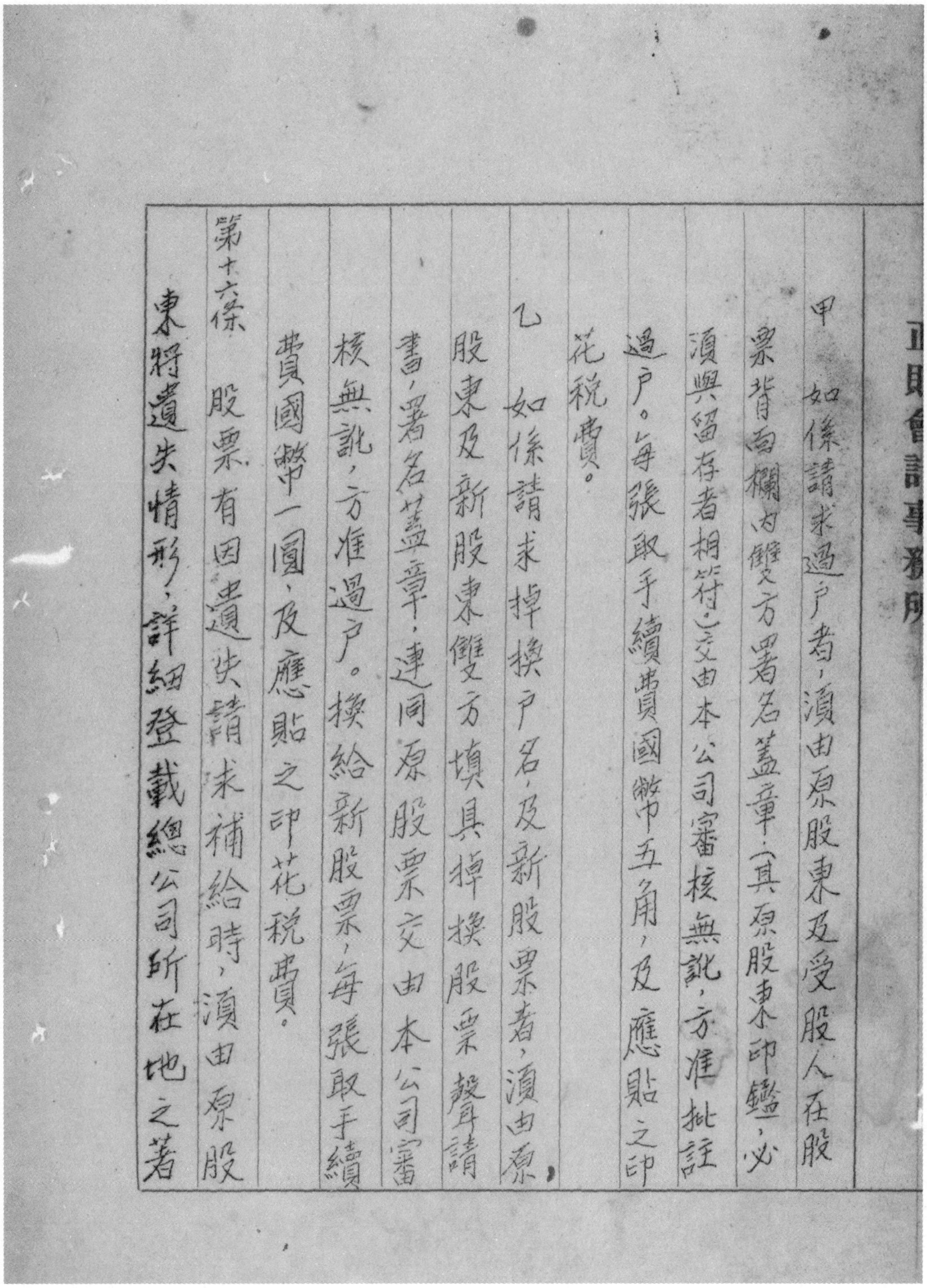

正則會計事務所

甲　如係請求過戶者，須由原股東及受股人在股票背面欄內雙方署名蓋章，（其原股東印鑑，必須與留存者相符。）交由本公司審核無訛，方准批註過戶。每張取手續費國幣五角，及應貼之印花稅費。

乙　如係請求掉換戶名，及新股票者，須由原股東及新股東雙方填具掉換股票聲請書，署名蓋章，連同原股票交由本公司審核無訛，方准過戶。換給新股票，每張取手續費國幣一圓，及應貼之印花稅費。

第十六條　股票有因遺失請求補給時，須由原股東將遺失情形，詳細登載總公司所在地之著

关于检呈重庆电力股份有限公司设立登记文稿上四川省建设厅的呈（附公司章程、股东名簿、营业概算书等）
（一九三七年二月十八日） 0219-2-193

7

（第一種用紙）

名報紙二種以上，公告三日。自公告最終之日起，經過六十日後，並無第三者主張異議時，再邀同相當保人，填具遺失證書，署名蓋章，連同所登報紙交由本公司審核無訛，方准補給新股票。

第十七條　每屆股東常會前一個月，停止股票過戶。

第三章　股東會

第十八條　本公司股東會分常會臨時兩種。

甲　股東常會，於每年結帳後二個月內，由董事會於一個月前通告召集之。

乙　股東臨時會，經董事會決議，或監察人認為必要時，或有股份總數二十分之一以上之股東請求時，由董事會於十五日前通告召集之。

正則會計事務所

第三頁

关于检呈重庆电力股份有限公司设立登记文稿上四川省建设厅的呈（附公司章程、股东名簿、营业概算书等）（一九三七年二月十八日） 0219-2-193

第十九條 本公司股東之表決權，每股一權，但一股東而有十一股以上者，自十一股起，每二股作一權，不滿二股者不計

第二十條 股東常會之召集，應將日期、地點、召集之宗旨及所議決之事項，登報公告，並發函通知各股東。

第二十一條 各股東如有提議事項，須在開會前預將議案提交董事會審查後，編列議事日程。

第二十二條 股東會開會時，以董事長為主席，董事長有事缺席時，由常務董事互推一人任之。董事長及常務董事均缺席時，由其他董事中公推一人任之。

关于检呈重庆电力股份有限公司设立登记文稿上四川省建设厅的呈（附公司章程、股东名簿、营业概算书等）（一九三七年二月十八日） 0219-2-193

8

（第一種用紙）

第二十三條　股東會開會時，股東因事不能出席，得具委託書，委託其他股東為代表。

第二十四條　股東會所議事項，涉及股東個人者，該股東無表決權，並不得為他人代理。

第二十五條　股東會須有本公司股份總數二分之一以上之股東到會，始得開議；出席股權過半數之同意，始得決議。可否同數時，取決於主席。

第二十六條　左列事項之決議，應依照公司法第一百八十六條第二項之規定辦理。

一　變更章程

二　增減股份

三　解散或合併

第　四　頁

正則會計事務所

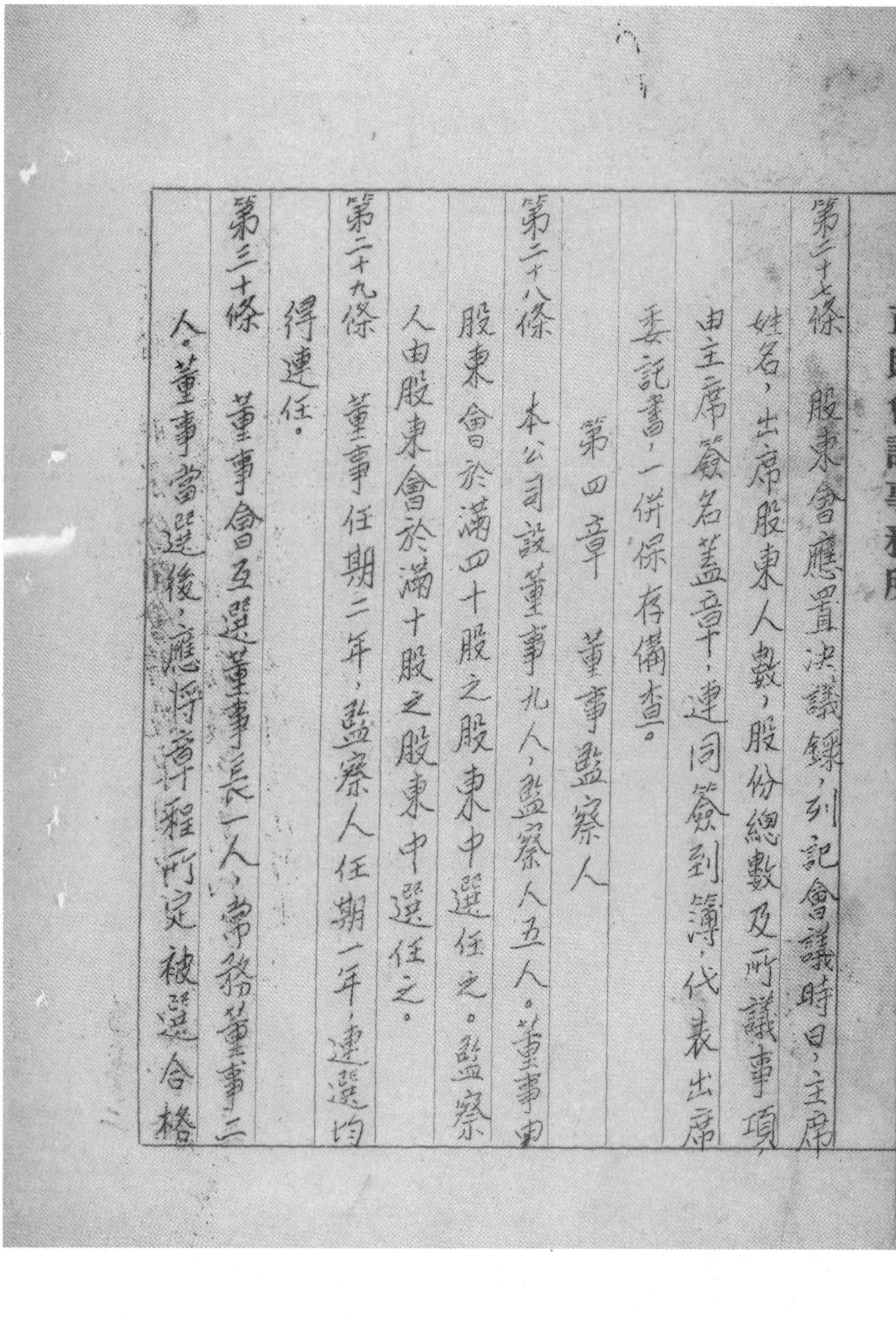
第二十七條　股東會應置決議錄，列記會議時日，主席姓名，出席股東人數，股份總數及所議事項，由主席簽名蓋章，連同簽到簿，代表出席委託書，一併保存備查。

第四章　董事監察人

第二十八條　本公司設董事九人，監察人五人。董事由股東會於滿四十股之股東中選任之。監察人由股東會於滿十股之股東中選任之。

第二十九條　董事任期二年，監察人任期一年，連選均得連任。

第三十條　董事會互選董事長一人，常務董事二人。董事當選後，應將章程所定被選合格

关于检呈重庆电力股份有限公司设立登记文稿上四川省建设厅的呈（附公司章程、股东名簿、营业概算书等）

（一九三七年二月十八日）　0219-2-193

关于检呈重庆电力股份有限公司设立登记文稿上四川省建设厅的呈（附公司章程、股东名簿、营业概算书等）
（一九三七年二月十八日）　0219-2-193

之股票，彙交監察人，公同簽封，保存本公司。

第三十一條　董事長常務董事有缺額時，由董事中另行互選之。董事缺額至三分之一時，應即召集臨時股東會補選，未補選前，認為必要時，得以原選次多數人代行職務。

第三十二條　董事會以董事長為主席，董事長缺席時，由常務董事互推一人任之。

第三十三條　董事會議，每月舉行一次，由董事長召集。其規則另訂之。

監察人得列席會議，但無表決權。

第三十四條　董事會須有董事過半數到會，方得開議，到會董事過半數之同意，方得決議。可

（第一種用紙）

第五頁

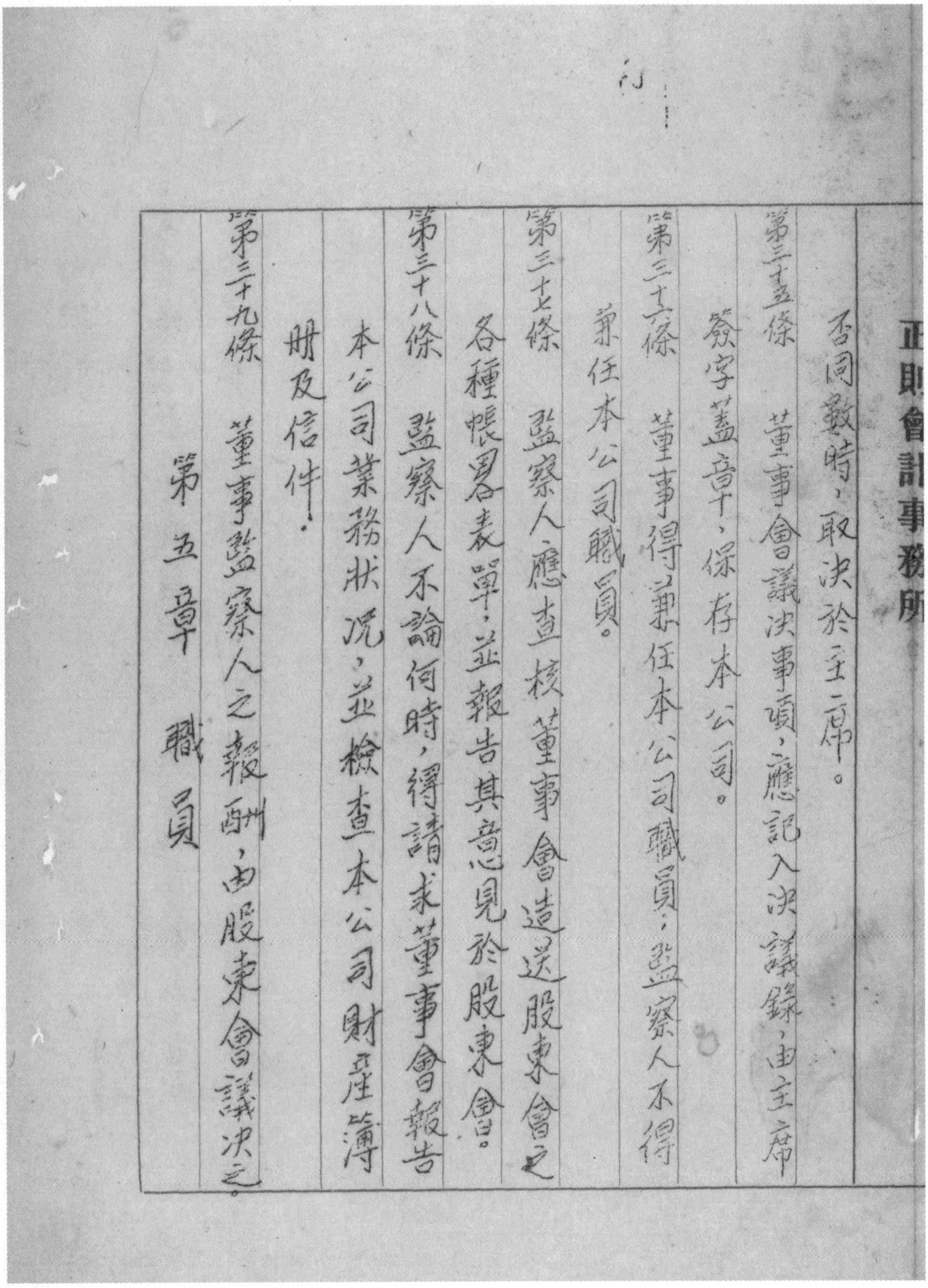
正則會計事務所

否同數時，取決於主席。

第三十五條　董事會議決事項，應記入決議錄，由主席簽字蓋章，保存本公司。

第三十六條　董事得兼任本公司職員，監察人不得兼任本公司職員。

第三十七條　監察人應查核董事會造送股東會之各種帳冊表單，並報告其意見於股東會。

第三十八條　監察人不論何時，得請求董事會報告本公司業務狀況，並檢查本公司財產簿冊及信件。

第三十九條　董事監察人之報酬，由股東會議決之。

第五章　職員

关于检呈重庆电力股份有限公司设立登记文稿上四川省建设厅的呈（附公司章程、股东名簿、营业概算书等）

（一九三七年二月十八日）　0219-2-193

关于检呈重庆电力股份有限公司设立登记文稿上四川省建设厅的呈（附公司章程、股东名簿、营业概算书等）

（一九三七年二月十八日） 0219-2-193

10

（第一種用紙）

第四十條 本公司職員除經、副經理由董事會就董事中選任外，其他職員，由經副理酌量任用；但須取具殷實鋪保。

第四十一條 經理執行董事會議決事件，辦理決算，督率職工處理公司一切業務。經理有事故時，由副經理代理之。

經理執行董事會議決事件，發生困難時，得提請復議。

經理、副經理辭職時，經董事會議決後，得仍為董事。所遺經理副經理職務，由董事會另選之。

經理、副經理須常駐公司執行職務，如有營私

正則會計事務所 第 六 頁

关于检呈重庆电力股份有限公司设立登记文稿上四川省建设厅的呈（附公司章程、股东名簿、营业概算书等）

（一九三七年二月十八日） 0219-2-193

正則會計事務所

舞弊情事經董事會查有確據，得以董事三分之二議決另選，並不得再回任董事。

第四十二條　本公司組織系統及辦事細則另定之。

第六章　會計

第四十三條　本公司帳目，每月結算一次，每年度總結一次，由董事會造具左列各項表冊，送交監察人查核，提出股東常會，請求承認。

一　營業報告書

二　資產負債表

三　財產目錄

四　損益計算書

五　公積金及股息紅利分派之議案

关于检呈重庆电力股份有限公司设立登记文稿上四川省建设厅的呈（附公司章程、股东名簿、营业概算书等）
（一九三七年二月十八日） 0219-2-193

11

（第一種用紙）

第四十四條　本公司每年總結算時，於除去開支及折舊外，遇有盈餘時，先提十分之一為法定公積金，次付股息常年八整釐，其餘作為一百分，分配如左：

一、股東紅利　百分之六十五

二、董事監察人酬金　百分之五

三、發起人特別利益　百分之五

由發起人潘仲三、劉航琛、石體元、康心如、傅友周、陳懷先、胡仲實等七人平均分配

四、特別公積金　百分之五

五、職工酬金　百分之二十

第七頁

正則會計事務所

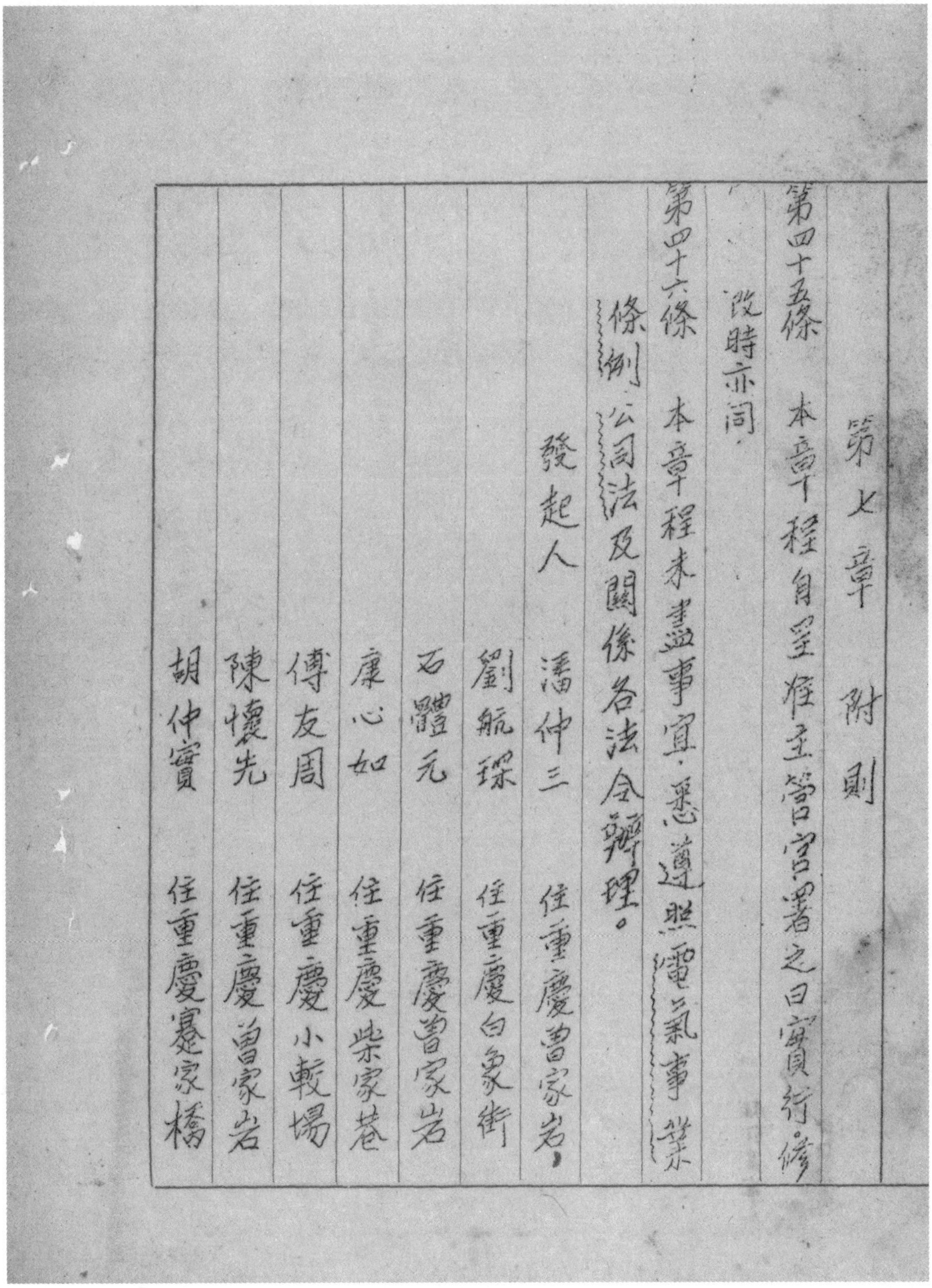

第七章 附則

第四十五條 本章程自呈准主管官署之日實行，修改時亦同。

第四十六條 本章程未盡事宜，悉遵照電氣事業條例、公司法及關係各法令辦理。

發起人

潘仲三 住重慶曾家岩

劉航琛 住重慶白象街

石體元 住重慶曾家岩

康心如 住重慶柴家巷

傅友周 住重慶小較場

陳懷先 住重慶曾家岩

胡仲實 住重慶蹇家橋

关于检呈重庆电力股份有限公司设立登记文稿上四川省建设厅的呈（附公司章程、股东名簿、营业概算书等）

（一九三七年二月十八日） 0219–2–193

关于检呈重庆电力股份有限公司设立登记文稿上四川省建设厅的呈（附公司章程、股东名簿、营业概算书等）（一九三七年二月十八日） 0219-2-193

12

戶名	姓名或代表名	住址	股數	股銀	已繳股銀	責任	股分以外出資之種類及其以財產為出資之價格	繳銀期 年	月	日	備註
澄記	劉甫澄	重慶李子壩	一千五百股	拾伍萬元	拾伍萬元	有限	無	廿四	十二	廿九	
珩記	劉航琛	重慶白象街	一千五百股	拾伍萬元	拾伍萬元	有限	無	廿四	十二	廿九	當選董事
武記	郭文欽	重慶白菓巷	一千五百股	拾伍萬元	拾伍萬元	有限	無	廿四	十二	廿九	當選監察人
樞記	周季悔	重慶大溪溝	一千股	拾萬元	拾萬元	有限	無	廿四	十二	廿九	當選董事
信記	盧作孚	重慶民生公司	一千股	拾萬元	拾萬元	有限	無	廿四	十二	廿九	當選董事
阮記	何北衡	重慶曾家岩	一千股	拾萬元	拾萬元	有限	無	廿四	十二	廿九	
爵記	吳晋航	重慶曾家岩	一千股	拾萬元	拾萬元	有限	無	廿四	十二	廿九	補額監察人
華記	胡仲實	重慶蹇家橋	二百股	弍萬元	弍萬元	有限	無	廿四	十二	廿九	當選董事

第一頁

戶名	姓名或代表名	住址	股數	股銀	已繳股銀	責任	股分以外出資之種類及其以財產為出資之價格	繳銀期 年	月	日	備註
胡叔潛	胡叔潛	重慶華西公司	二百股	貳萬元	貳萬元	有限	無	廿五	十二	廿九	
甯芷邨	甯芷邨	重慶炮台街	一百股	壹萬元	壹萬元	有限	無	廿五	十二	廿九	
邱丙乙	邱丙乙	重慶華西公司	一百股	壹萬元	壹萬元	有限	無	廿五	十二	廿九	
甘典夔	甘典夔	重慶公園路	二百股	貳萬元	貳萬元	有限	無	廿五	十二	廿九	當選監察人
傅真吾	傅真吾	重慶華西公司	一百股	壹萬元	壹萬元	有限	無	廿五	十二	廿九	
張必果	張必果	重慶黃家埡	一百股	壹萬元	壹萬元	有限	無	廿五	十二	廿九	當選監察人 明山[illegible]
劉航琛	劉航琛	重慶白象街	一千股	拾萬元	拾萬元	有限	無	廿五	十二	廿九	
潘昌猷	潘昌猷	重慶曾家岩	一百股	壹萬元	壹萬元	有限	無	廿五	十二	廿九	

关于检呈重庆电力股份有限公司设立登记文稿上四川省建设厅的呈（附公司章程、股东名簿、营业概算书等）

（一九三七年二月十八日） 0219–2–193

关于检呈重庆电力股份有限公司设立登记文稿上四川省建设厅的呈（附公司章程、股东名簿、营业概算书等）

（一九三七年二月十八日） 0219-2-193

13

戶名	姓名或代表名	住址	股數	股銀	已繳股銀	責任	股分以外出資之種類及其以財產爲出資之價格	繳銀期 年	月	日	備註
美記	胡汝航	重慶五福宮	一千股	拾萬元	拾萬元	有限	無	廿五	十二	廿九	曾選監察人
美記	周見三	重慶馬蹄街	一千股	拾萬元	拾萬元	有限	無	廿五	十二	廿九	曾選董事
美記	曾禹欽	重慶小樑子	一千股	拾萬元	拾萬元	有限	無	廿五	十二	廿九	
石體元	石體元	重慶曹家巷	五十股	伍仟元	伍仟元	有限	無	廿五	十二	廿九	曾選董事
陳懷先	陳懷先	重慶曹家巷	四十股	肆仟元	肆仟元	有限	無	廿五	十二	廿九	曾選董事
傅友周	傅友周	重慶小較場	四十股	肆仟元	肆仟元	有限	無	廿五	十二	廿九	曾選監察人
楊伯昌	楊伯昌	重慶千厮門順城街	五十股	伍仟元	伍仟元	有限	無	廿五	十二	廿九	
康心如	康心如	重慶柴家巷	一千零七十股	拾萬零七千元	拾萬零七千元	有限	無	廿五	十二	廿九	曾選監察人

第二頁

关于检呈重庆电力股份有限公司设立登记文稿上四川省建设厅的呈（附公司章程、股东名簿、营业概算书等）

（一九三七年二月十八日） 0219-2-193

户名	姓名或代表名	住址	股数	股银	已缴股银	责任	股分以外出资之种类及其以财产为出资之价格	缴银期 年	月	日	备注
市政府	張必果	重慶黃家埡	三千股	叁拾萬元	叁拾萬元	有限	無	廿五	十二	廿九	
潘仲三	潘仲三	重慶曾家岩	二百股	弍萬元	弍萬元	有限	無	廿五	十二	廿九	當選董事
鄭記	鄭平	重慶正陽街	五十股	伍仟元	伍仟元	有限	無	廿五	十二	廿九	
唐子晋	唐子晋	重慶五福宮	一百股	壹萬元	壹萬元	有限	無	廿五	十二	廿九	
范紹增	范紹增	重慶上清寺	一百股	壹萬元	壹萬元	有限	無	廿五	十二	廿九	
珩記	徐次珩	重慶川康銀行	五百股	伍萬元	伍萬元	有限	無	廿五	十二	廿九	
劉闡非	劉闡非	重慶永齡巷	五十股	伍仟元	伍仟元	有限	無	廿五	十二	廿九	
森記	張必果	重慶黃家埡	二百股	弍萬元	弍萬元	有限	無	廿五	十二	廿九	

关于检呈重庆电力股份有限公司设立登记文稿上四川省建设厅的呈（附公司章程、股东名簿、营业概算书等）
（一九三七年二月十八日） 0219-2-193

14

戶名	姓名或代表名	住址	股數	股銀	已繳股銀	責任	股分以外出資之種類及其以財產爲出資之價格	繳銀期 年月日	備註
源記	甘典夔	重慶公園路	二百股	弍萬元	弍萬元	有限	無	廿四 十二 廿九	
溥記	郭文欽	重慶白菓巷	二百股	弍萬元	弍萬元	有限	無	廿四 十二 廿九	
復記	胡汝航	重慶五福宮	五百股	伍萬元	伍萬元	有限	無	廿四 十二 廿九	
直記	傅友周	重慶小較場	五十股	伍仟元	伍仟元	有限	無	廿四 十二 廿九	
共計	三十六戶		弍萬股	二百萬元	弍百萬元	有限	無	一	
						有限	無		
						有限	無		
						有限	無		

第三頁

关于检呈重庆电力股份有限公司设立登记文稿上四川省建设厅的呈（附公司章程、股东名簿、营业概算书等）（一九三七年二月十八日） 0219-2-193

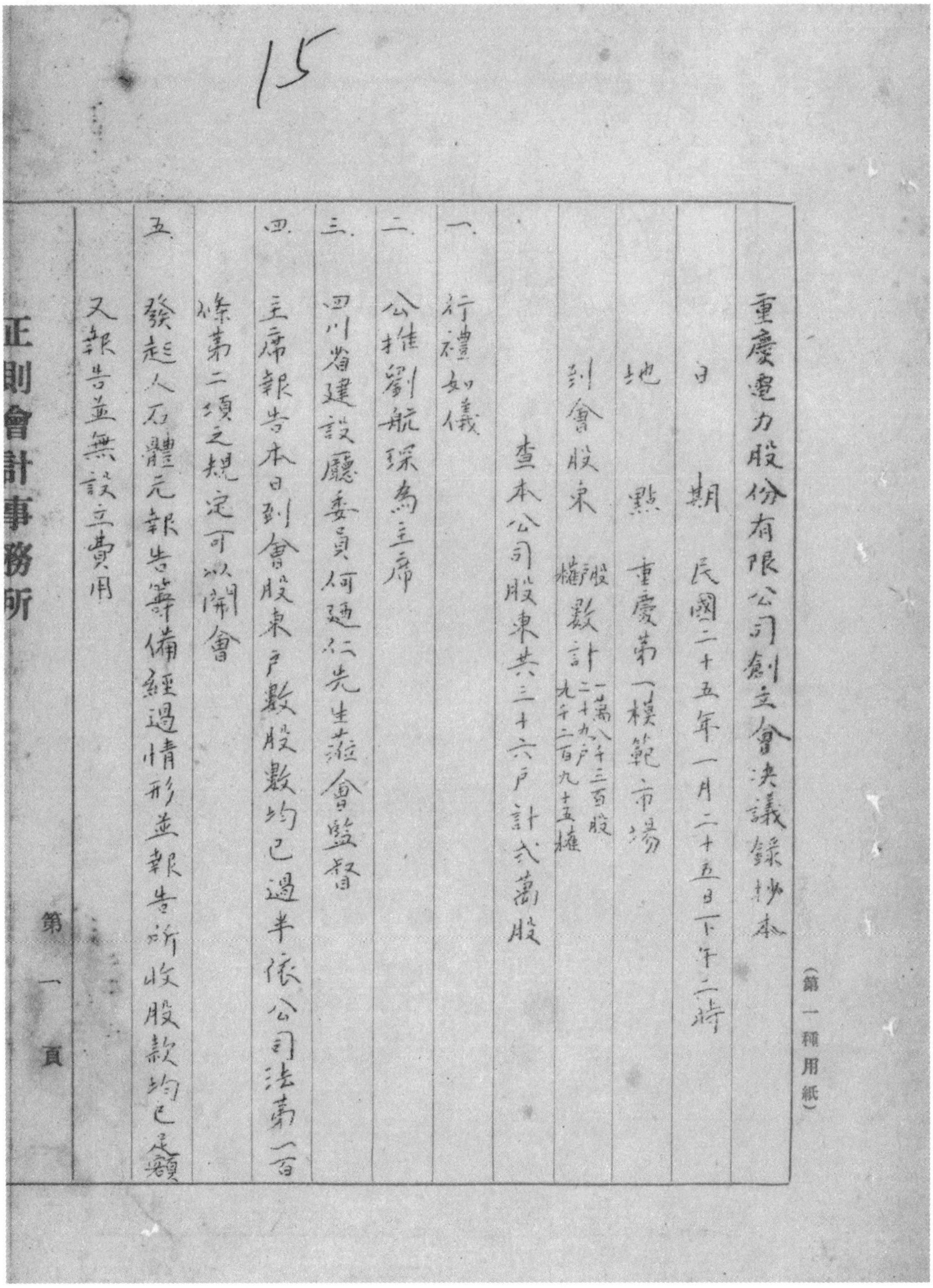

15

（第一種用紙）

重慶電力股份有限公司創立會決議錄抄本

日期 民國二十五年一月二十五日下午二時

地點 重慶第一模範市場

到會股東 戶數計二十九戶 股數計一萬八千三百股 權數計九千二百九十五權

查本公司股東共三十六戶計弍萬股

一、行禮如儀

二、公推劉航琛為主席

三、四川省建設廳委員何廼仁先生蒞會監督

四、主席報告本日到會股東戶數股數均已過半依公司法第一百條第二項之規定可以開會

五、發起人石體元報告籌備經過情形並報告所收股款均已足額

又報告並無設立費用

正則會計事務所

第一頁

关于检呈重庆电力股份有限公司设立登记文稿上四川省建设厅的呈（附公司章程、股东名簿、营业概算书等）
（一九三七年二月十八日） 0219-2-193

六、主席云公司章程草案業經油印分送各股東茲請逐條討

論

主席遂將章程逐條朗讀討論通過如另文

主席云公司章程既經全文通過各位如無異議應請起立付

總表決

全體起立通過

七、主席請各股東投票選舉董事監察人

公推何北衡胡叔潛為檢票員

投票結果

董事

潘仲三君得六四五〇權

石體元君得六四二〇權

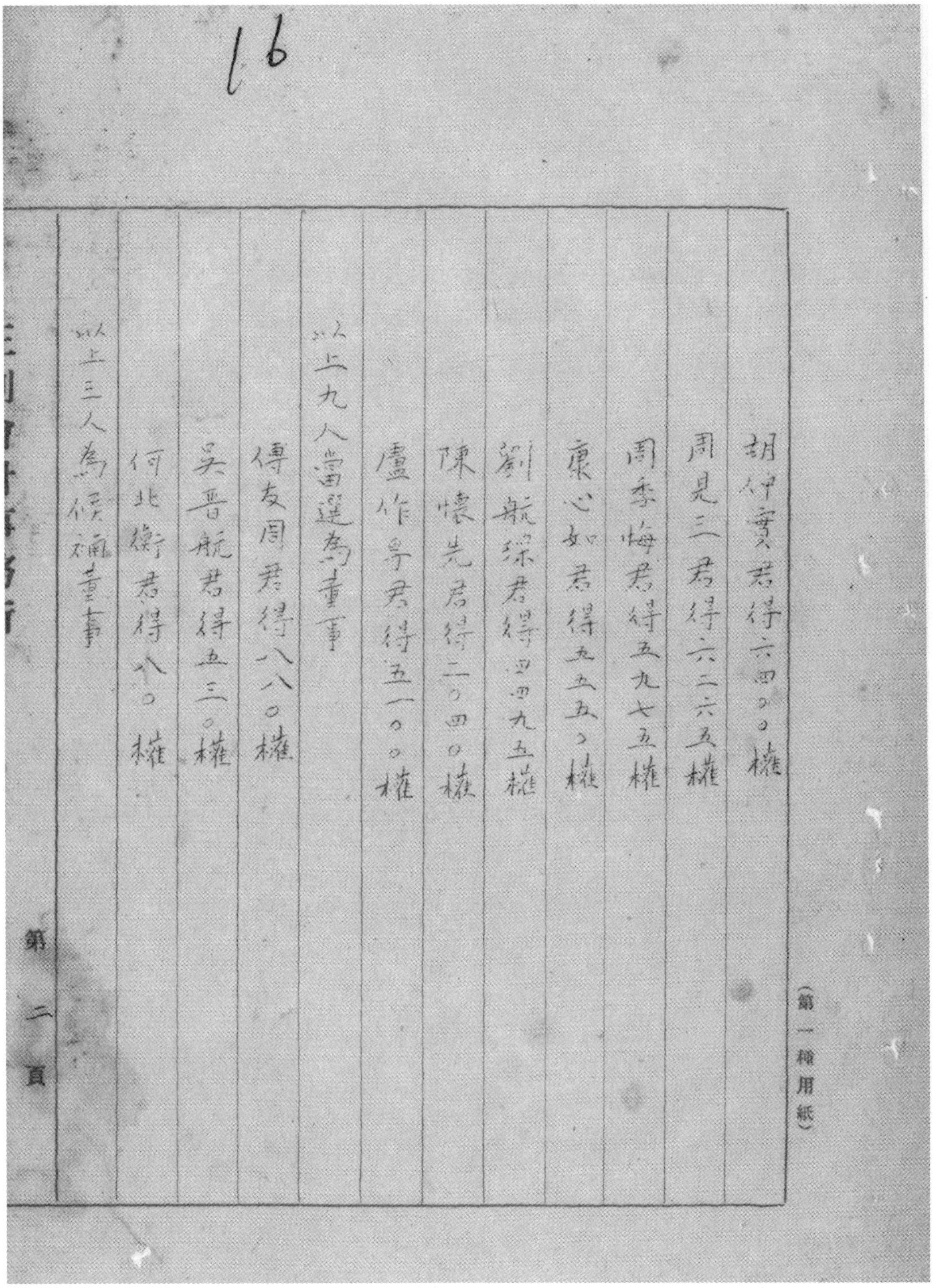
16

胡仲实君得六四〇〇權

周見三君得六二六五權

周季悔君得五九七五權

康心如君得五五五〇權

劉航琛君得四四九五權

陳懷先君得二〇四〇權

盧作孚君得五一〇〇權

傅友周君得八八〇權

以上九人當選為董事

吳晋航君得五三〇權

何北衡君得八〇權

以上三人為候補董事

第二頁

（第一種用紙）

关于检呈重庆电力股份有限公司设立登记文稿上四川省建设厅的呈（附公司章程、股东名簿、营业概算书等）

（一九三七年二月十八日） 0219-2-193

監察人

張必果君得六四五〇權

郭文欽君得五六四五權

甘典夔君得五六四五權

胡汝航君得五三六〇權

傅友周君得一五〇五權

以上五人當選為監察人

吳晉航君得一二八、權

胡叔潛君得七五五權

潘昌猷君得五〇五權

以上三人為候補監察人

八、董事監察人依公司法第一百零三條之規定調查報告如

关于检呈重庆电力股份有限公司设立登记文稿上四川省建设厅的呈（附公司章程、股东名簿、营业概算书等）（一九三七年二月十八日） 0219-2-193

关于检呈重庆电力股份有限公司设立登记文稿上四川省建设厅的呈（附公司章程、股东名簿、营业概算书等）

（一九三七年二月十八日）　0219-2-193

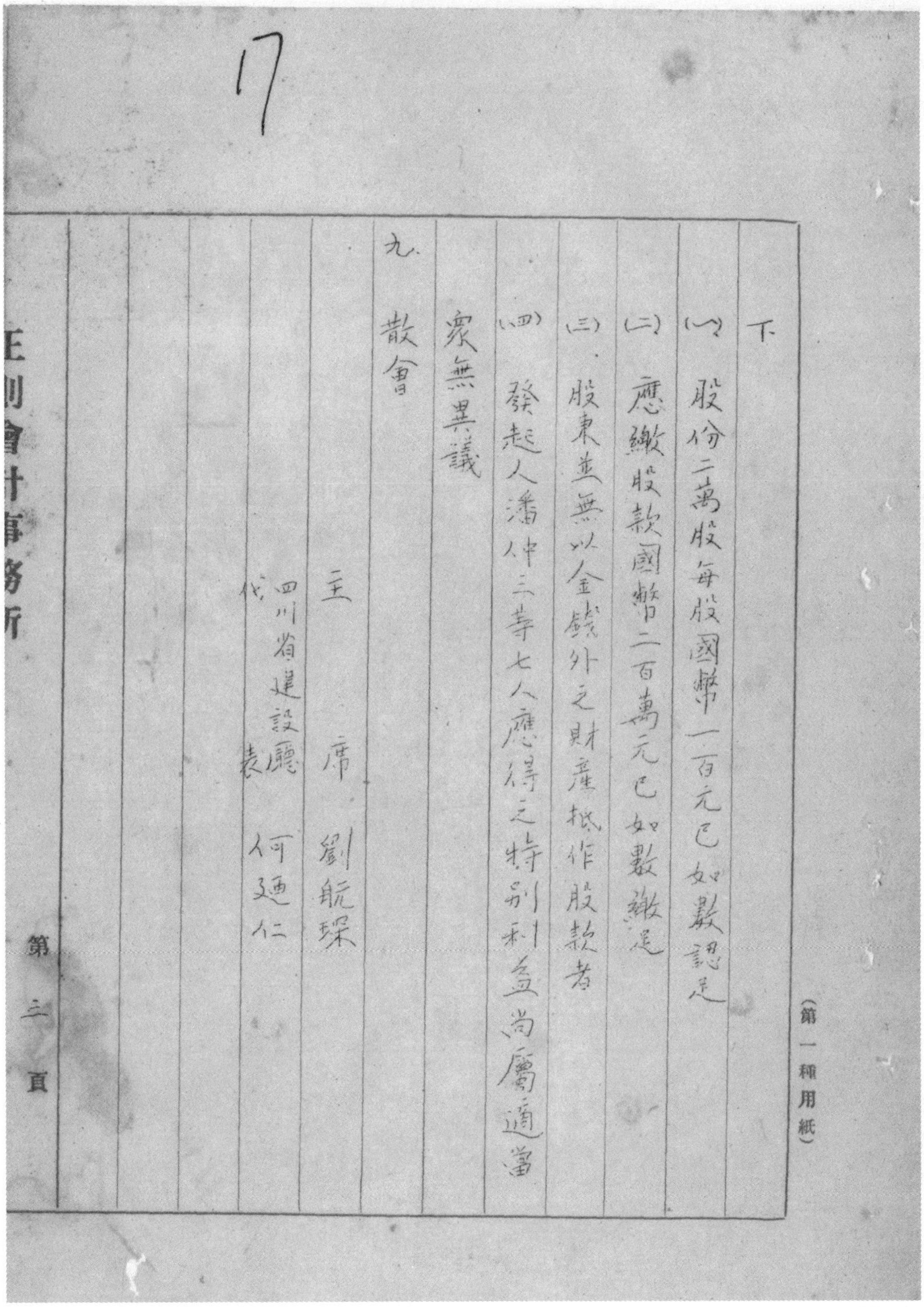
17

下

（一）股份二萬股每股國幣一百元已如數認足

（二）應繳股款國幣二百萬元已如數繳足

（三）股東並無以金錢外之財產抵作股款者

（四）發起人潘仲三等七人應得之特別利益尚屬適當

眾無異議

九、散會

主　席　劉航琛

四川省建設廳代表　何迺仁

（第一種用紙）

正則會計事務所　第三頁

关于检呈重庆电力股份有限公司设立登记文稿上四川省建设厅的呈（附公司章程、股东名簿、营业概算书等）
（一九三七年二月十八日） 0219-2-193

18

照抄調查報告書

茲依照公司法第一百零三條之規定調查報告如下

一、股份弍萬股每股國幣一百圓已如數認足

二、應繳股款國幣弍百萬圓已如數繳足

三、股東並無以金錢外之財產抵作股款者

四、發起人潘仲三等七人所得受之特別利益尚屬適當

董事 周見三

周季悔

潘仲三

石體元

胡仲實

康心如

（第一種用紙）

正則會計事務所 第 全 頁

关于检呈重庆电力股份有限公司设立登记文稿上四川省建设厅的呈（附公司章程、股东名簿、营业概算书等）
（一九三七年二月十八日） 0219-2-193

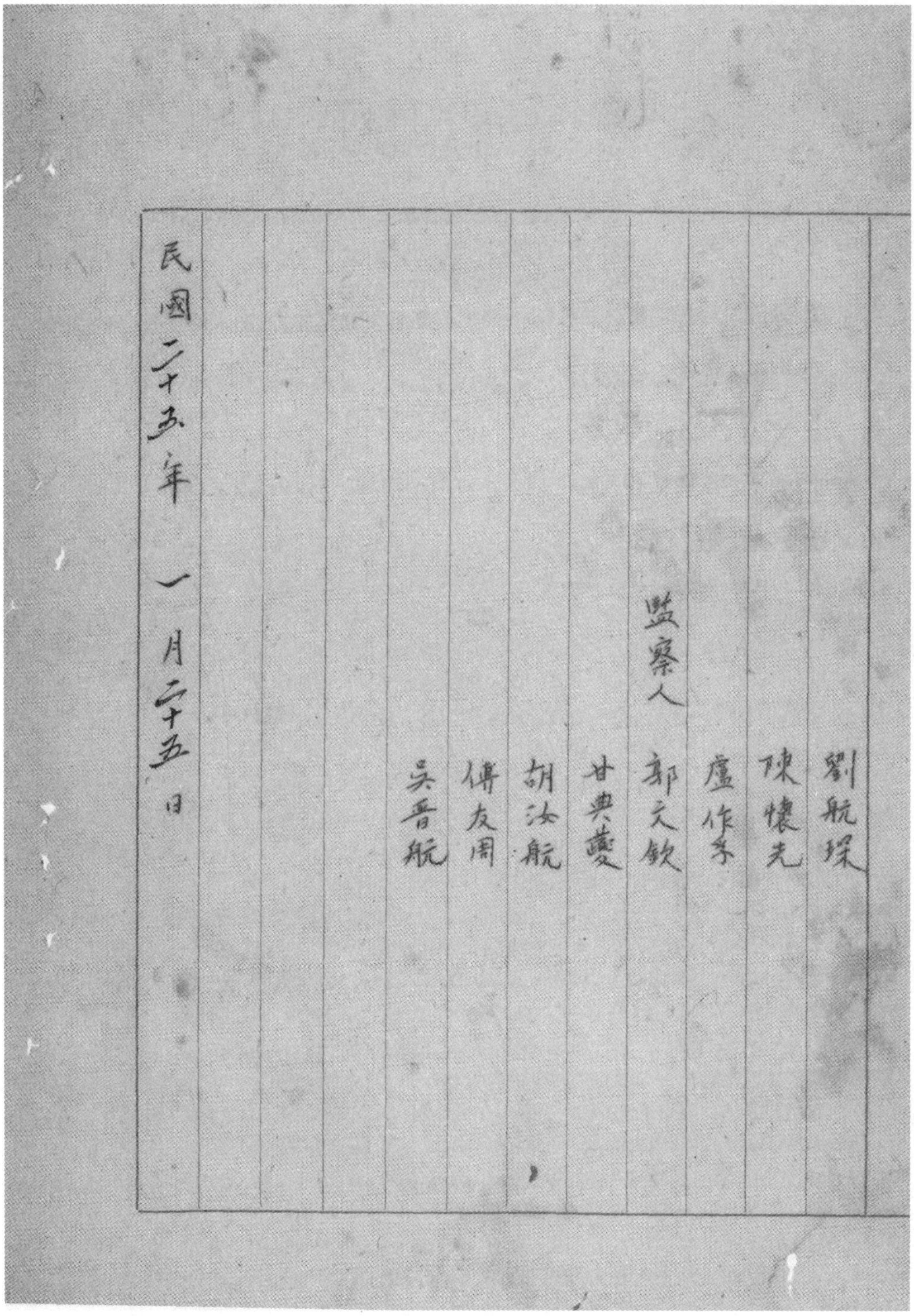

劉航琛
陳懷先
盧作孚
監察人 郭文欽
甘典夔
胡汝航
傅友周
吴晋航

民國二十五年 一月二十五日

关于检呈重庆电力股份有限公司设立登记文稿上四川省建设厅的呈（附公司章程、股东名簿、营业概算书等）（一九三七年二月十八日） 0219-2-193

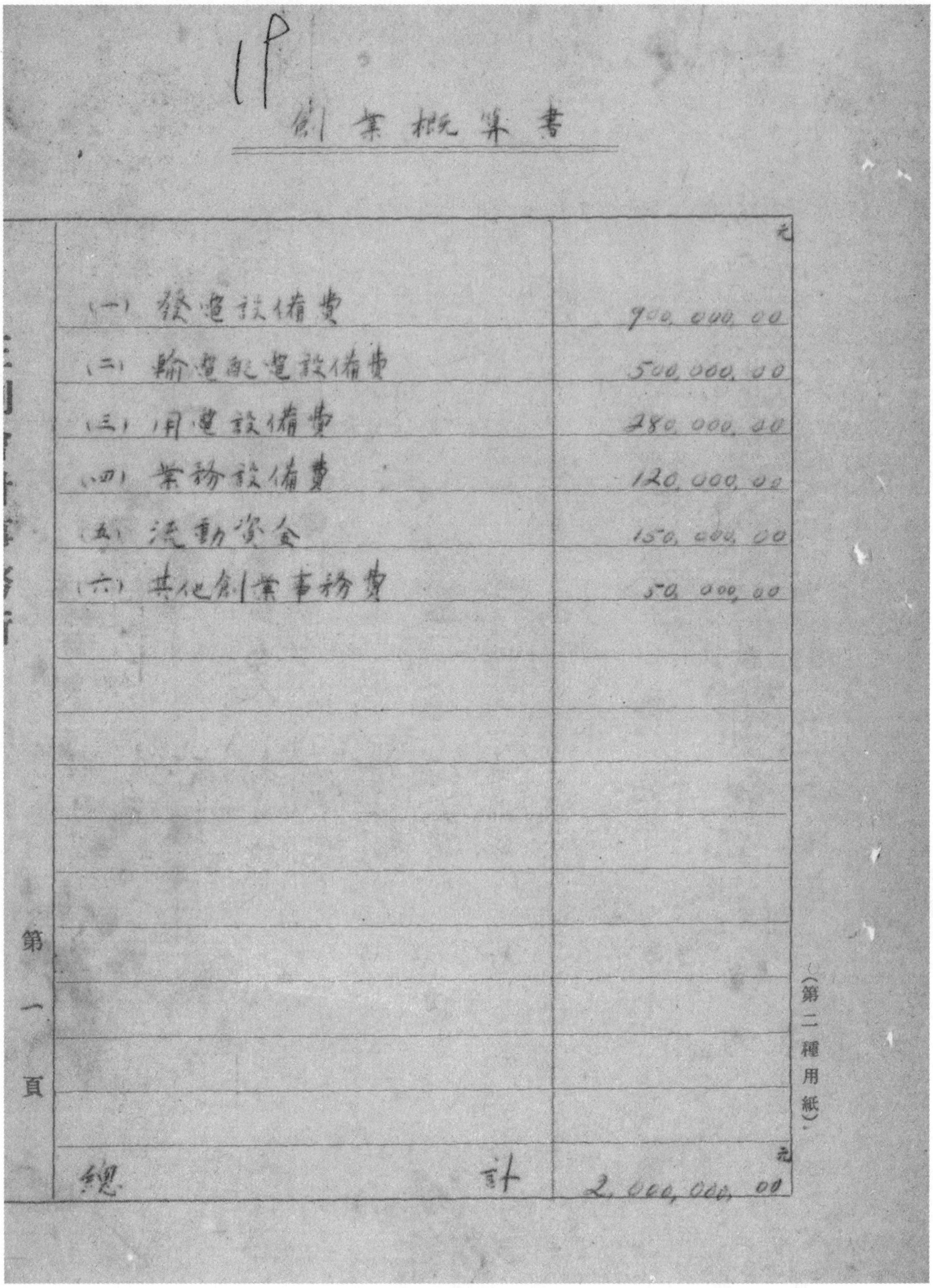

11

創業概算書

	元
(一) 發電設備費	900,000.00
(二) 輸電配電設備費	500,000.00
(三) 用電設備費	280,000.00
(四) 業務設備費	120,000.00
(五) 流動資金	150,000.00
(六) 其他創業事務費	50,000.00
	元
總計	2,000,000.00

(第二種用紙)

第一頁

关于检呈重庆电力股份有限公司设立登记文稿上四川省建设厅的呈（附公司章程、股东名簿、营业概算书等）

（一九三七年二月十八日） 0219-2-193

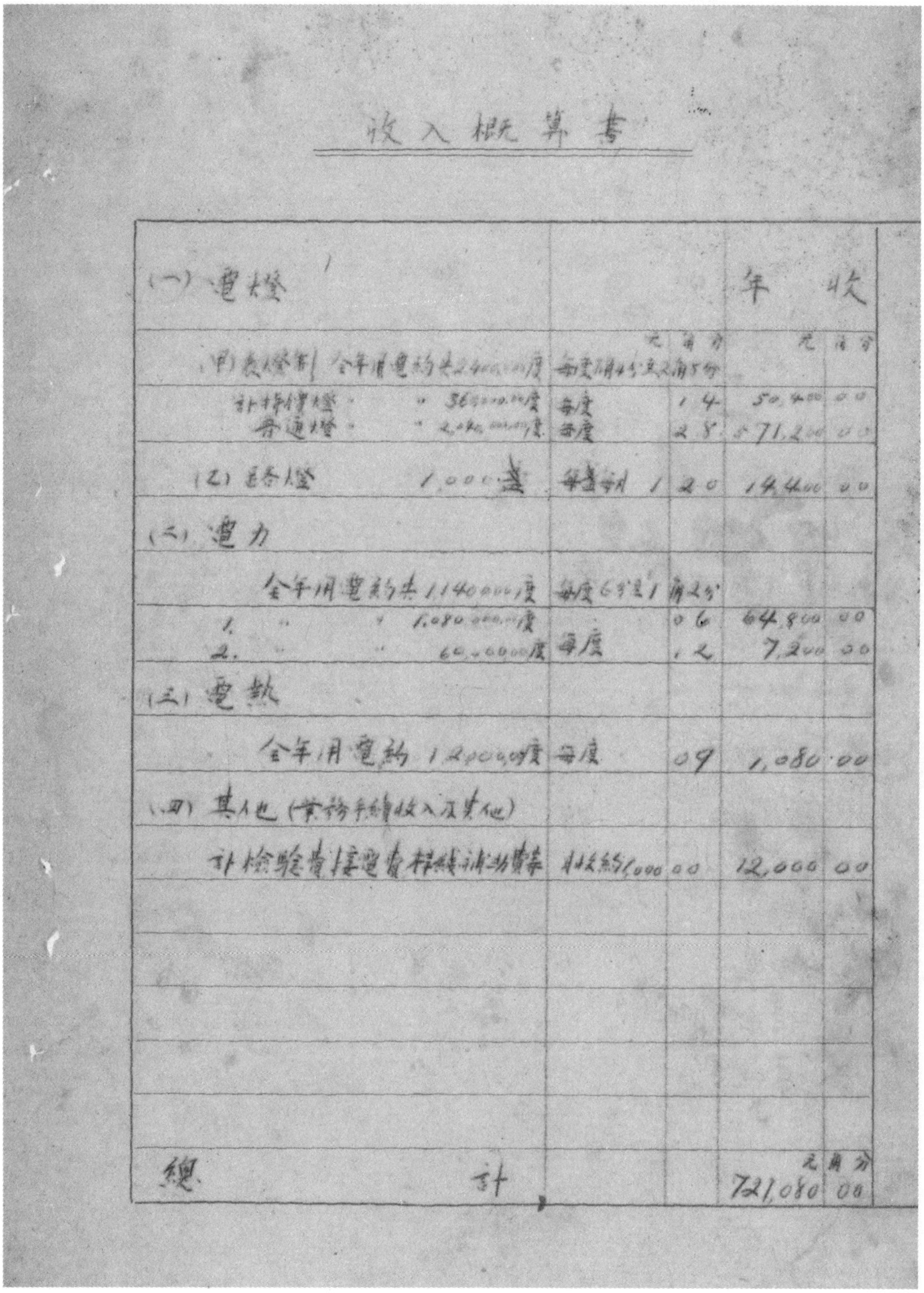

收入概算書

		元 角 分	年收 元	角 分
(一) 電燈				
(甲) 表燈制 全年用電約共2,400,000度	每度價4角至2角5分			
計[illegible]燈 〃 360,000度	每度	1 4	50,400	00
普通燈 〃 2,040,000度	每度	2 8	571,200	00
(乙) 路燈 1,000盞	每盞每月	1 2 0	14,400	00
(二) 電力				
全年用電約共1,140,000度	每度6分至1角2分			
1. 〃 〃 1,080,000度		0 6	64,800	00
2. 〃 〃 60,000度	每度	1 2	7,200	00
(三) 電熱				
全年用電約12,000度	每度	0 9	1,080	00
(四) 其他（業務手續收入及其他）				
計檢驗費接電費移線補助費等	[illegible]約12,000 00		12,000	00
總計			721,080	00

关于检呈重庆电力股份有限公司设立登记文稿上四川省建设厅的呈（附公司章程、股东名簿、营业概算书等）
（一九三七年二月十八日） 0219-2-193

20

支出概算書

款目	年收
（一）薪金	元 78,000.00
（二）工資	36,000.00
（三）燃料	72,000.00
（四）潤滑油	6,000.00
（五）消耗	72,000.00
（六）修繕	36,000.40
（七）租費	12,000.00
（八）事務費	24,000.00
（九）保險	3,000.00
（十）呆賬	6,000.00
（十一）捐稅	10,000.00
（十二）折舊	90,000.00
（十三）借款利息	60,000.00
（十四）其他費用	10,000.00
總計	元 535,000.00

第二頁

（第二種用紙）

关于检呈重庆电力股份有限公司设立登记文稿上四川省建设厅的呈（附公司章程、股东名簿、营业概算书等）
（一九三七年二月十八日） 0219-2-193

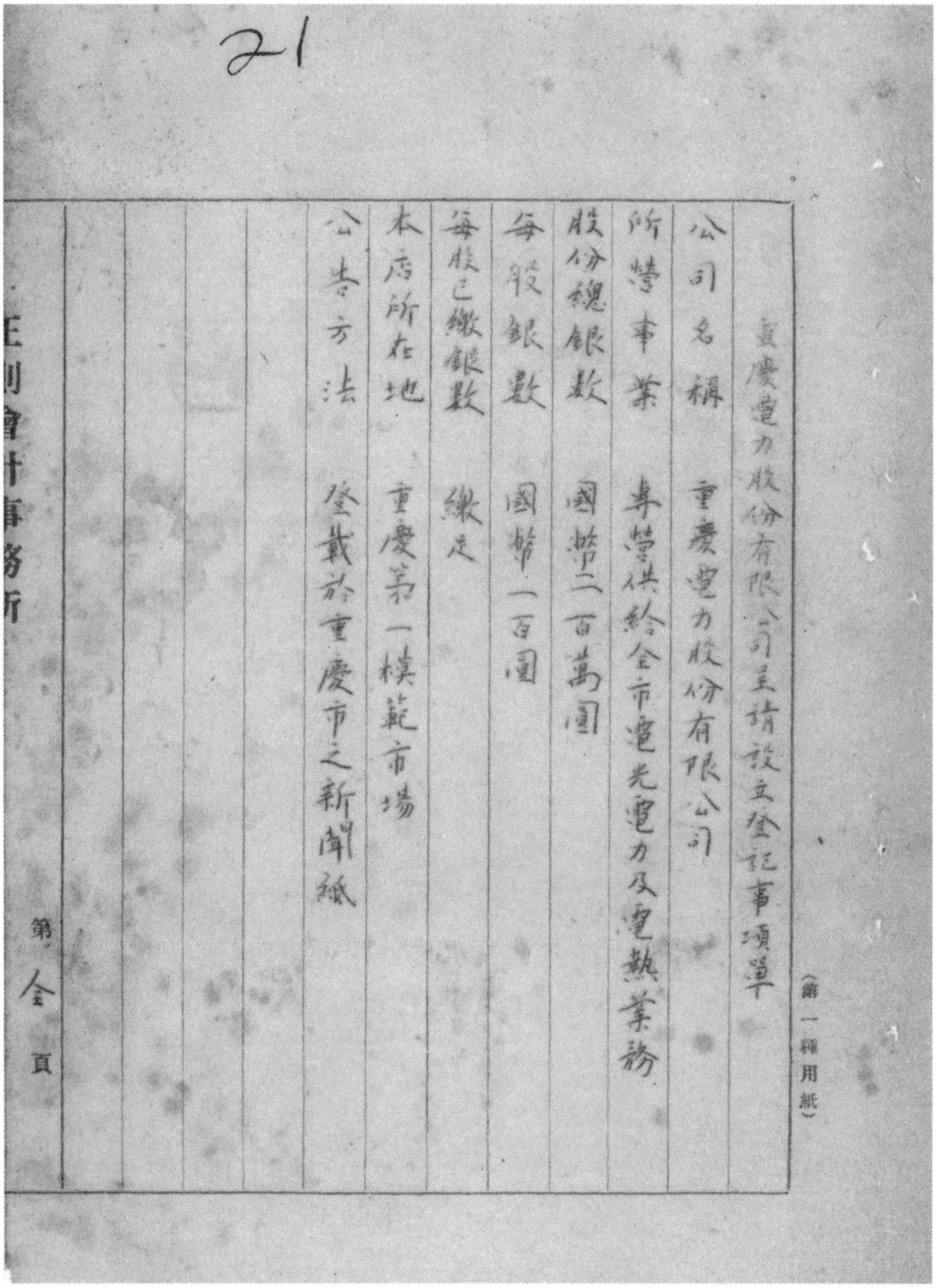
21

(第一種用紙)

重慶電力股份有限公司呈請設立登記事項單

公司名稱	重慶電力股份有限公司
所營事業	專營供給全市電光電力及電熱業務
股份總銀數	國幣二百萬圓
每股銀數	國幣一百圓
每股已繳銀數	繳足
本店所在地	重慶第一模範市場
公告方法	登載於重慶市之新聞紙

第 全 頁

正則會計事務所

关于检呈重庆电力股份有限公司设立登记文稿上四川省建设厅的呈（附公司章程、股东名簿、营业概算书等）
（一九三七年二月十八日） 0219-2-193

22

重慶電力股份有限公司董事監察人名單

（第一種用紙）

職別	姓名	住址	所有股份	當選權數
董事	潘仲三	重慶曾家岩	二百股	六千四百五十權
	石體元	重慶曾家岩	五十股	六千四百二十權
	胡仲實	重慶蹇家橋	二百股	六千四百權
	周見三	重慶馬跡街	一千股	六千二百六十五權
	周季悔	重慶大溪溝	一千股	五千九百七十五權
	康心如	重慶紫家巷	一千零七十股	五千五百五十權
	劉航琛	重慶白象街	一千股	四千四百九十五權
	陳懷先	重慶曾家岩	四十股	二千零四十權
	盧作孚	重慶民生公司	一千股	五千一百權
監察人	郭文欽	重慶白菓巷	一千五百股	五千六百四十五權

第 全 頁

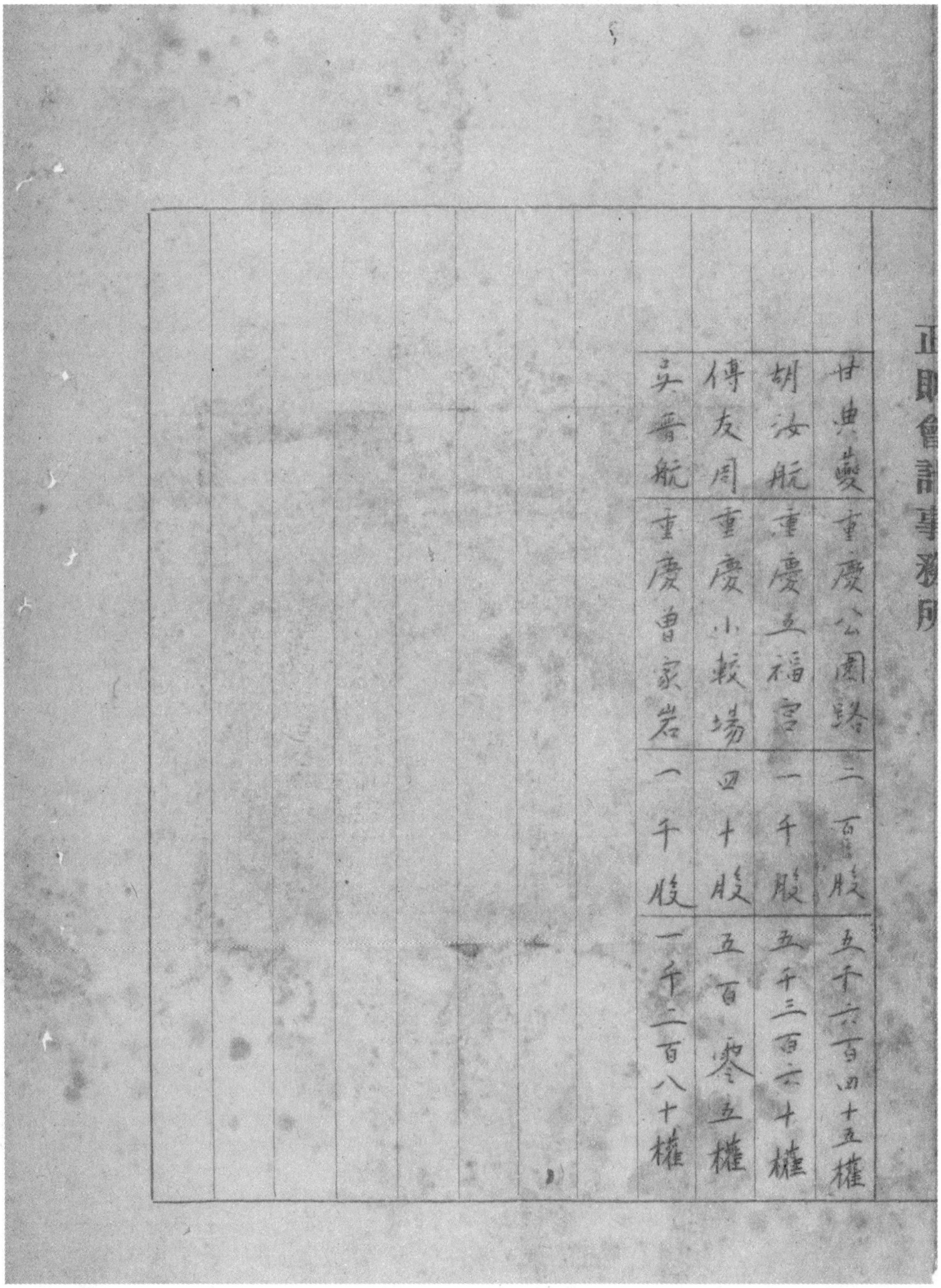

正[illegible]會計事務所

甘典夔	重慶公園路	二百股	五千六百四十五權
胡汝航	重慶五福宮	一千股	五千三百六十權
傅友周	重慶小較場	四十股	五百零五權
吴晋航	重慶曾家岩	一千股	一千二百八十權

关于检呈重庆电力股份有限公司设立登记文稿上四川省建设厅的呈（附公司章程、股东名簿、营业概算书等）

（一九三七年二月十八日） 0219-2-193

重庆市社会局关于重庆电力股份有限公司依法申请登记给该公司的通知（一九四二年五月二十二日） 0219-2-191

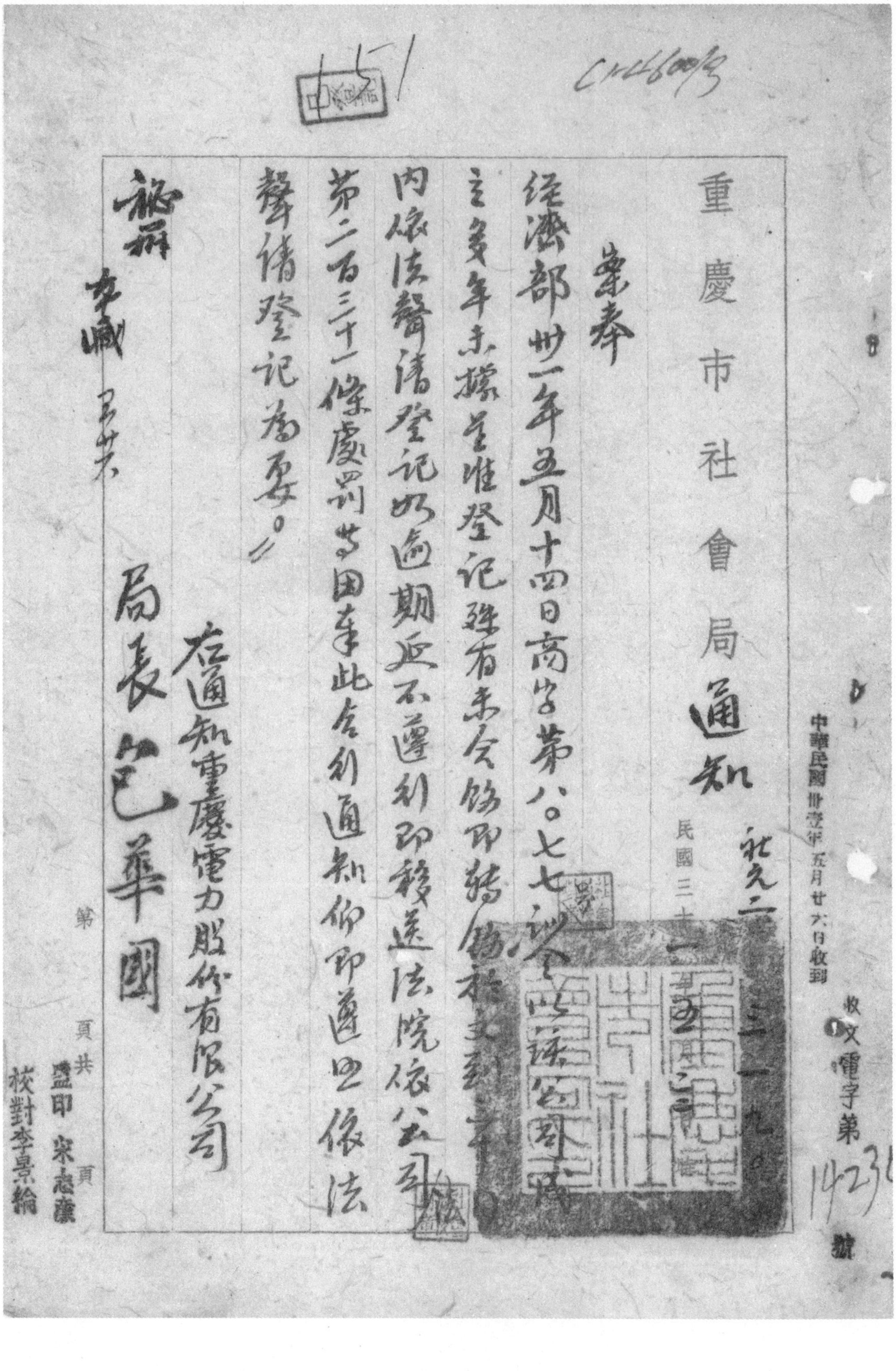
重慶市社會局通知 社九二一九〇號

民國三十一年五月二十二日

案奉

经济部卅一年五月十四日商字第八〇七七〇號訓令，以该公司立案有年，未据呈准登记，殊有未合，饬即转饬……到……内依法声请登记，如逾期延不遵行，即移送法院，依公司法第二百三十一条处罚等因。奉此，合行通知，仰即遵照依法声请登记为要。

右通知重慶電力股份有限公司

局長 包華國

總辦 本職 五卅六

中華民國卅壹年五月廿六日收到 收文電字第14236號

校對李景綸 監印 宋志康

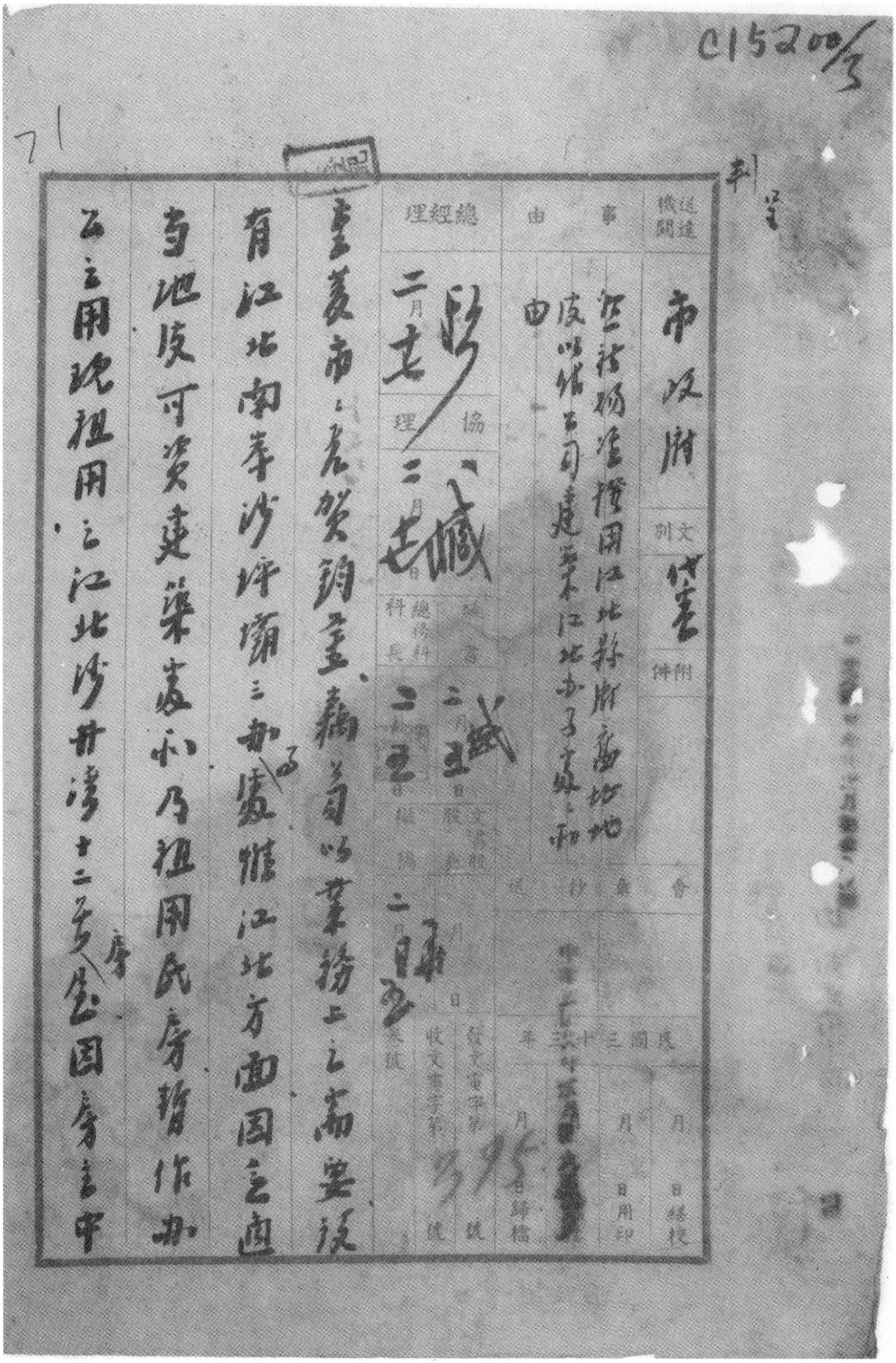

重庆电力股份有限公司请重庆市政府拨用江北县政府旧址地皮给重庆电力股份有限公司建筑江北办事处的代电（一九四五年二月十七日）

0219-2-181

重庆电力股份有限公司请重庆市政府拨用江北县政府旧址地皮给重庆电力股份有限公司建筑江北办事处的代电（一九四五年二月十七日）

0219–2–181

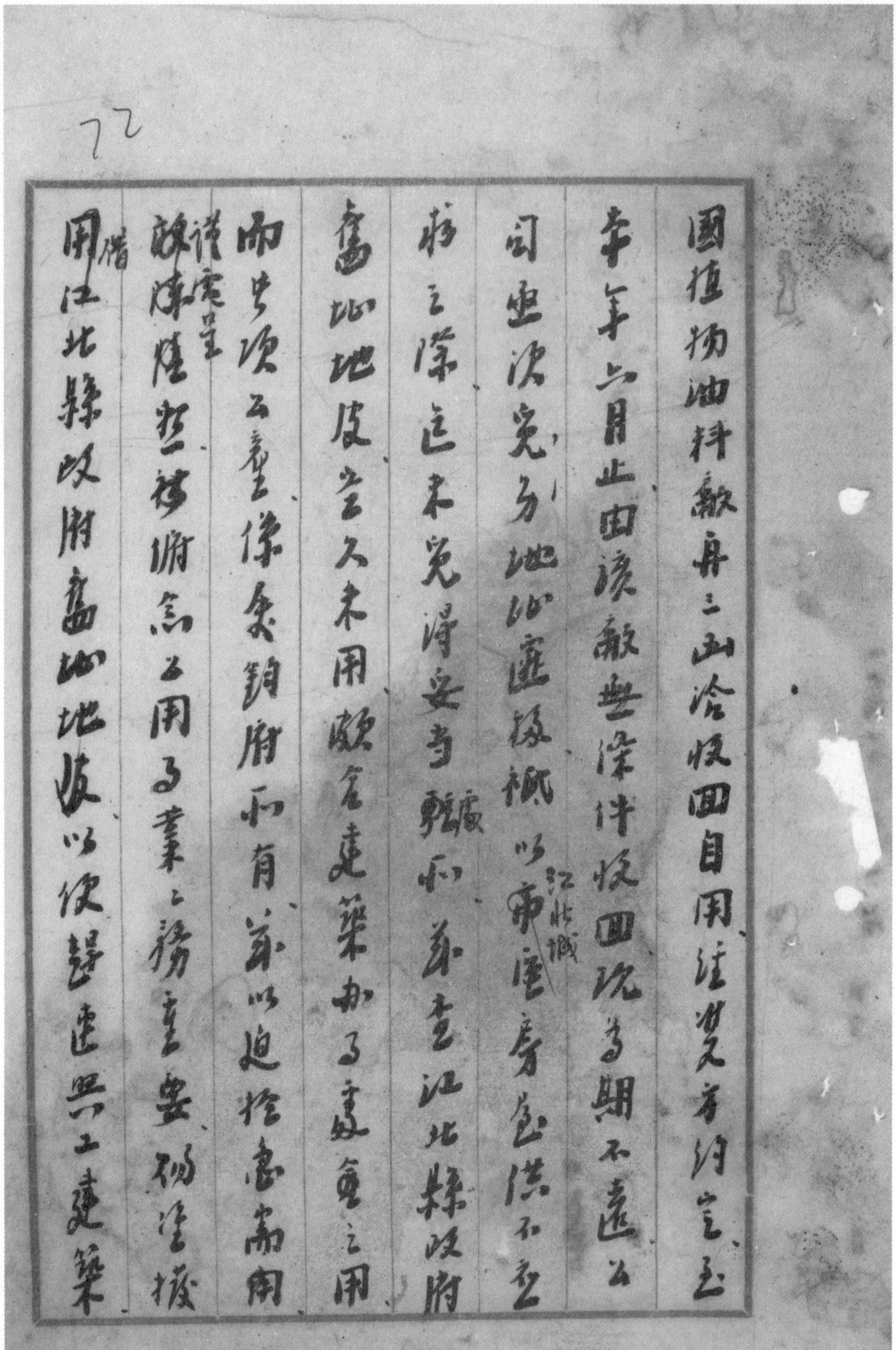
72
國植物油料廠專函洽收回自用該處房約定至
本年六月止由該廠無條件收回現為期不遠公
司亟須覓另地址遷移祇以江北城市區房屋供不應
求之際迄未覓得妥當處所茲查江北縣政府
舊址地皮當久未用啟舍建築辦事處之用
而此項公產係屬鈞府所有茲以迫於需用
謹陳情懇請俯念公用事業之需要特准撥
借用江北縣政府舊址地皮以便趕速興工建築

重庆电力股份有限公司请重庆市政府拨用江北县政府旧址地皮给重庆电力股份有限公司建筑江北办事处的代电（一九四五年二月十七日）

0219–2–181

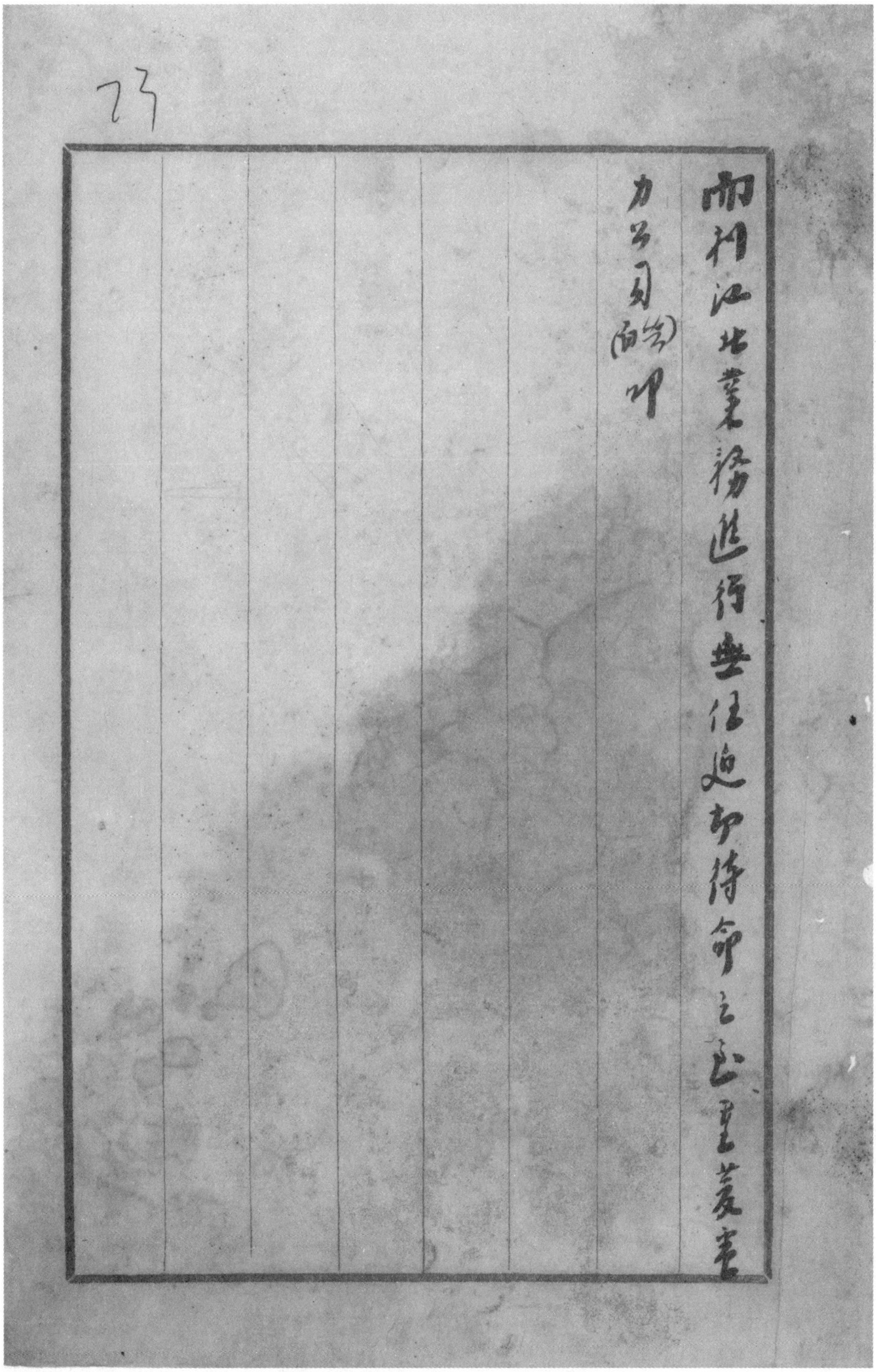

77

而利江北業務進行無任迫切待命之至重慶電

力公司（丑篠）叩

重庆电力股份有限公司请重庆市政府拨用江北县政府旧址地皮给重庆电力股份有限公司建筑江北办事处的代电（一九四五年二月十七日）

0219-2-181

C15200/3

24

送達機關：市政府

文別：代電

附件：

事由：為擬請撥借江北縣府舊址地皮建築辦事處由

總經理：三月六日

協理：三月一日

秘書：三月一日

總務科科長：三月一日

文書股股長：三月一日

擬稿：三月一日

會章　抄送

中華民國卅四年二月廿六日

民國三十　年　月　日繕校　月　日用印　月　日封發　月　日歸檔

發文電字第　號

收文電字第　號 710

卷號

重慶市市長賀鈞鑒：本公司江北辦事處所房屋租期行將屆滿，而又無適當房屋或地皮可資租用，經於本年二月九日以電字第三九五號代電呈江北縣陳縣長，懇請撥借江北縣

重庆电力股份有限公司请重庆市政府拨用江北县政府旧址地皮给重庆电力股份有限公司建筑江北办事处的代电（一九四五年二月十七日）

0219-2-181

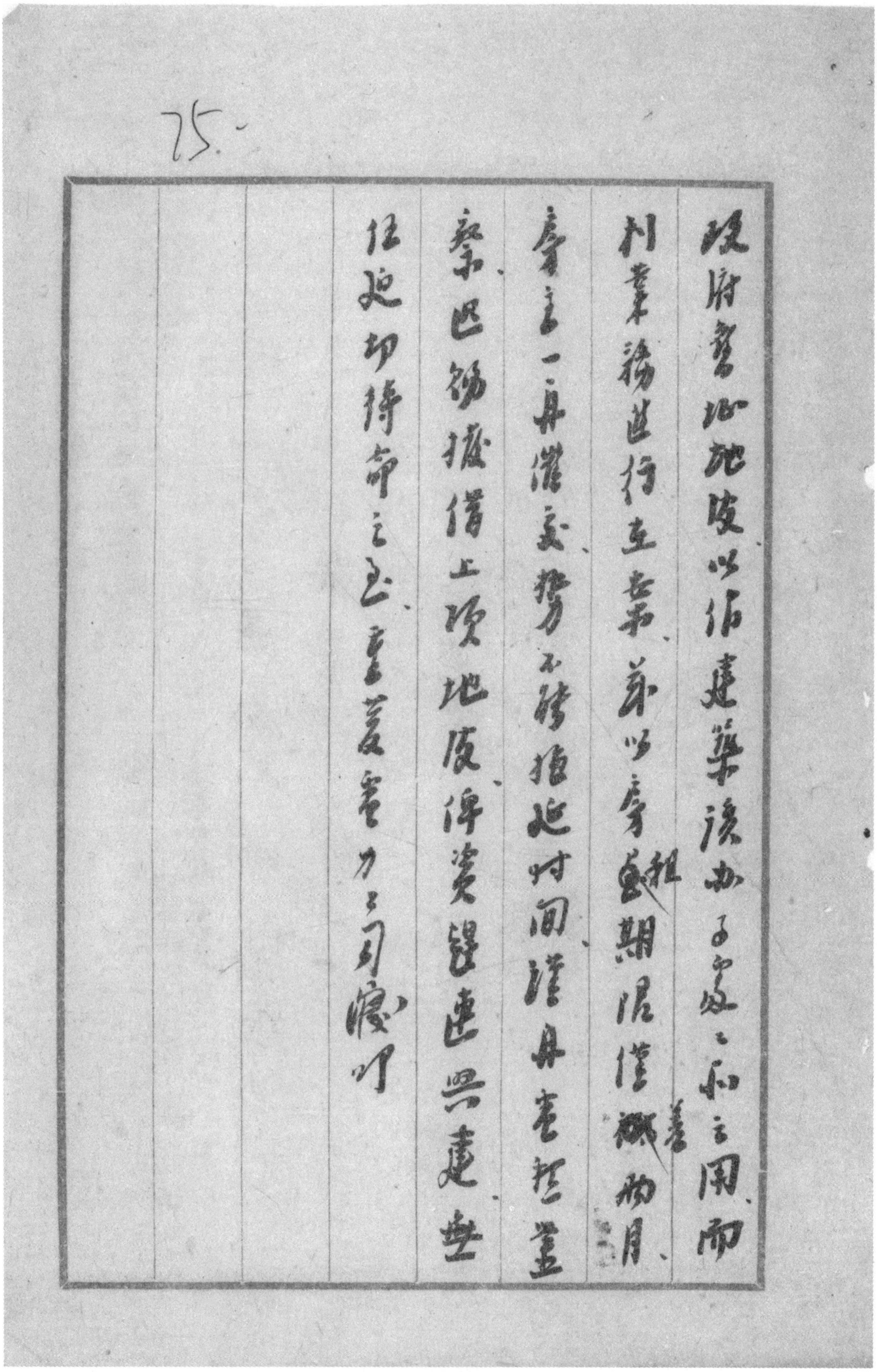
25.

政府旧址地皮以作建築該办事處處所之用，而利業務進行。查業經以房租期限僅差兩月，房主一再催交，勢不能推延時間，請其惠賜鑒察，迅賜撥借上項地皮，俾資趕速興建，無任延切待命之至。重慶電力公司寢叩

重庆市政府关于抄发考核重庆电力股份有限公司之改进意见给该公司的训令（附意见）（一九四五年三月十七日）

0219-2-191

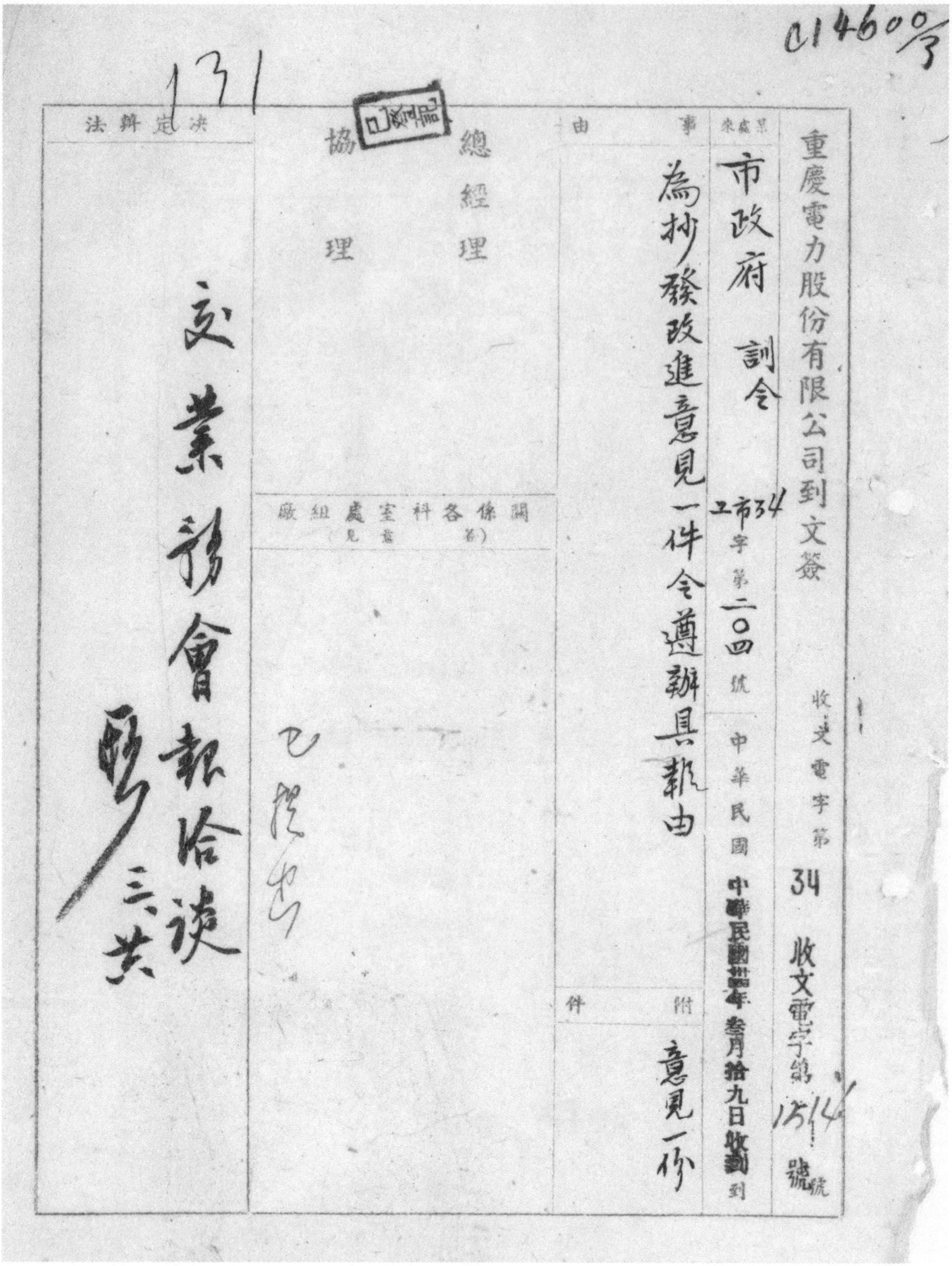
131
01460
重慶電力股份有限公司到文簽
收文電字第34號
來文機關：市政府 訓令
工市34字第二〇四號
中華民國卅四年叁月拾九日收到
事由：為抄發改進意見一件令遵辦具報由
附件：意見一份
總經理
協理
調係各科室處組廠（見簽 着）
決定辦法：交業務會報洽談

重庆市政府关于抄发考核重庆电力股份有限公司之改进意见给该公司的训令（附意见）（一九四五年三月十七日）

（0219—2—191）

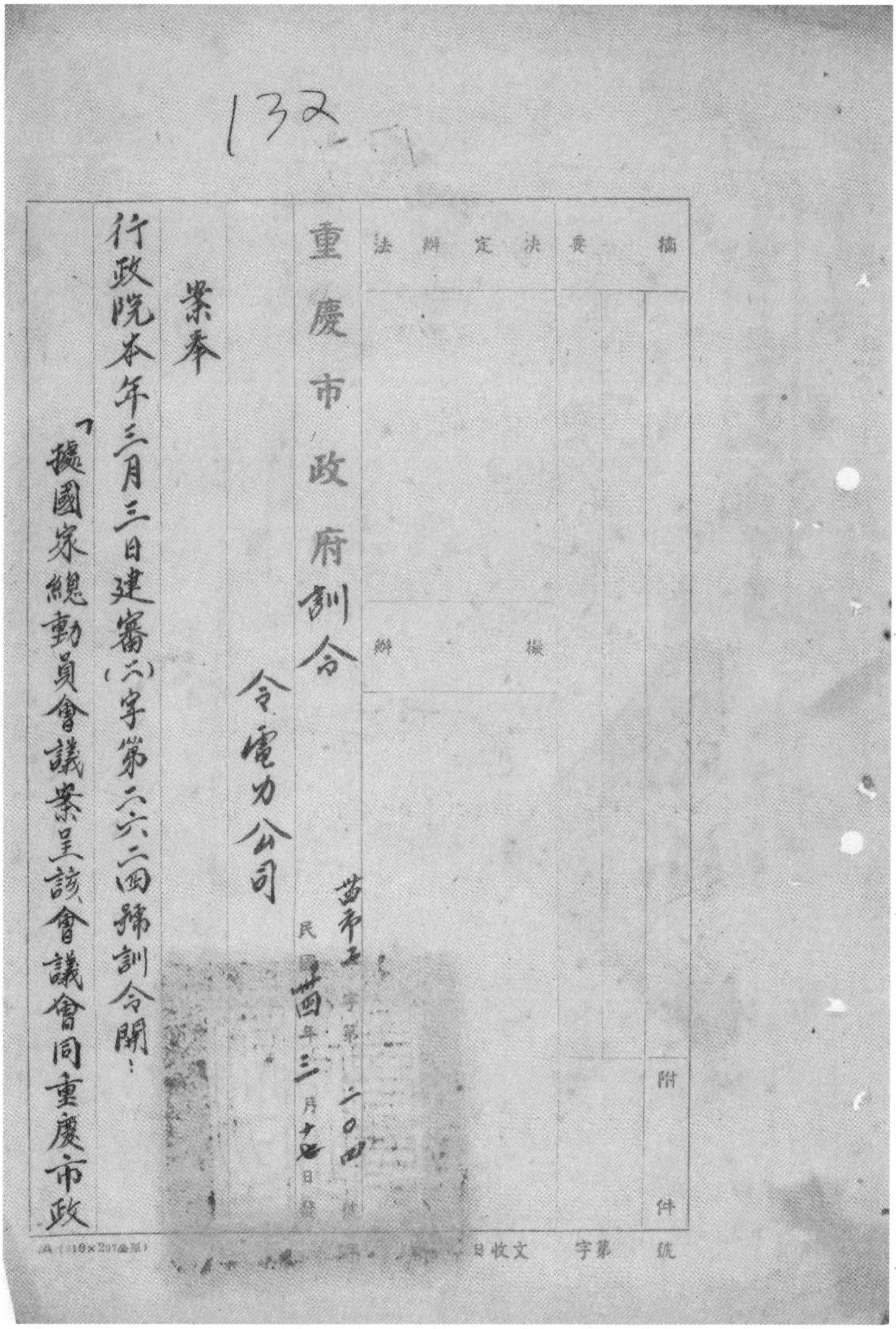

132

摘要	決定辦法
擬辦	
附件	

收文 字第 號 日

重慶市政府訓令

市五字第二〇四號

民國卅四年三月十七日發

令電力公司

案奉

行政院本年三月三日建審（六）字第六六二四號訓令開：

「據國家總動員會議案呈該會議會同重慶市政

A（310×207公厘）

重庆市政府关于抄发考核重庆电力股份有限公司之改进意见给该公司的训令（附意见）（一九四五年三月十七日）

0219–2–191

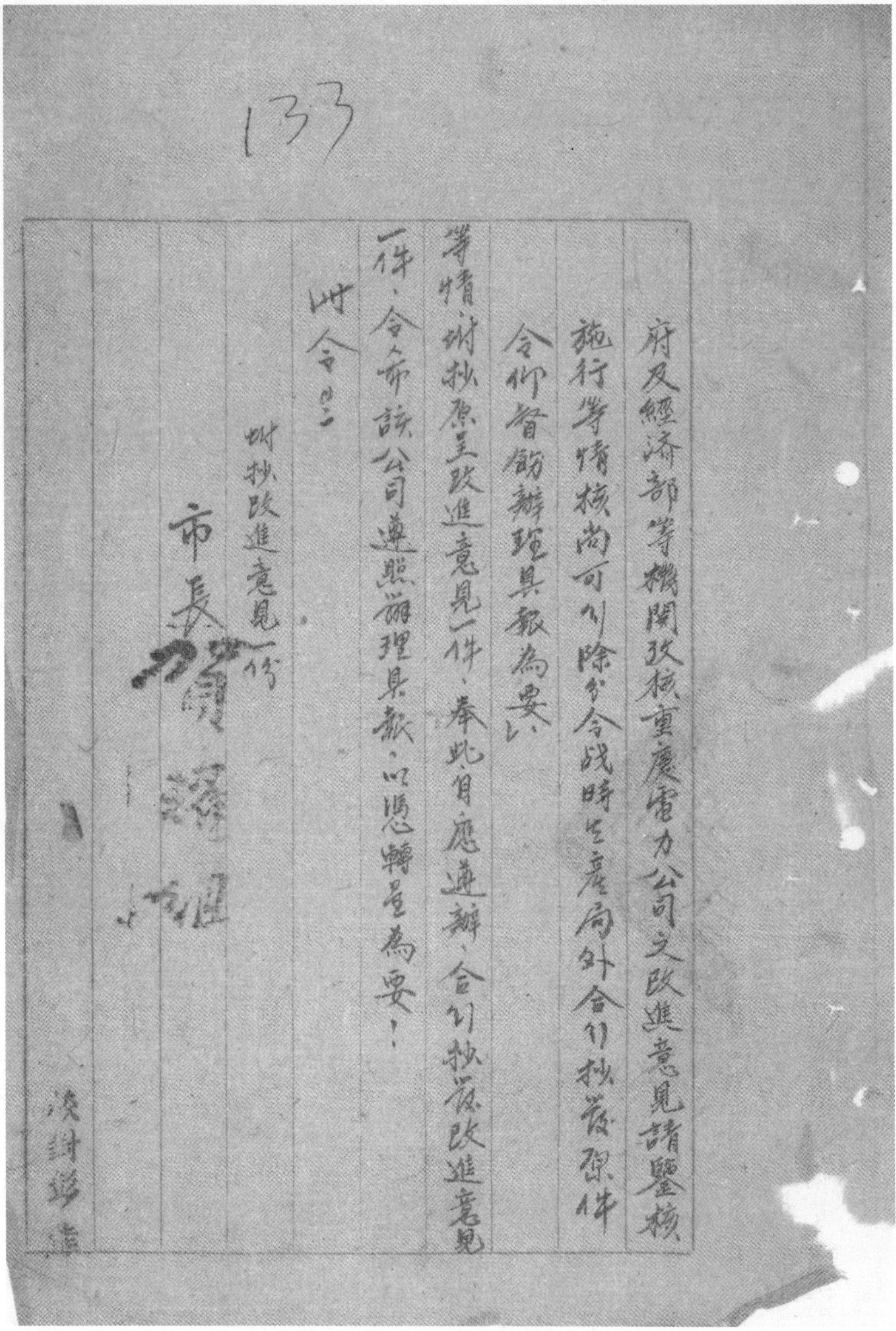

133

府及經濟部等機關攷核重慶電力公司之改進意見請鑒核施行等情，核尚可行，除分令戰時生產局外，合行抄發原件令仰督飭辦理具報為要。

等情，附抄原呈改進意見一件。奉此，自應遵辦。合行抄發改進意見一件，令仰該公司遵照辦理具報，以憑轉呈為要！

此令。

附抄改進意見一份

市長 賀耀組

校對彭淮

重庆市政府关于抄发考核重庆电力股份有限公司之改进意见给该公司的训令（附意见）（一九四五年三月十七日）

0219-2-191

134

攷核重慶電力公司之改進意見

一、關於職工編制者、

查該公司除總公司設五科、二十餘股外，復分置三廠三辦事處，此龐大之組織，固有其事實之需要，未可厚非，但欲切實節約，以解倒懸，未嘗不可從事歸併裁汰，藉資緊縮，例如科設科長副科長，股復設股長副股長，其副科長雖有酌留必要，副股長之設，則未免跡近浮濫，以言職工人數，總額已達一千三百六十餘人，為數不可謂不大，其中各廠技術員固多，各有其用，惟總公司方面如總務一科，設有六十餘人，業務一科竟又達一百零八人之多，而傳達役多至六人，廚役多至十三人，辦公室茶役又幾達四十人，似均可酌情裁減，誠如該公司

T4（192×272公厘）

劉總經理所云，該公司果擬裁減二三百人，當非可不能之事，祗以格於各方人情，不得不設法安置，勉為負担，惟現時該公司本身既已虧累不堪，為維持該公司生存計，除另行設法開源外，似不能不斷然採取緊縮政策，力予裁汰，茲姑以裁減五分之一計，職工約可減少二百六十七人，其可節省之薪津獎卹以及辦公事務各費，每月當不下二百餘萬元，全年當亦不下三千萬元矣。

六、關於職工待遇者：

查該公司總經理協理本年四月份以前，實得之薪津每月已達三萬餘元，五月份調整後，其應得之數竟超出四萬餘元，高級職員如秘書稽核科長廠處主任等其應得數最高者達三萬餘

重庆市政府关于抄发考核重庆电力股份有限公司之改进意见给该公司的训令（附意见）（一九四五年三月十七日）

0219-2-191

重庆市政府关于抄发考核重庆电力股份有限公司之改进意见给该公司的训令（附意见）（一九四五年三月十七日）

0219-2-191

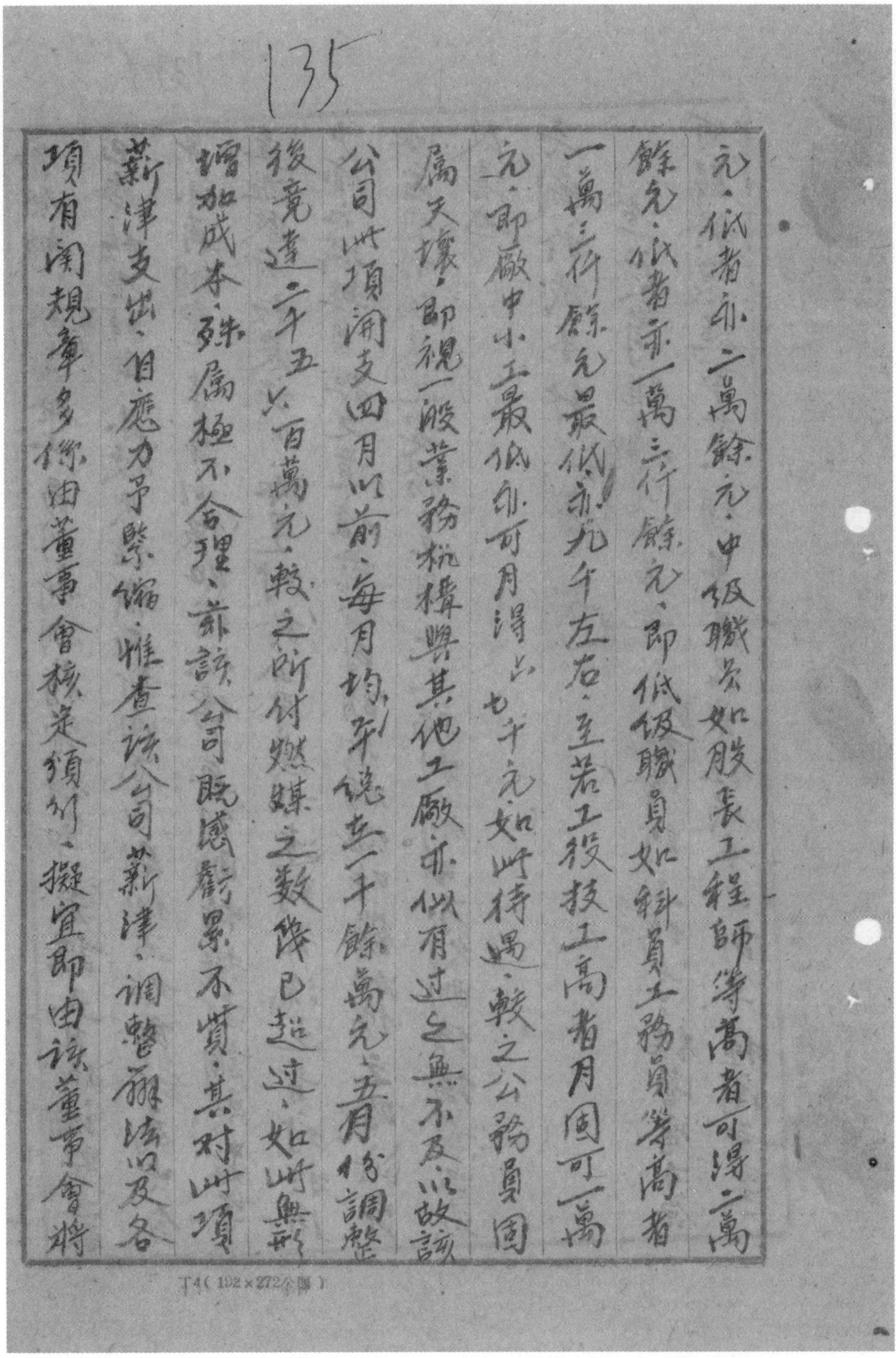
135

元，低者亦二萬餘元，中級職員如股長工程師等高者可得二萬
餘元，低者亦一萬三千餘元，即低級職員如科員工務員等高者
一萬三千餘元，最低亦九千左右，至若工役技工高者月固可一萬
元，即廠中小工最低亦可月得六七千元，如此待遇，較之公務員固
屬天壤，即視一般業務機構與其他工廠亦似有過之無不及，以故該
公司此項開支四月以前，每月均約，平總在一千餘萬元，五月份調整
後竟達二千五六百萬元，較之所付燃煤之數殆已超過，如此無限
增加成本，殊屬極不合理，菲該公司既感虧累不貲，其對此項
薪津支出，自應力予緊縮，惟查該公司薪津，調整辦法以及各
項有關規章多係由董事會核定頒行，擬宜即由該董事會將

丁4（192×272公厘）

重庆市政府关于抄发考核重庆电力股份有限公司之改进意见给该公司的训令（附意见）（一九四五年三月十七日）

0219-2-191

1354

有؛原辦法明令廢止，另行新制藉資撙節，若謂五月份調整之數已奉核准補發，未便失信職工，薪而不予，則似不妨即此為止，今年不再調整，半年以後如有必需，再行酌情擬訂調整數字，呈准政府核定施行，如是對於公司固可達到節流之旨，對於用戶亦已減輕負担之道，值茲公司請求補貼呼籲加價之際，此實亟應自行改進之要務，至員工之福利，則亦不妨酌情儘量予以改善也。

三、關於成本計算者：

查該公司雖屬公用事業，惟就會計立場言，經營電力原可歸於製造事業一類，其產品單位成本之計算，極関重要，

136

檢閱該公司平素對於電度成本之計算辦法，似尚欠精確，今後亟應酌加改善，以期週密。又查該公司會計科祇分簿記出納兩股，而成本會計無人主辦，今後應另增設一股，或指定專人主持，以專責成之處，似值考慮。

四、關於增加生水與改善輸電路線者：

查該公司第一及第三兩廠循環用水之冷卻設備，係用涼水塔第二廠則用冷水池冷凝器之出水經涼水塔及涼水池冷卻後，復導入冷凝器中，使用涼水塔及涼水池之容量都有限制，冷水經循環使用溫度增高，冷凝作用隨之減低，汽輪機之容量亦因之受限制。第一廠自與重慶自來水公司合作後，汽輪機真空提高，發

T4（192×272公厘）

重庆市政府关于抄发考核重庆电力股份有限公司之改进意见给该公司的训令（附意见）（一九四五年三月十七日）

0219–2–191

重庆市政府关于抄发考核重庆电力股份有限公司之改进意见给该公司的训令（附意见）（一九四五年三月十七日）
0219-2-191

1364

當容量亦見增加，第二三兩廠倘能將補充用水大量增加，一面將冷水池中熱水放出一部份，對於汽輪机容量必有補益，且增加此水又能減少水中溶解物質成份，免使溶解物質在凝冷管中受熱沉澱，對維持設備及增進傳熱效能亦有莫大幫助。至若因變壓器容量太小或輸電銅線太細，致綫路上燈光暗淡之處，似均應逐予改善，若以一時限於經費，亦須應從第一廠供電區域內先行着手辦理之。又江北與南岸兩區尚無聯絡輸電綫路，為求將來利用五十廠餘電及兩區彼此輸電便利起見，應即設法籌設過江綫或聯絡綫路調劑盈虛。

四川省中心印刷局承印

丁4（192×272公厘）

重庆市政府关于重庆电力股份有限公司请求拨用江北县政府旧址地皮建筑江北办事处的回电（一九四五年三月三十日）

0219-2-181

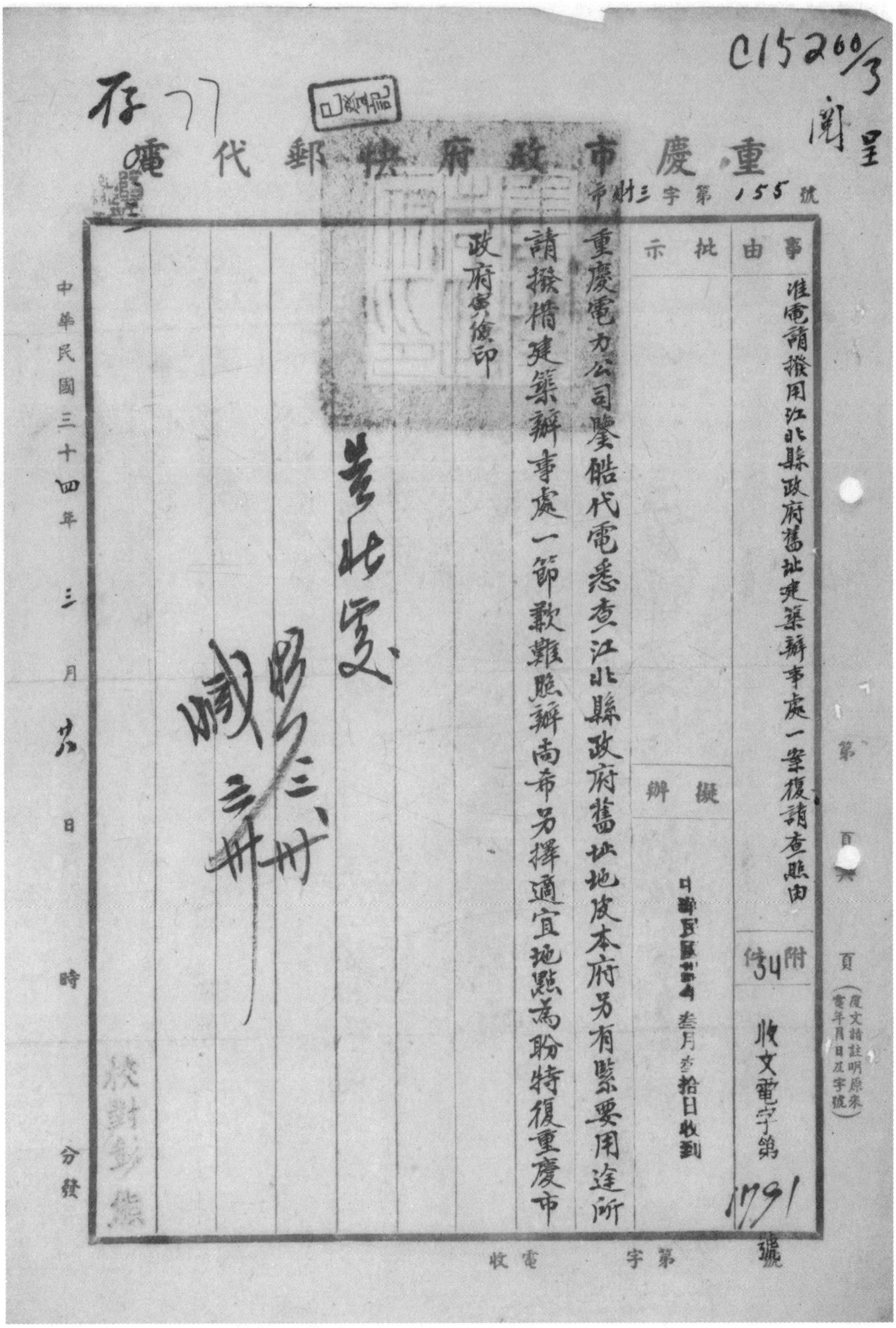

存77

C15200/3

閱 呈

重慶市政府快郵代電

市財三字第155號

事由：准電請撥用江北縣政府舊址建築辦事處一案復請查照由

批示：

擬辦：

附件

收文電字第1791號

三月三十日收到

重慶電力公司鑒：皓代電悉。查江北縣政府舊址地皮，本府另有緊要用途，所請撥借建築辦事處一節，歉難照辦，尚希另擇適宜地點為盼。特復。重慶市政府寅儉印

照發

中華民國三十四年三月卅日 時 分發

第 頁 頁

（覆文請註明原來電年月日及字號）

收電 字第 號

艱苦掙扎中之重慶電力公司

在抗戰勝利後，到了今天的重慶電力公司，一般人都認為應該要舒一口氣了。關心她事業的人們，以為經過八年抗戰的磨折，她應有一個較好的轉機來培養她出生的貧弱，使她更能夠發揮服務的建全能力；同時懷疑她的人們，則以為邊貫到了今天，為什麼老是在停電々，仍舊時在鬧恐慌々，真是太不了解她了！在廣泛的同情，和懷疑和熾着的社會不同情緒之下，今天的重慶電力公司，在抗戰時期，經過了八年的苦難掙扎，本來算不

艰苦挣扎中之重庆电力股份有限公司（一九四七年五月十三日） 0219-2-186

艰苦挣扎中之重庆电力股份有限公司（一九四七年五月十三日） 0219-2-186

6-1

為什麼：一直到了今天，她的困難，仍在繼續不斷的增加，可以說是到了極点！這一連貫的困難，一半是人為的，一半是受環境的。為了剖訴她的滿懷苦衷，在非常嚴重的情形下，應有公開坦直的申訴，以邀得同情和協助的必要

(甲)工務方面的：—

(一)發電力量不夠供應—重慶電力公司，在民國廿三年開辦之初，為了配合當時重慶市整個工業用電，與照明用電的實際需要，裝備了三部一千瓩的發電機，後來在廿五年又擴充四千五百瓩發電機貳部，

艰苦挣扎中之重庆电力股份有限公司（一九四七年五月十三日） 0219-2-186

US$1,700,000.
D Rates @ $2000 = 3400,000.
@ 3350 = 5,700,000.

7

2、

（二）

共為發電總量一萬二千瓩。在抗戰初期，奉經濟部令，特讓了一部一千瓩的發電機與二十兵工廠，故實際發電總量為一萬一千瓩。後來因為供電區域增廣，不夠供應，乃特請兵工署的二十四廠，五十廠，及中央造紙廠的用餘電流約計三千五百瓩，但是仍感不敷供應。以現在重慶市的實需要，除了上述現有供電能量外，尚差四千五百瓩，以補目前電源仍是恐慌，仍舊不夠！

機器過於陳舊，損壞堪虞——重慶電力公司現有一萬一千瓩的發電機力，計一千瓩的弍部，四千五百瓩的弍

74

部。我們的母廠是英國茂偉廠，和鍋爐母廠拔柏葛廠的壽命定章規定，可以用到二十年。自從民國廿三年到現在，已經整整用了十三個年頭，照使用機器的原則，他機方都應有替件準備，就是說有一萬一千瓩的發電機和鍋爐，就應有同量一萬一千瓩的替件準備。但是事實不然，抗戰時期，一切種重工業都集中陪都，同時市區遼闊，綫路增加，用電量經常超過發電量，在轟炸時期奉政府命令將集中在一個廠的機器，疏散成三個廠以策安全。為了增強抗建原動效率，所有機器，一直在

艰苦挣扎中之重庆电力股份有限公司（一九四七年五月十三日）　0219-2-186

8

（三）

三、

使用，既没有配件准备来休息机力，同时昼夜不停地工作着，连喘息的余地也没有。所以到了现在，损耗到了不堪使用的程度。但是仍旧支持着照常发电，可是照这样情形看来，已经成了老弱残兵，随时都有损坏的可能，真是危险极了！

劣质燃煤损耗机力——说到发电的主要原料是煤炭。锅炉燃烧的标准平均热度，应该配合优质燃煤，方能发挥牠的标准热力，可是四川嘉陵江沿岸的煤质，以煤层太薄，含杂夹石甚多，致不够发挥标准热力，同时夹石混烧，最能损坏

8-1

（四）

鍋爐。同時發電機因負荷過重，經常超過能量，必須多燒煤進，方能發夠機器力量，故四部鍋爐，本來月燒七千噸煤就夠了的，為了煤質過劣，與負荷加重的原故，月需燒到一萬餘噸煤炭，方能發夠電流。這樣一來，機力受損，並著不良，已夠受了，至受損的是增加發電成本，而且不能發揮機器的標準能量，這在工程人員技術管理上，增加許多麻煩，最感苦痛的！

器材缺乏影響輸電——甚至說到供電區域之在抗戰時期，但於事實的需要，極度的擴充。除了

艰苦挣扎中之重庆电力股份有限公司（一九四七年五月十三日） 0219-2-186

重慶城區綫路到達山洞，江北區則沿野猫溪溯嘉陵江而上到達磐溪，南岸區由長江下游之大佛寺到達上游之銅元局止，皆所敷綫路，星羅棋布。照輸電工程原則來說，在一定供電距離內，應配裝適度的高壓綫路和低壓綫路，同時更須在一定的供電地區配裝適量的方棚，來調整電壓。但是綫路敷設太長，為了器材缺乏，以致不能按照標準裝設，同時應該換裝的方棚和綫料，亦因為沒有器材調換，以致電壓無法適當地調整，綫路上電流損耗甚大，方棚隨時燃燒損壞。更因此而影響到了整個的發電能量！

(五) 電表缺乏無法普應——關於用電方面，除了現有的電表盡數裝出供應用戶需要外，向國外訂購的大批電表，因爲結匯的關係，一時不能進口，同時向滬等地零星蒐購的電表，爲數既不多，更因交通關係不能隨運隨到，以應需要，因此用戶不能普遍供應用電，這在需要用電的工廠商店和市民們，是最容易引起懷疑和責難的，但是無米爲炊，公用事業人員是有苦說不出啊！

(六) 業務方面的：——

艰苦挣扎中之重庆电力股份有限公司（一九四七年五月十三日） 0219-2-186

10

（四）

節省電流無法取締——重慶電力公司因經業務方面最傷腦筋的，無過於處理節電問題。這本來是一個社會問題。為了供電區域遼闊，而節電勢則比比皆是！如果討厭的是自己節電不説，更進一步節電來轉賣給人，自然而不需資本，而受惠益的小電灯公司。因此在某些電區，竟將方棚燒斷了，沒有替保險裝，只好影響到用戶無電可用。為了決心來取締節電，成立了個用電檢查組的機構，請由憲警會同協助來普遍檢查。可是取締讓他取締，節電者自節舊節電，仍是隨節隨搭，防不勝防。甚至隨有力者，不服取締，當場毆辱執行任務員工，竊用電流。試想一個發電廠每月發電總量約五百餘萬度，但是月終經過用戶電表的抄見總度數僅叁百餘萬度，每月平均損失約在貳百餘萬度電。除了線路正常損耗百分之十五不算外，約月浪耗電流百分之卅以上。我們每月用了一大筆管理費用和燃料費用發出來的電流，竟讓牠白費了，毫無代價。這不僅是重慶電力公司自身的損失，也是整個社會的損失！所以除了請求政府保護協助取締之外，只好向

艰苦挣扎中之重庆电力股份有限公司（一九四七年五月十三日） 0219-2-186

6.

(二)

論人士呼籲，請求主張公斷了。

機關學校所付電費——其次一個問題，就是目前機關學校的收費問題。過去在委員長重慶行營駐渝時期，為了優待黨政軍警機關部隊，以及學校用電，經令規定特低優待辦法，比普通用電減收電費。此項電費，直到卅四年仍每度收費捌元。到了卅五年，經市參議會審定為每度四十元。在本年度經市參議會重加核議，認為此項優待用電辦法，既使重慶電力公司收益受損，復加重市民電費負擔，故決議一律取消，咨請重慶市

艰苦挣扎中之重庆电力股份有限公司（一九四七年五月十三日） 0219-2-186

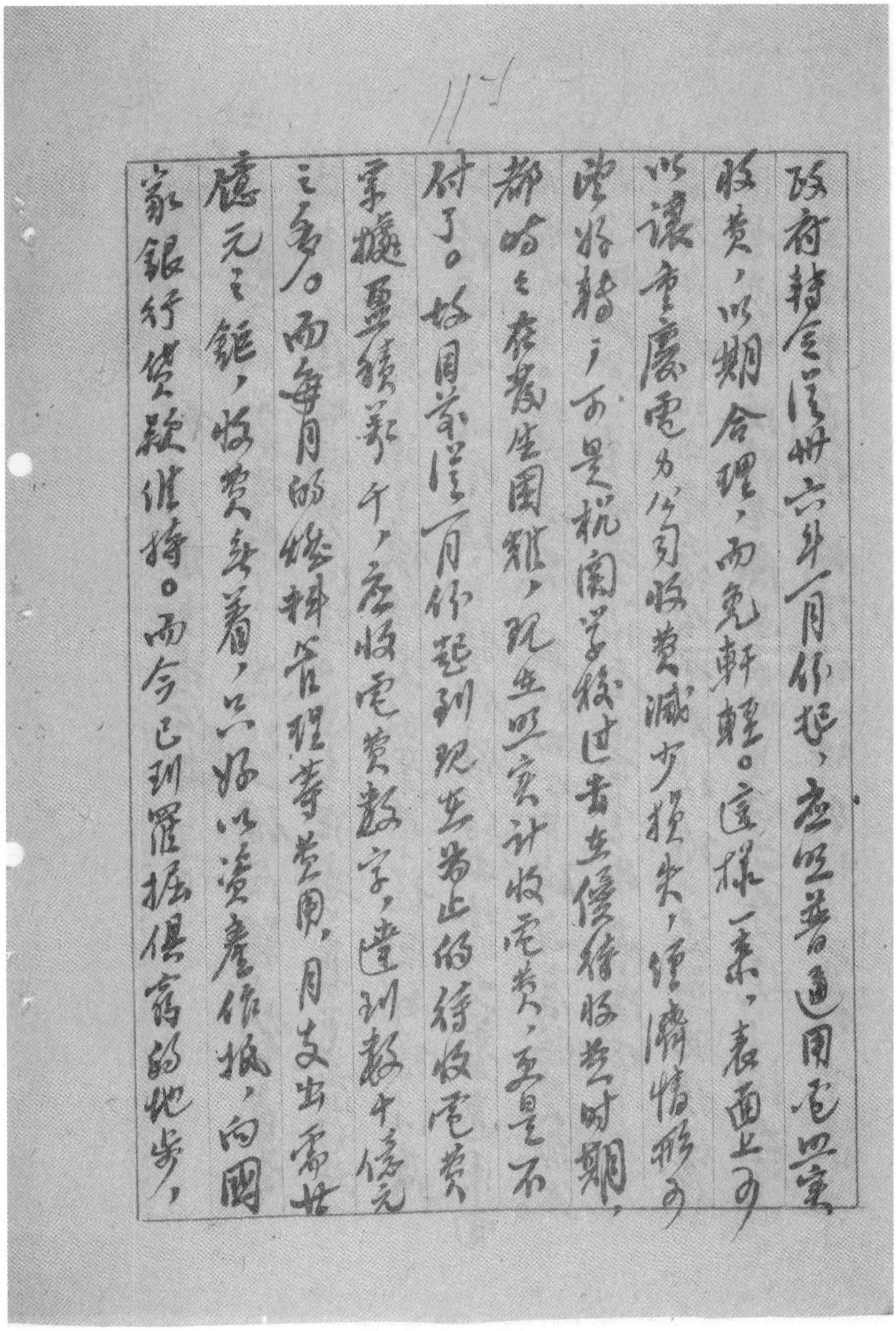

政府特令從卅六年一月份起，應照普通用電照實
收費，以期合理，而免輕重。這樣一來，表面上可
以讓重慶電力公司收費減少損失，經濟情形可
望好轉；可是機關學校過去享受優待收費時期，
都時時在叫困難，現在照實計收電費，更是不
付了。故自前年一月份起到現在為止的待收電費
竟積累數千，應收電費數字，達到數十億元
之多。而每月的燃料、管理等費用，月支出需廿
億元之鉅，收費無着，只好以資產作抵，向國
家銀行貸款維持。而今已到罷掘俱窮的地步，

艰苦挣扎中之重庆电力股份有限公司（一九四七年五月十三日） 0219-2-186

（三）

如果再長此下去，勢將無法撑持，非被迫到閉門不可！

躉售電轉供額增損失——再回頭來談重慶電力公司躉買電流轉供的問題：為了電流供應不敷實計需要，除了三個發電廠可以發出一萬一千瓩電流外，並向兵工署所屬廿四廠、五十廠，及中央造紙廠轉供用電電流三千五百瓩。此項躉電，係每月經由高壓表上抄錄供電總度數，即由重慶電力公司照數貼付電費。雖然照抄見總度數以八折付費，但是急劇的營業費用，線路損失，尤其須顧墊頭寸兩個月以後，方能製票收費。例如沙磁區係躉廿四廠

125

鐘電轉供，誤送學校機關影響多，為了取消特種優待問題，無費可收。其餘各轉供區域之總線上，漏電電流甚多，平空又增加一筆大損失！這在重慶電力公司對於市民服務已盡了最大努力之而所得代價，則是一連串的損失，使她的經濟情形，更趨危殆！

（四）

購買電表無法籌貸——又因為國家供應用戶的電表問題，重慶電力公司供給用戶的電表，我前單相表從一·五安培到五安培的，在上海進貨價目僅十餘元一具，三相表五安培至十安培

13

8.

的每具便廿余元。到了现在，除去外汇条件之一再调整，单相表每具在港沪进货约四十余万元之钜者且不易购得。而经济部核定之收取电表押金规定：单相表一五安培每具收押金六千元，三相表五安培每具[illegible]收押金叁万元。以此现在每进电表便赔，除了一应接户器材费用不计外，所收押金均须赔垫。例如装出一具单相表，即须平空垫付四十余万元，而月收得之电费能否到达四万元以上，尚成问题。此项费用付向国家银行抵借而来，须月付出一大笔息金并

艰苦挣扎中之重庆电力股份有限公司（一九四七年五月十三日） 0219-2-186

17-1

此比例，實得不償失。目前為了無表磁座，擴大國外訂購電表千具，結匯頭款四億餘元，正無法籌貸，焦灼萬分！

最後談到重慶電力公司與一般用戶間的感情問題：公司為了她本身感覺着許多困難問題，真是到了極點！她一直是在埋頭苦幹着，一向沒有向社會公開申訴過，以致在對公司營業人表示同情與懷疑的不同情緒之下，造成了許多大小誤會。公司營業人員為大眾服務，她的態度是坦白的，她的一切是公開的。容許有欠周到之處，

艰苦挣扎中之重庆电力股份有限公司（一九四七年五月十三日） 0219-2-186

14

9.

并述去冬因為電源缺乏，迫不得已分區輪值停電，同業的無法供應，以及因核補煤價調整，徵收重置發電設備費等問題，都會使用戶不能徹底認識到不快，甚而至於責難備至的。重慶電力公司除了貫澈服務宗旨外，希望能從管理上、和技術上，隨時檢討，自我教育，努力改善。如擬遂重置發電設備等計劃，總希望能使重慶市的動力，能夠逐漸，回復到戰前的服務紀錄。可是所有待於政府之維護，與社會之廣大同情，實際協助哪！

卅六年五月十三日

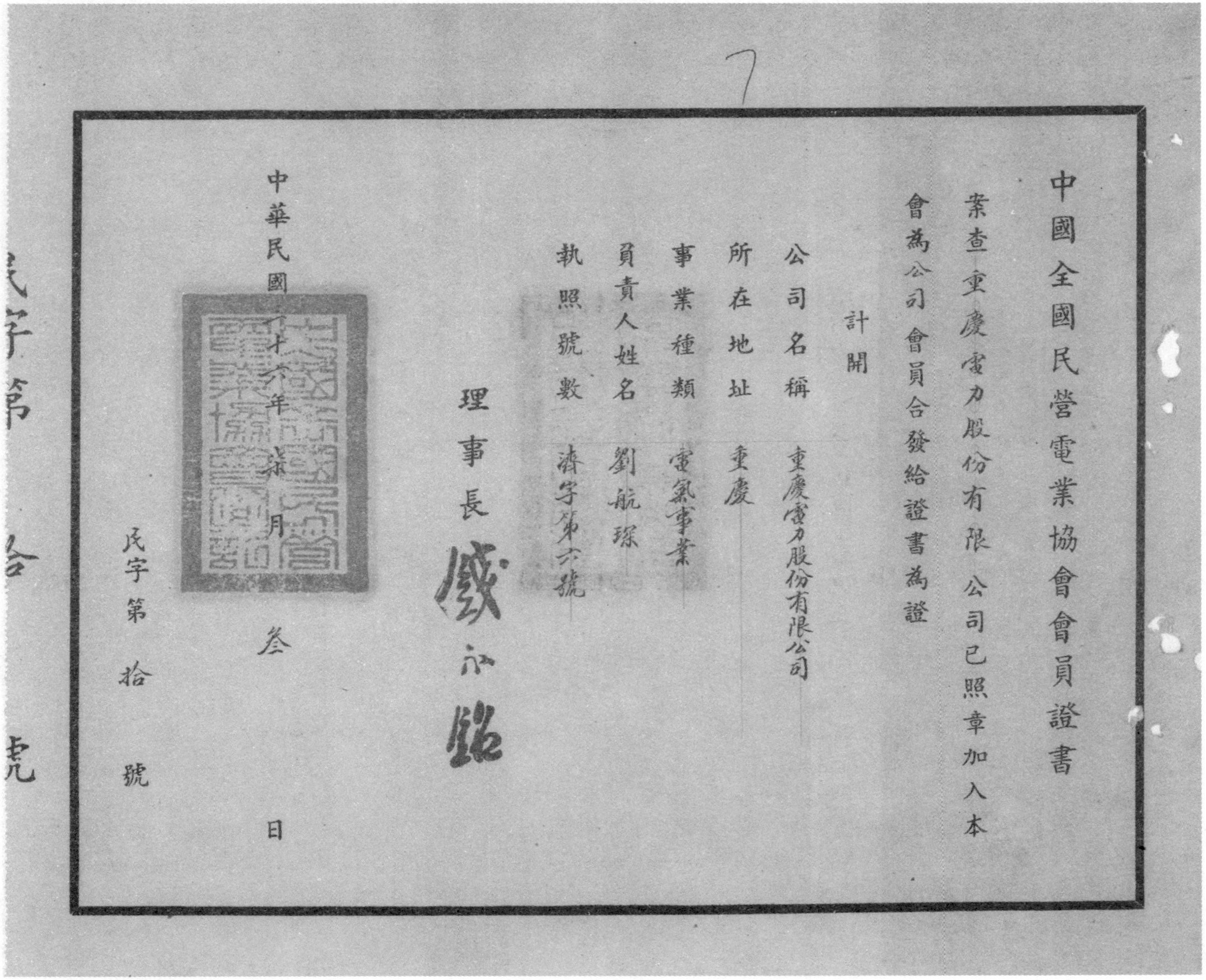

中國全國民營電業協會會員證書

案查重慶電力股份有限公司已照章加入本會為公司會員合發給證書為證

計開

公司名稱 重慶電力股份有限公司

所在地址 重慶

事業種類 電氣事業

負責人姓名 劉航琛

執照號數 濟字第六號

理事長

中華民國三十六年柒月叁日

民字第拾號

重庆电力股份有限公司的中国全国民营电业协会会员证书（一九四七年七月三日） 0219-2-191

重庆电力股份有限公司的中国全国工业协会会员证（一九四七年十月二十二日）　0219-2-191

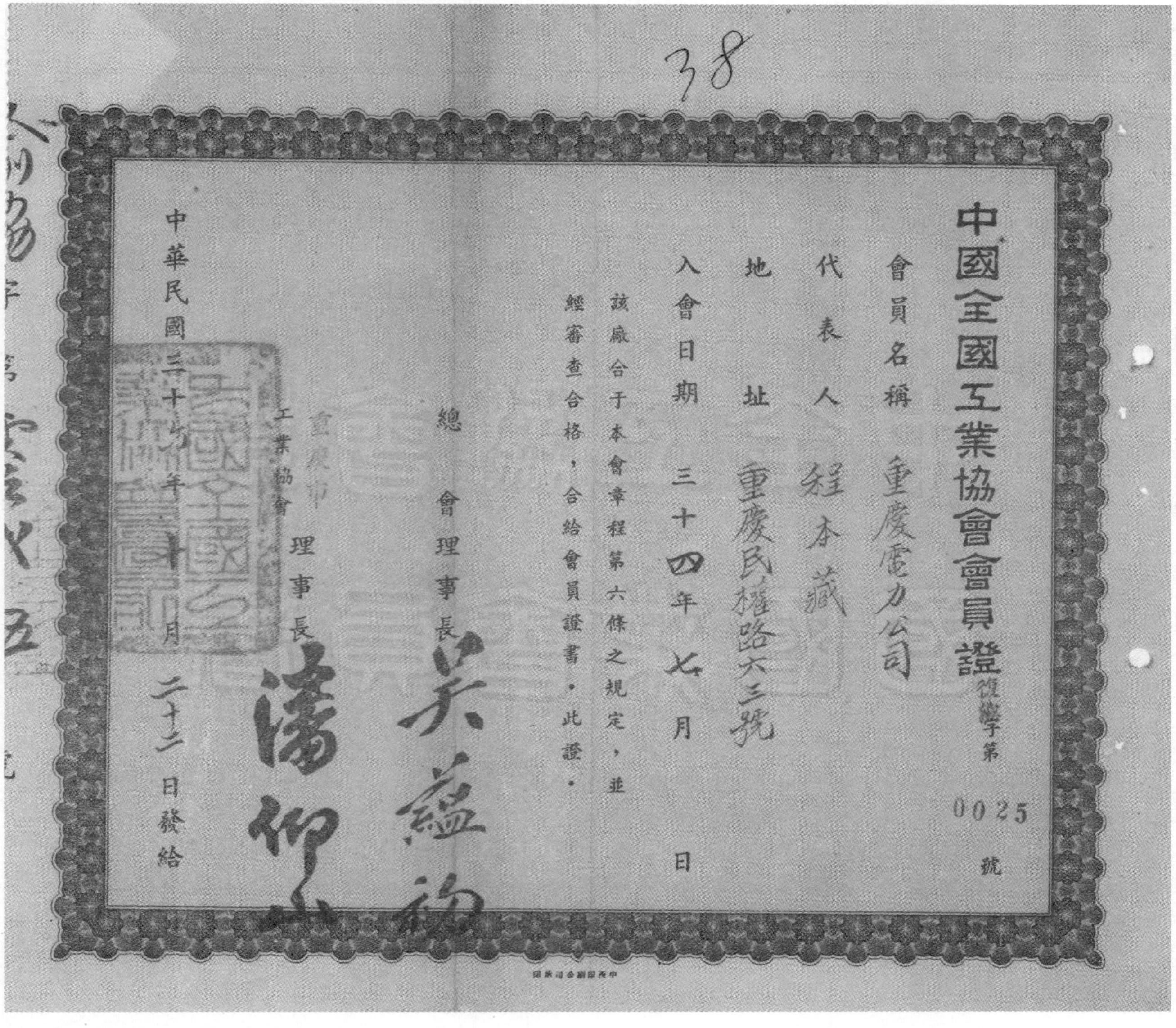

中國全國工業協會會員證 復總字第 0025 號

會員名稱 重慶電力公司

代表人 程本藏

地址 重慶民權路六三號

入會日期 三十四年七月 日

該廠合于本會章程第六條之規定，並經審查合格，合給會員證書。此證。

總會理事長 吴蘊初

重慶市工業協會理事長 潘仰山

中華民國三十六年十月二十二日發給

重庆电力股份有限公司关于遵令编具重庆电力股份有限公司概况致重庆市工务局的代电（附概况）（一九四八年一月十二日）

0219–2–191

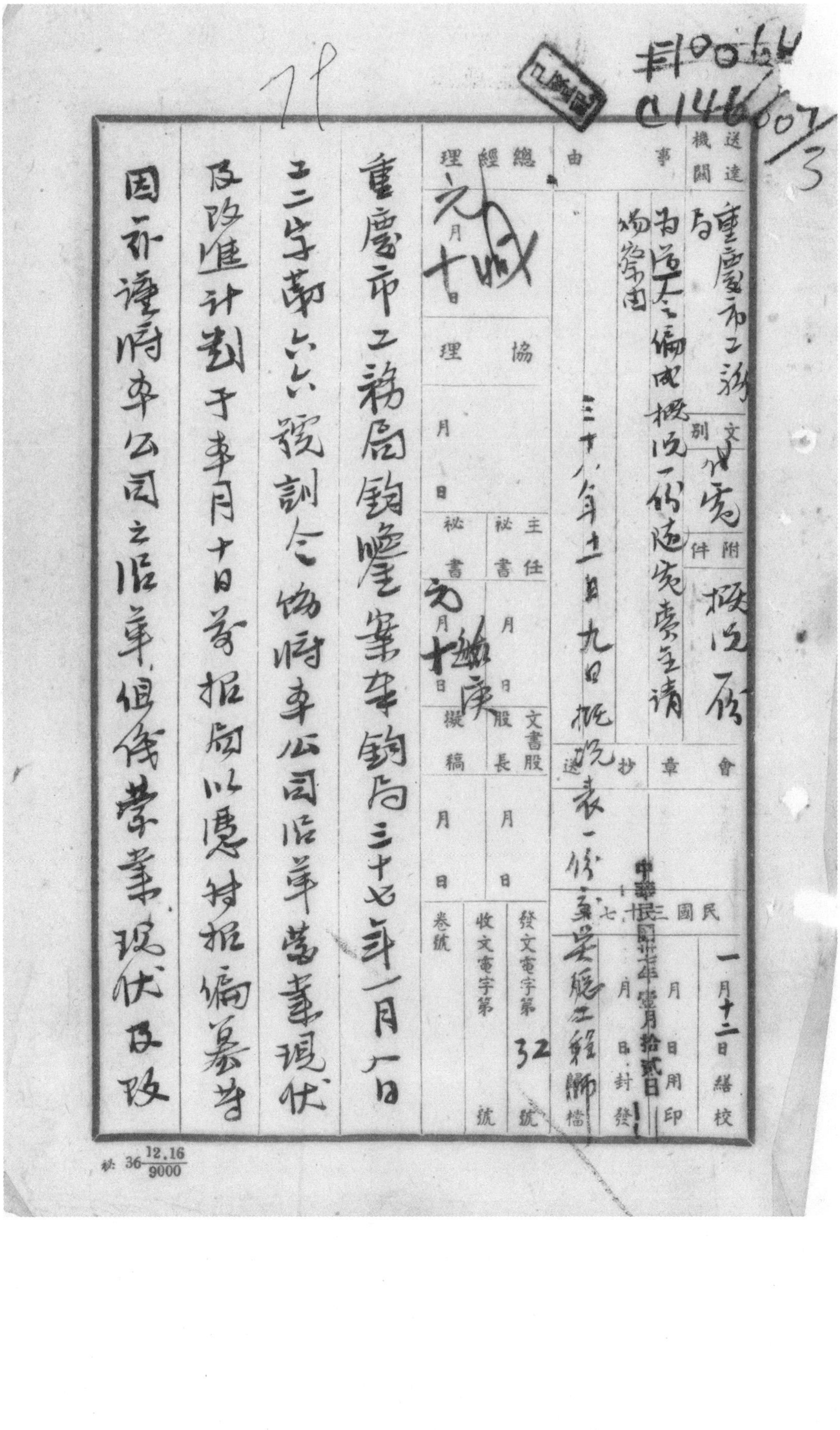

送達機關：重慶市工務局
文別：代電
附件：概況
事由：爲遵令編成概況一份隨電賚呈請鑒核由
三十七年一月九日 概况表一份
中華民國卅七年壹月拾貳日

重慶市工務局鈞鑒：案奉鈞局三十七年一月六日工二字第六六號訓令，飭將本公司沿革、營業現狀及改進計劃于本月十日前據實以憑轉報編纂等因，亦謹將本公司之沿革、組織、營業、現狀及改

重庆电力股份有限公司关于遵令编具重庆电力股份有限公司概况致重庆市工务局的代电（附概况）（一九四八年一月十二日）

0219-2-191

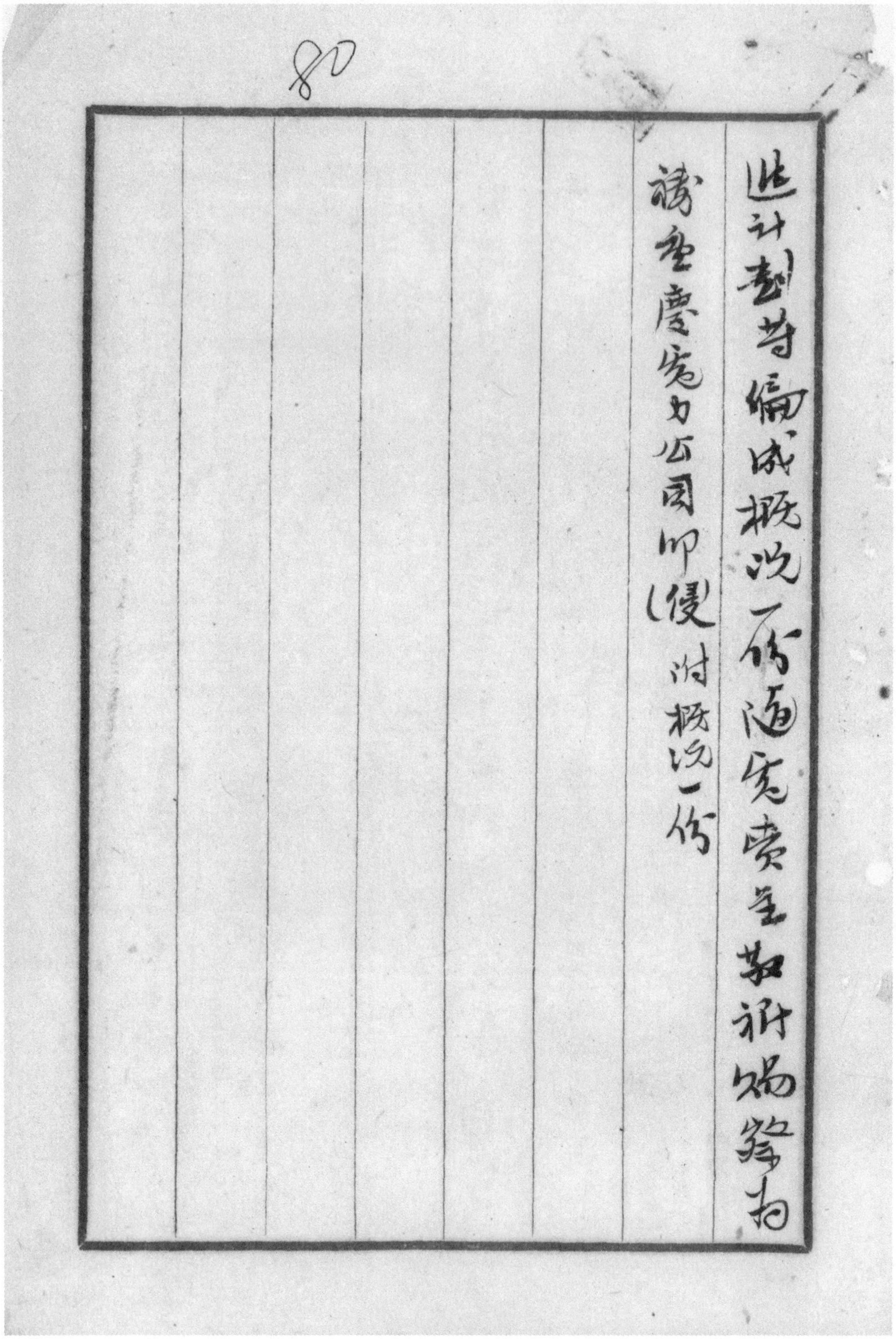

80

進計劃等編成概況乙份隨電賫呈敬祈鑒核為

禱重慶電力公司叩（侵）附概況一份

重庆电力股份有限公司关于遵令编具重庆电力股份有限公司概况致重庆市工务局的代电（附概况）（一九四八年一月十二日）

0219-2-191

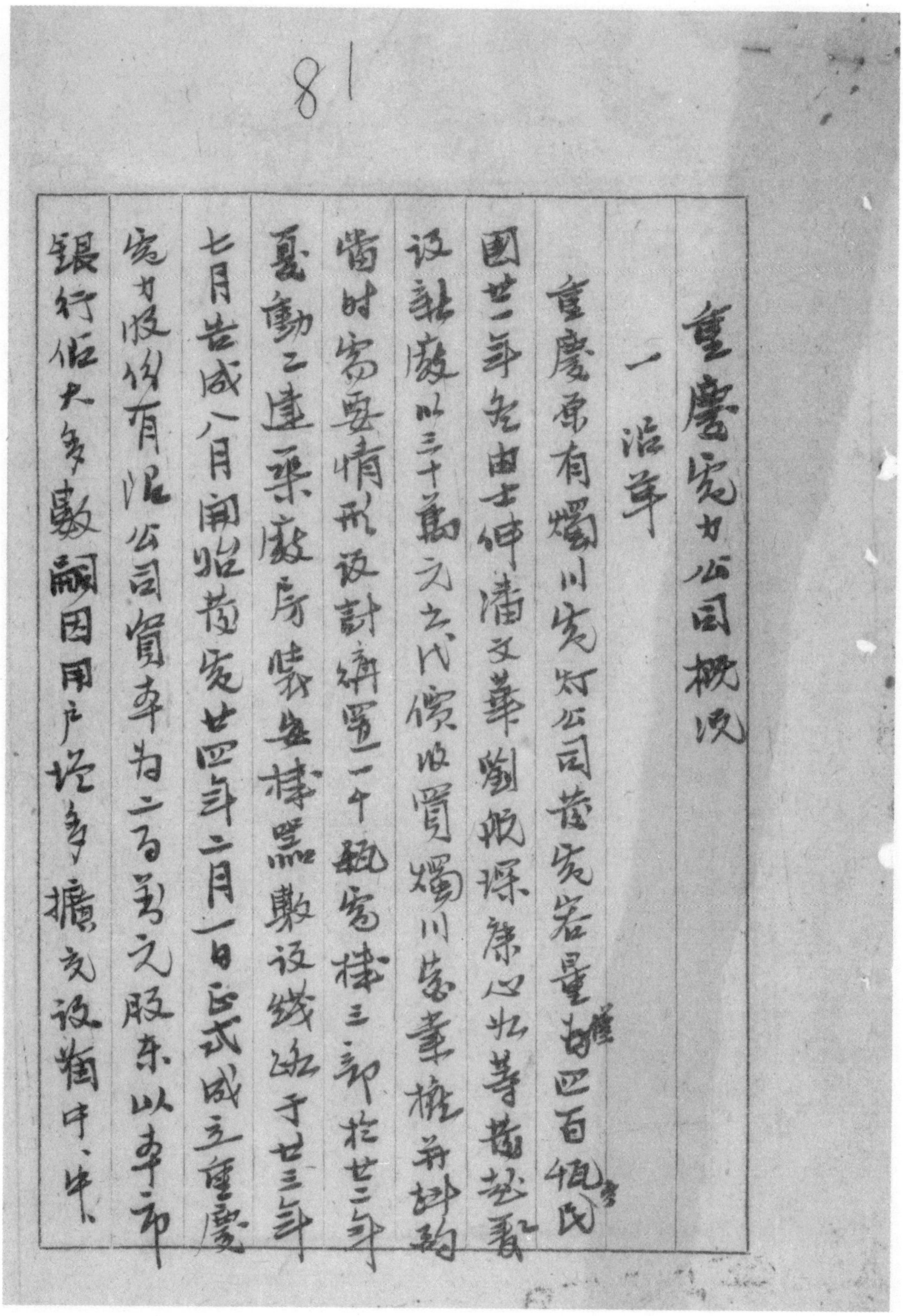

81

重慶電力公司概況

一 沿革

重慶原有燭川電燈公司發電容量僅四百瓩。民國廿一年冬由士紳潘文華、劉航琛、康心如等發起組設新廠，以三十萬元之代價收買燭川營業權，並斟酌當時需要情形設計，購置一千瓩電機三部，於廿二年冬動工建築廠房，裝安機器，敷設綫路，于廿三年七月告成，八月開始發電，廿四年二月一日正式成立重慶電力股份有限公司，資本為二百萬元，股東以本市銀行佔大多數。嗣因用戶增多，擴充設備，中、中、

式、農四行相繼加入股本廿五年增為二百五十萬元廿
七年增為五百萬元三十年增為三千萬元三十六年呈部
請增資為一百億元正在辦手續當中

二 組織

公司董事會計有董事長一人常務董事四人
董事十人另設監察人七人執行部分設總經理協理
總工程師各一人下設秘書稽核兩室總務
業務業務會計五科及用電稽查組工廠並在南岸江北沙
坪壩各設一办事處自成立迄今董事長一職歷
由潘文華氏担任因潘氏事繁推由董事劉航琛

重庆电力股份有限公司关于遵令编具重庆电力股份有限公司概况致重庆市工务局的代电（附概况）（一九四八年一月十二日）

0219-2-191

重庆电力股份有限公司关于遵令编具重庆电力股份有限公司概况致重庆市工务局的代电（附概况）（一九四八年一月十二日）

0219–2–191

82

代理現任常務董事為康心如胡仲實甯昌猷等
盧達四氏原任總經理劉航琛君現在假中由協理程
本臧君兼代總工程師為吳錫瀛君
三、發電設備
民國二十三年開始發電時僅有一千瓩透平機三部一
部係美國奇異廠製造二部係英國茂偉廠製造鍋爐
三座均係由英國拔柏葛公司供給迨廿五年春最高負荷
已超過二千瓩乃再向英國茂偉及拔柏葛兩廠訂購四千
五百瓩透平機及鍋爐兩套於廿七年春裝竣發電
二十八年奉令疏散機器以免空襲損害乃設分廠於南岸

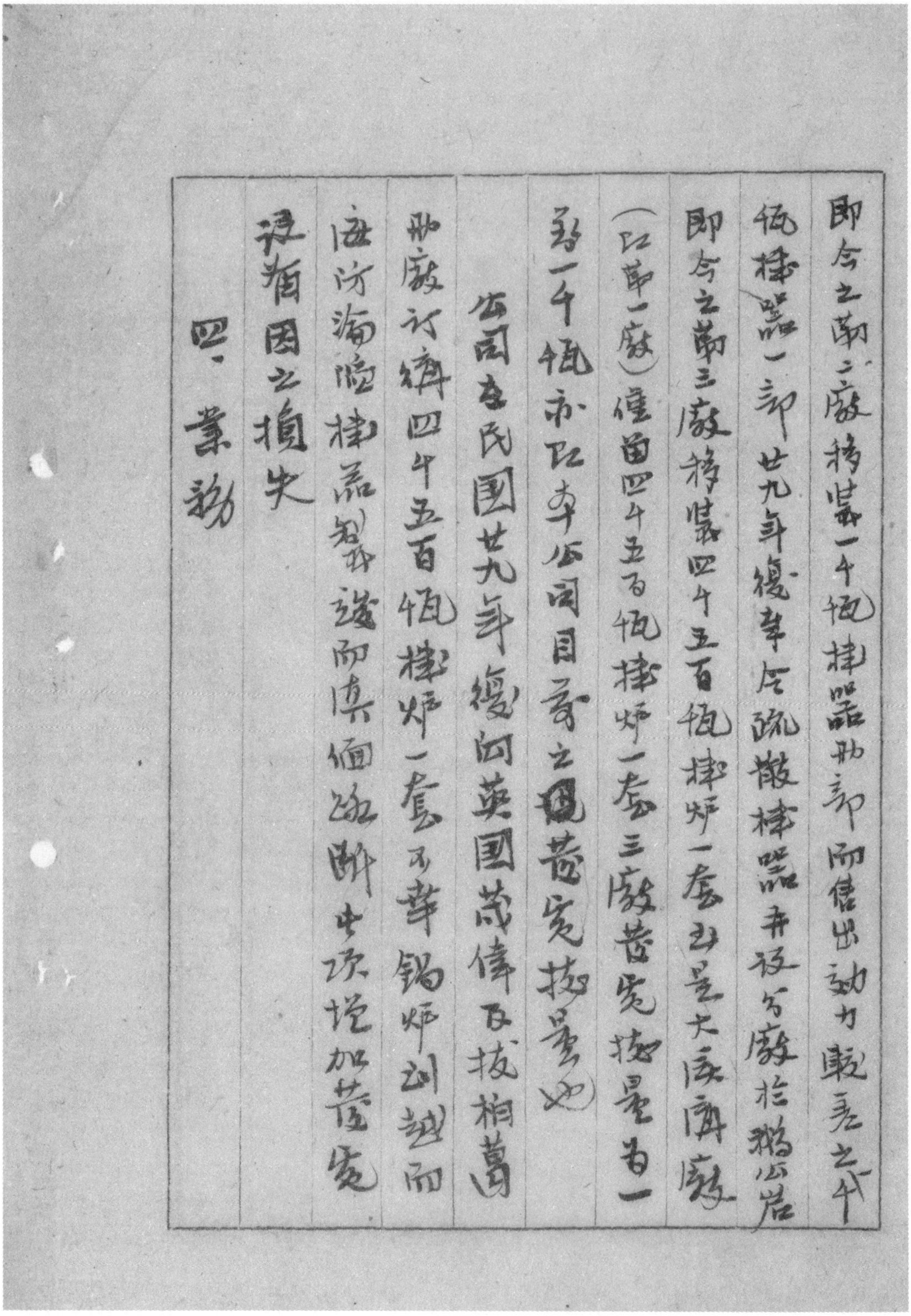

即令之第二廠移裝一千瓩機器兩部而借出動力較差之千瓩機器一部廿九年復奉令疏散機器並設分廠於貓兒石即今之第三廠移裝四千五百瓩機爐一套即是大溪溝廠（江北一廠）僅留四千五百瓩機爐一套三廠發電總量為一萬一千瓩亦江北本公司目前之總發電總量也）
公司在民國廿九年復向英國茂偉及拔柏葛兩廠訂購四千五百瓩機爐一套不幸鍋爐到越南海防淪陷機器製竣而滇緬路斷此項增加發電設備因之損失
四、業務

重庆电力股份有限公司关于遵令编具重庆电力股份有限公司概况致重庆市工务局的代电（附概况）（一九四八年一月十二日）
0219-2-191

重庆电力股份有限公司关于遵令编具重庆电力股份有限公司概况致重庆市工务局的代电（附概况）（一九四八年一月十二日）

0219–2–191

83

二十三年開始發電時供電區域僅重慶城區及江北南岸之小部份自廿六年國府西遷工廠內移供電區域遂大擴充新市區方面遂擴至沙坪壩新開市南岸方面上游達李家沱下游達大佛寺江北方面上游達石門坎下游達青草壩勝利以後人口漸向市區集中用電量激增迄今電燈用戶達一萬七千餘戶電力用戶達七百餘戶現在每月平均抄見電度電力約二百七十萬度電燈約一百三十萬度~~年發電量[illegible]~~

五　收支狀況

本公司電價因受管制收入數額固定而需用之燃煤

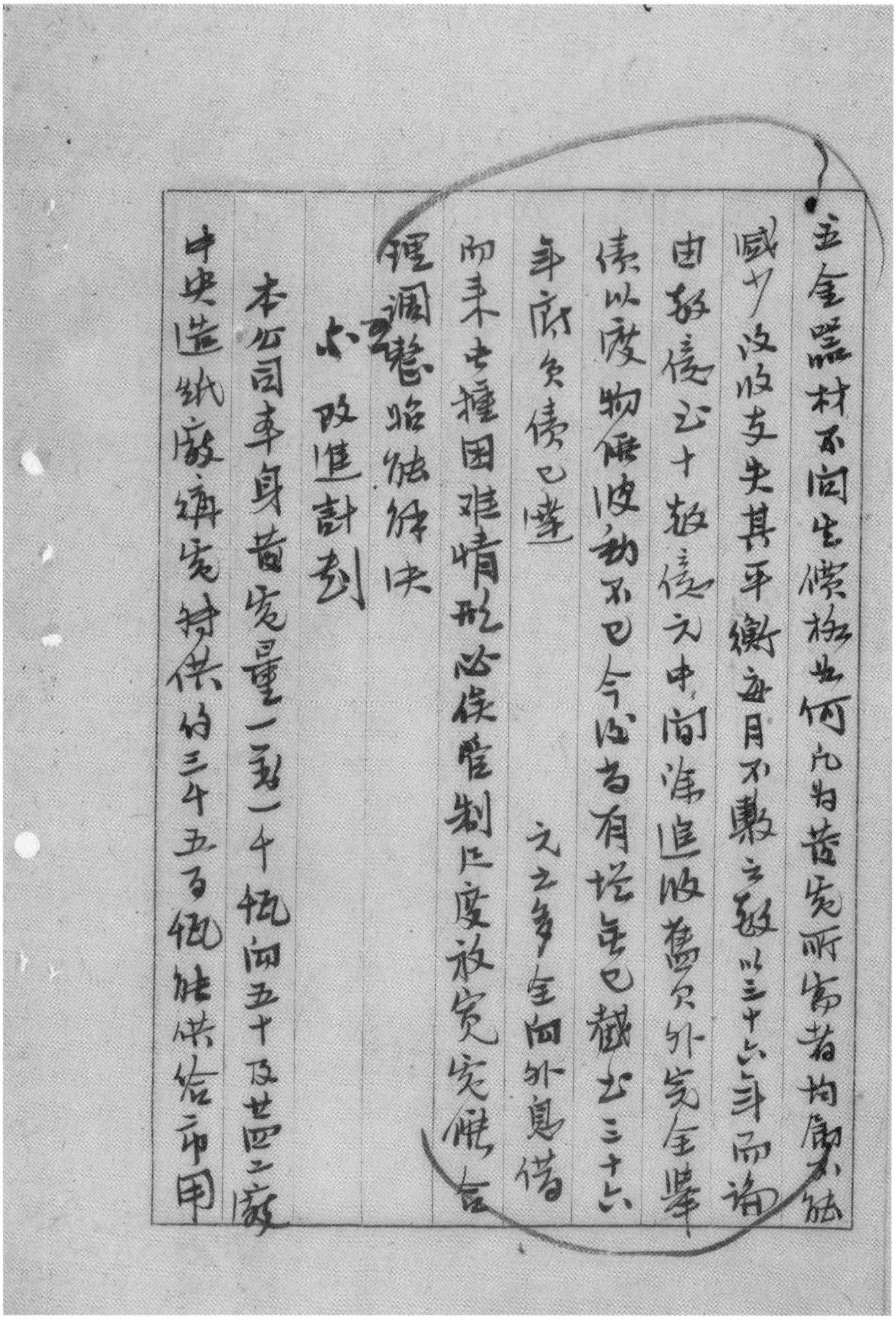
五金器材不向出價極無何況為發電所需者均屬不能
減少收支失其平衡每月不敷之數以三十六年而論
由數億至十數億元中間除追收舊欠外完全靠
債以度物價波動不已今則有增無已截至三十六
年底負債已達　　元之多全向外息借
而來是種困難情形必須管制尺度放寬電價合
理調整始能解決
亦改進計劃
本公司本身發電量一萬一千瓩向五十及廿四二廠
中央造紙廠購電特供約三千五百瓩能供給市用

重庆电力股份有限公司关于遵令编具重庆电力股份有限公司概况致重庆市工务局的代电（附概况）（一九四八年一月十二日）

0219-2-191

重庆电力股份有限公司关于遵令编具重庆电力股份有限公司概况致重庆市工务局的代电（附概况）（一九四八年一月十二日）

0219-2-191

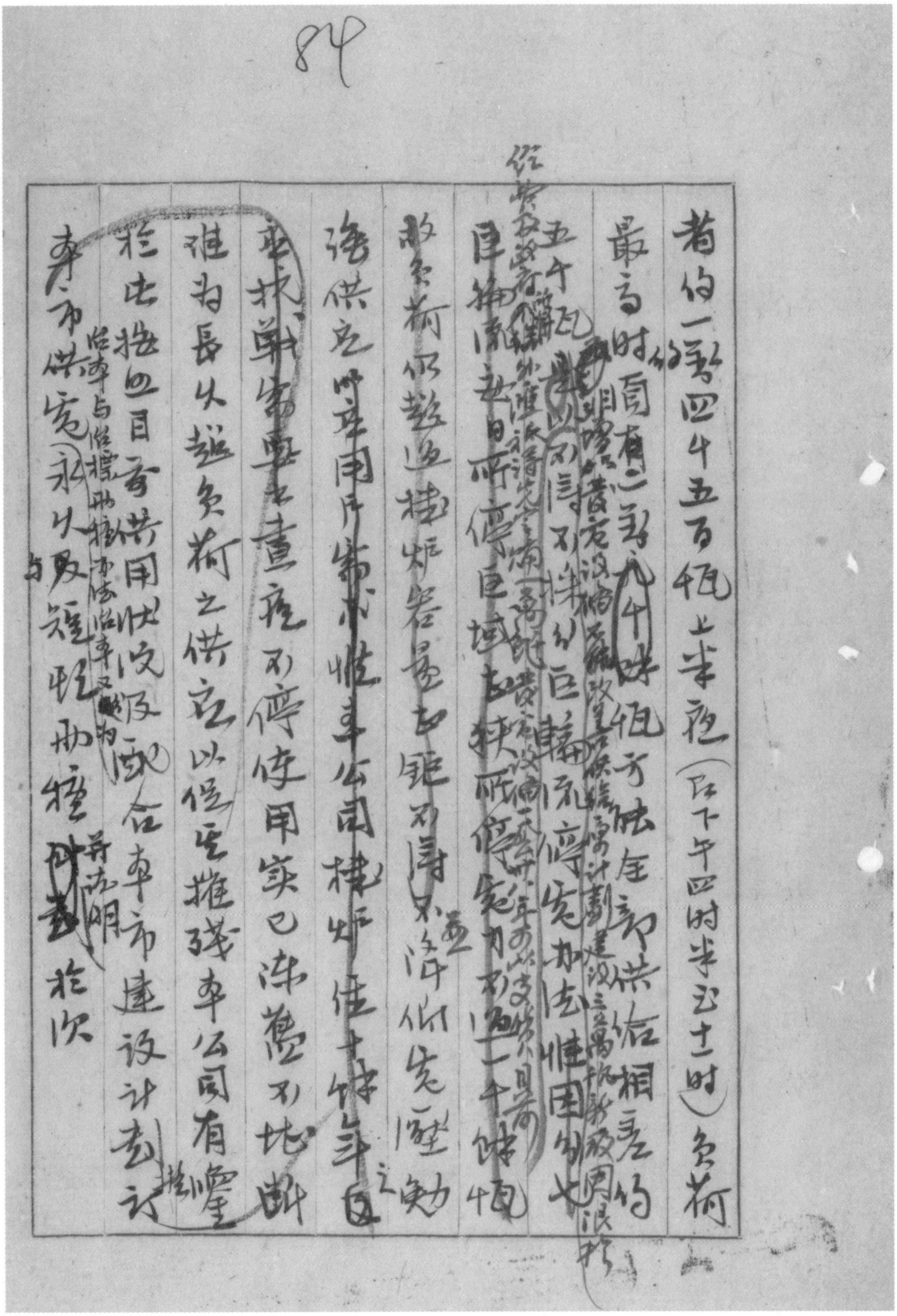

84

者约一万四千五百瓩上半夜（即下午四时半至十时）负荷
最高时有二万[illegible]瓩，方法全部供给，相差仍
巨，[illegible]输流[illegible]停电加法[illegible]七
巨，输流无日不停，区域[illegible]所停电力不过一千余瓩
故负荷仍超过机炉容量甚钜，不得不降低电压以勉
强供应，此等用户常不惟本公司机炉健全之负荷
要求，战时需要尽量不停使用，实已濒于不能
难为长久超负荷之供应，以致屡受摧残，本公司有鉴
於此，拟照目前供用状况，配合本市建设计划
本市供电永久及短程两种计划于次

重庆电力股份有限公司关于遵令编具重庆电力股份有限公司概况致重庆市工务局的代电（附概况）（一九四八年一月十二日）

0219-2-191

丁、估本

甲、属于永久者　本市用电现约一万九千瓩，将来成渝铁路完成后工商业发展人口增加需用电量约三万瓩。本公司现有发电量为一万一千瓩，并于三十六年五月向外商订购一万瓩机炉一套，又政府允自日本赔偿物资中拨给二万瓩机炉发电设备，连前共有四万一千瓩，足供本市用电需要。

乙、属于短期者　本公司订购机炉因外商忙于本身复原，交货时间最限三十八年底安装最快，又原来年该赔偿拨之二万瓩发电设备尚无确实消息。本市用电现约一万九千瓩，本公司自身发电量连同

重庆电力股份有限公司关于遵令编具重庆电力股份有限公司概况致重庆市工务局的代电（附概况）（一九四八年一月十二日）

0219-2-191

85

锅电时供出共计一万〇千五百瓩相差约五千瓩如
仍照目前现象而言改善不惟用户责任而无法管
有锅炉亦将不能发生加速之损坏在目前状况下当增加发电设备
惟将不必要之部区予以停供减少电量约计四千
仟瓩令改供电以繁盛市区及重要工业区域
为供电对象并将可以供电相应再行分区轮
流停电并予锅炉以喘息机会以维持生产等待新
锅炉之到来此项计划已呈请国民政府主席重
庆行辕核示中

2、沿革

重庆电力股份有限公司关于遵令编具重庆电力股份有限公司概况致重庆市工务局的代电（附概况）（一九四八年一月十二日）

0219-2-191

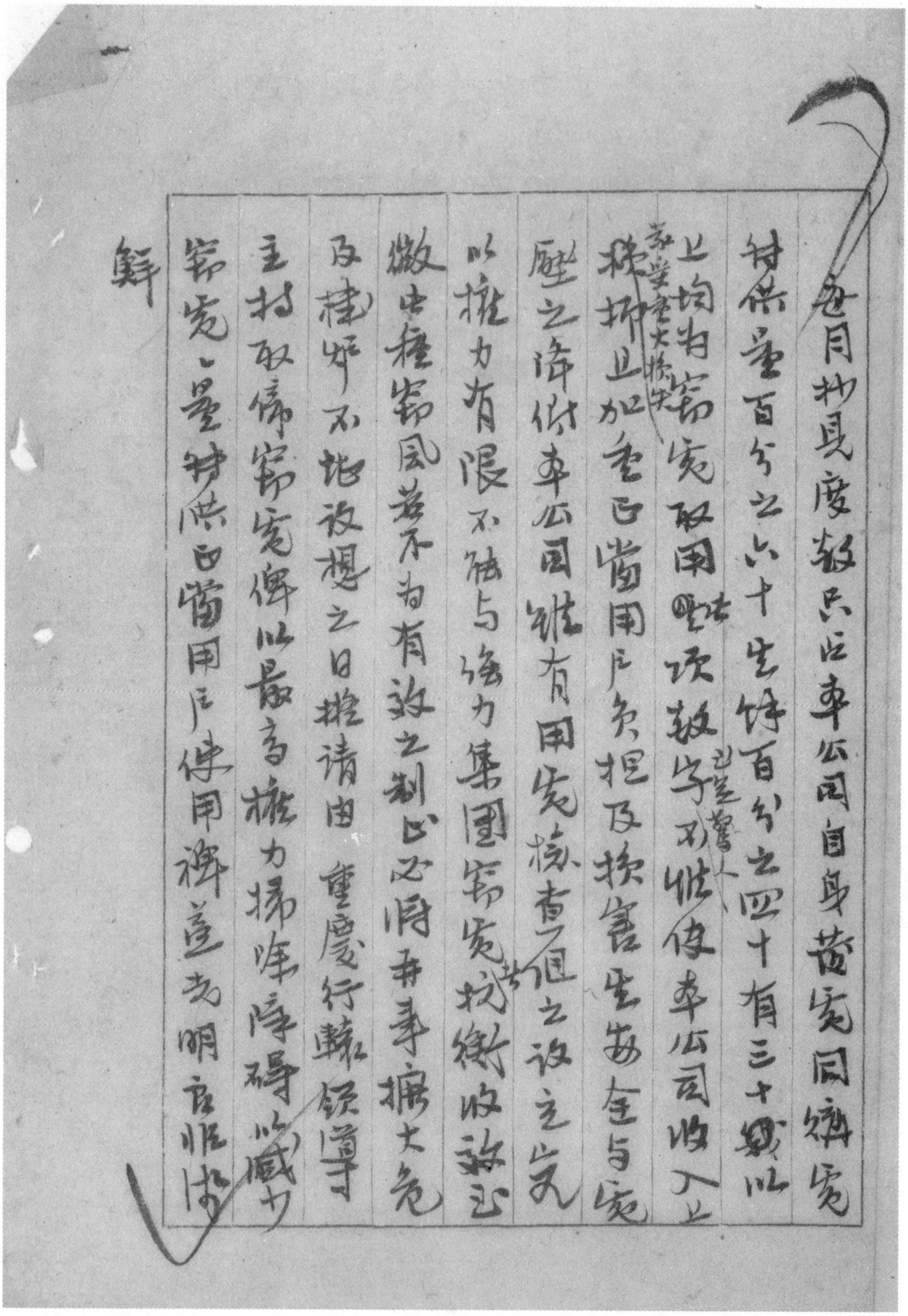
每月抄見度數只占本公司自身發電同總電
對供量百分之六十，其餘百分之四十有三十幾以
上均為竊電取用，此項數字不能使本公司收入
枉抑，且加重正當用戶負擔及損害生命安全與電
壓之降低。本公司雖有用電稽查組之設立，然
以權力有限，不能與強力集團竊電抗衡，收效亦
微。此種竊電風氣若不為有效之制止，必將再事擴大，危
及建築，不堪設想之日。擬請由重慶行轅鎮導
主持取締竊電，俾以最高權力掃除障礙，以減少
竊電之量，俾供正當用戶使用，庶臻光明，前途
鮮

重庆电力股份有限公司组织规程（一九四八年六月十八日）　0219-2-226

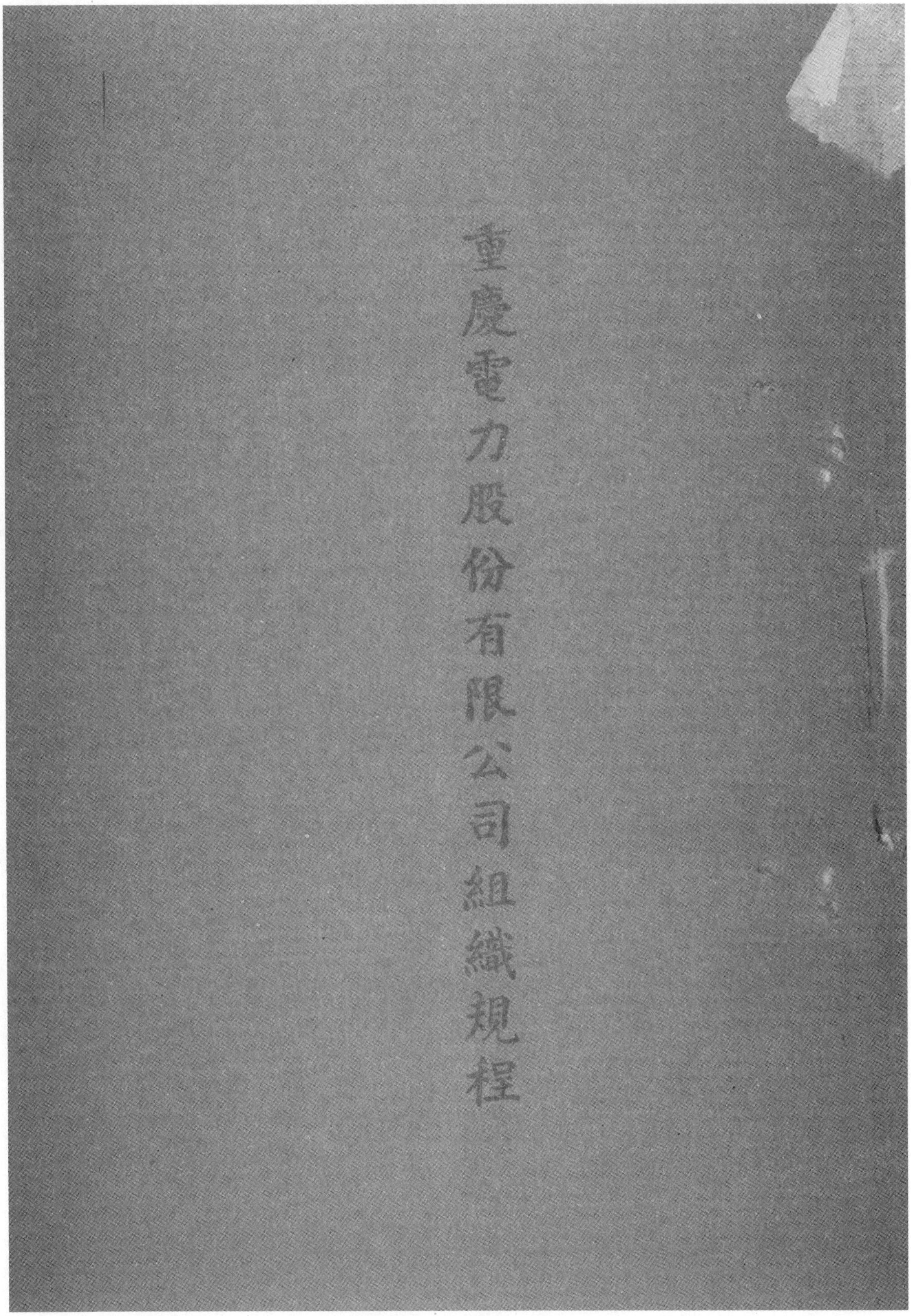
重慶電力股份有限公司組織規程

重庆电力股份有限公司组织规程（一九四八年六月十八日） 0219-2-226

重慶電力股份有限公司組織規程

中華民國三十七年六月十八日第一〇六次董事會議通過

第一章 總則

第一條 重慶電力股份有限公司（以下簡稱本公司）組織規程根據本公司章程訂定之

第二條 本公司設總經理一人綜理本公司全部事務設協理一人襄助總經理行使職務

第三條 本公司設總工程師一人秉承總協理負責處理工程事務

第四條 本公司設廠務科綜理廠務並分設第一廠於大溪溝第二廠於南岸第三廠於鵝公岩並於南岸江北沙坪壩各設辦事處

前項機構之增減移併視業務之繁簡與事實之需要由總經理提請董事會議決

第五條 本公司得應事實需要延聘顧問及專員

第六條 本公司於必要時得設立各種委員會其組織另訂之

第二章 總公司

第七條 本公司設左列各室科組

總工程師室 秘書室 稽核室 總務科 廠務科 電務科

業務科 會計科 用電檢查組

第八條 本公司組織系統如左

（另表）

第九條 總工程師室之職掌如左

一、關於各科組處有關工程之指示監督改進及審核事項

重庆电力股份有限公司组织规程（一九四八年六月十八日） 0219-2-226

2-1

二、關於擴充工程之設計估值及工程進行期間之監督攷核事項
三、關於配購材料之建議及審核事項
四、關於工程設備單獨估計及審核事項
五、關於工程業務契約之審核事項
六、關於工程人員之指揮調遣考核事項
七、關於技術人才之聯絡及培育事項
八、其他關於工程事項

第十條總工程師室得設主任工程師協助總工程師處理工程一切事務並得設工程師工務員必要時得由總工程師商承總經理臨時指調各科廠處人員辦理該室事項

第十一條秘書室之職掌如左
一、關於印章之保管啓用及各室科組圖章之刊發事項
二、關於文電規章之收發編擬審核繕寫校對及保管事項
三、關於會議記錄通報事項
四、關於宣傳及編譯事項
五、關於職工進退升調考績之登記通告及其他有關人事事項
六、關於職工保證之考核事項
七、關於總協理交辦事項

第十二條總務科之職掌如左

3

一、關於薪工之領發事項
二、關於燃料材料物品之購運收發保管盤存及登記事項
三、關於房地產之管理事項
四、關於警衛之管理事項
五、關於一切庶務及不屬於各科室事項

第十三條 廠務科之職掌如左
一、關於所屬各廠有關工程之指示改進審核及報告事項
二、關於發電統計及成本計算事項
三、關於燃料水質之化驗事項
四、關於所屬職工之管理及編造工帳事項
五、其他關於機務事項

第十四條 電務科之職掌如左
一、關於各辦事處有關電務之指示改進審核及報告事項
二、關於通訊線路及設備之施工管理及修理事項
三、關於輸電線路配電設備之查勘設計估價及施工事項
四、關於線路之管理檢查整理及修理事項
五、關於變壓器及配電設備之管理檢查及修配事項
六、關於用戶電表之校驗裝置及修理事項
七、關於用戶電氣設備之檢查及接電事項

重庆电力股份有限公司组织规程（一九四八年六月十八日） 0219-2-226

301

八、關於所屬職工之管理及編造工帳事項

九、其他關於電務事項

第十五條業務科之職掌如左

一、關於各辦事處有關業務之指示改進審核及報告事項

二、關於業務之接洽及推廣事項

三、關於業務之調查及統計事項

四、關於用戶記錄及抄表事項

五、關於電費之計算及經收事項

六、關於電料商號之註冊事項

七、其他關於業務事項

第十六條會計科之職掌如左

一、關於現金之出納及單據之保管事項

二、關於帳目之登記及預算決算之編造事項

三、關於賬務事項

四、關於統計事項

五、其他關於會計事項

第十七條稽核室之職掌如左

一、關於各項收支之審核及稽查事項

二、關於各項工程及材料稽核事項

重庆电力股份有限公司组织规程（一九四八年六月十八日）　0219-2-226

三、關於各項契約行為之審訂事項
四、關於總協理交辦事項
第十八條用電檢查組之職掌如左
一、關於無表及避表用電之取締事項
二、關於竊電用户應賠電費之計算及征收事項
三、關於有關竊電案件之交涉及訴訟事項
四、關於有關竊電之調查統計事項
五、關於欠費剪火之協助事項
六、關於本公司職工用電之管理事項
七、關於協助檢查憲警之調遣與連絡事項
八、關於所屬職工之管理及編造工帳事項
九、其他有關用電檢查事項
第十九條各室設主任一人各科設科長一人組設組長一人秉承總協理辦事各該室科組事務並得視事務繁簡酌設秘書助理秘書副主任副科長副組長輔助主任科長組長辦理該室科組事務
第二十條各室科設股處理事務每股設股長一人秉承該室主任該科科長副主任副科長分掌該股事務事務較繁之股得設副股長
第二十一條各科組設工程師工務員料員見習視各該科組股事務之繁簡酌派之
第二十二條用電檢查組因事務上之需要得分區設組檢查

4-1

第三章 各廠

第二十三條各廠之職掌如左

一、關於發電設備之運用改進管理檢查及修理事項

二、關於燃料之節用報告事項

三、關於發電記錄事項

四、關於所屬職工之管理及編造工帳事項

五、其他有關廠務事項

第二十四條各廠設股處理事務每股設股長一人秉承科長或副科長分掌該股事務

第二十五條各廠設工程師工務員科員見習視各廠事務之繁簡酌派之

第四章 各辦事處

第二十六條辦事處設主任一人主持該處事務事務較繁之處得酌設副主任

第二十七條各辦事處之職掌如左

一、關於所屬區內業務之接洽推廣事務

二、關於所屬區內用户之記錄事項

三、關於所屬區內用户電表之裝置事項

四、關於所屬區內用户電氣設備之檢查及接電事項

五、關於委辦之電務工程事項

六、關於所屬職工之管理及編造工帳事項

重庆电力股份有限公司组织规程（一九四八年六月十八日） 0219-2-226

重庆电力股份有限公司组织规程（一九四八年六月十八日）　0219-2-226

5

七、其他關於處務事項

第二十八條　各處設股處理事務各股設股長一人秉承主任分掌該股事務

第五章　附則

第二十九條　各科室組處辦事細則另定之

第三十條　本規程提經董事會議決施行修改時同

重庆电力股份有限公司职工恤养规则（一九四八年六月十八日） 0219-2-257

重慶電力公司職工卹養規則 中華民國卅七年六月十八日第廿八次董事會通過

第一條 本公司職工卹養金分下列三種

一、撫卹金 二、贍養金 三、退職金

第二條 職工服務一年以上在職死亡時，除撥其最後二個月薪工額同薪工附加發給喪葬費外，并依下列標准核給撫卹金

服務年限	核給月數
1	1
2	2
3	3
4	4
5	5
6	6
7	8
8	10
9	12
10	14
11	16
12	18
13	20
14	22
15	24
16	26
17	28
18	30
19	33
20	36

上項撫卹金按其最後一個月薪工額同薪工附加計算，其服務廿年以後每多一年即加給三個月

第三條 職工服務十年以上具有特殊勞績而在職死亡時，除按前條規定核給喪葬費及撫卹金外，得由總經理提請董事會核給特別撫卹金

第四條 職工因公殉職時，除按本規則第二條所規定核給喪葬費及撫卹金外，并加給其最後一年薪工額同薪工附加之撫卹金，其有特殊勞績或因冒重大危險救護本公司財產以致殉職者，得由總經理提請董事會核給特別撫卹金

第五條 撫卹金由死亡職工之法定繼承人具領

第六條 職工因公傷殘，肢体經醫師診斷并有本公司察驗認定確

重庆电力股份有限公司职工恤养规则（一九四八年六月十八日） 0219-2-257

117

已不能任事令其退職者依下列標準按月核給贍養金之
一、服務廿年以上者退職時薪工額及薪工附加全數
二、服務十五年以上不滿廿年者退職時薪工額及薪工附加百分之八十五
三、服務十年以上不滿十五年者退職時薪工額及薪工附加百分之七十
四、服務五年以上不滿十年者退職時薪工額及薪工附加百分之五十五
五、服務不滿五年者退職時薪工額（及薪工附加）百分之四十

第七條　職工因公死傷須由主管人將經過情形送陳總經理查核

第八條　職員服務十年以上年逾六十五歲技工小工之役服務十年以上年逾六十歲精力已衰不堪任事自請退職或由本公司令其退職者得依下列標準按月核給贍養金
一、服務廿五年以上者退職時薪工額及薪工附加全數
二、服務廿年以上不滿廿五年者退職時薪工額及薪工附加百分之八十
三、服務十五年以上不滿廿年者退職時薪工額及薪工附加百分之六十

重庆电力股份有限公司职工恤养规则（一九四八年六月十八日） 0219-2-257

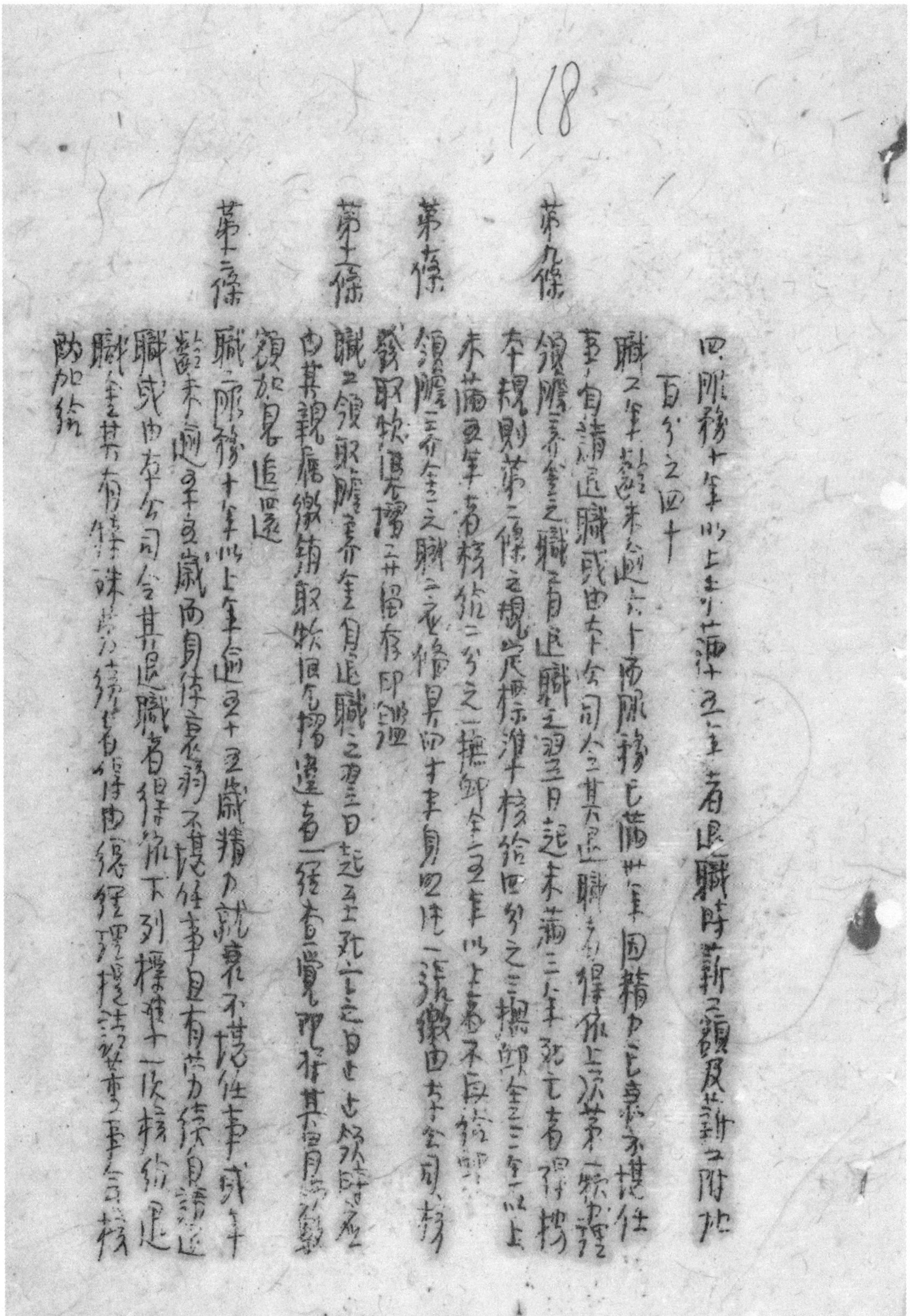

118

四、服務十年以上未滿廿五年者退職時薪津額及其薪津附加百分之四十

第九條 職工年齡未過六十而服務已滿廿年因精力已衰不堪任事自請退職或由本公司令其退職者得依上項第一款之規定

領贍養金之職工自退職之翌日起未滿三年死亡者得按本規則第二條之規定標準核給四分之三撫卹金三年以上未滿五年者核給二分之一撫卹金五年以上者不再給卹

第十條 領贍養金之職工死亡後應將退休證一張繳由本公司核發取收據退休證留存印證

第十一條 職工領取贍養金自退職之翌日起五年死亡之日止如發現時應由其親屬繳銷取據但有隱瞞遺漏者一經查覺即停其當月份贍領加息追還

第十二條 職工服務十年以上年逾五十五歲精力衰退不堪任事或年齡未過五十五歲而身體衰弱不堪任事且有醫師證明自請退職或由本公司令其退職者得依下列標準一次核給退職金其有特殊勞績者得由總經理提請董事會核酌加給

重庆电力股份有限公司职工恤养规则（一九四八年六月十八日） 0219-2-257

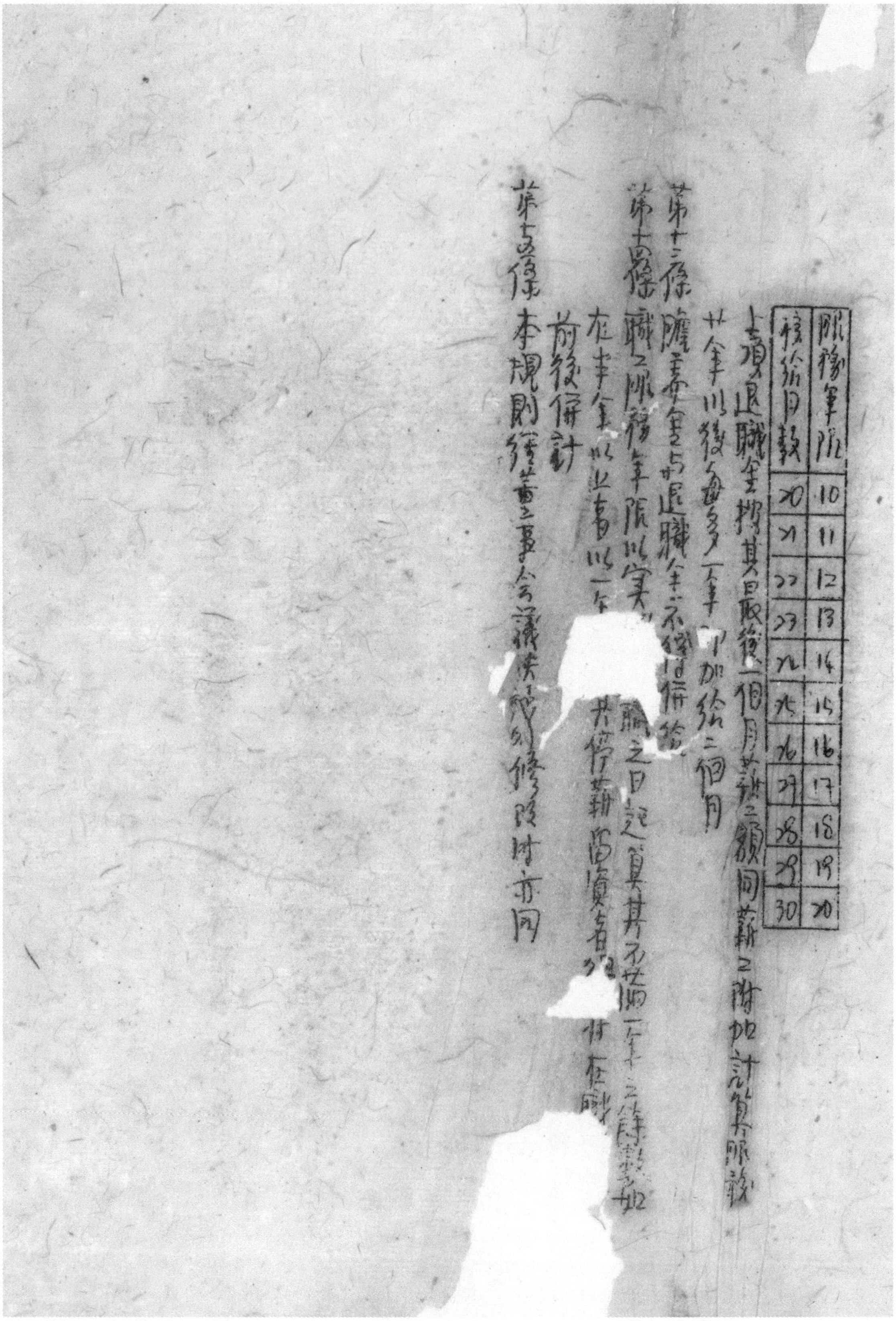

服務年限	核給月數
10	20
11	21
12	22
13	23
14	24
15	25
16	26
17	27
18	28
19	29
20	30

上項退職金按其最後一個月薪給之額（同薪之附加計算）所發

廿年以後每多一年得加給二個月

第十三條 領養老金者與退職金不得同時併給

第十四條 職工服務年限以實足[illegible]職之日起算其不滿一年之月數如在半年以上者以一年計其停薪留資者[illegible]材在職前後併計

第十五條 本規則經董事會議決施行修改時亦同

重庆电力股份有限公司关于检寄公司概况致中央银行贴放委员会的函（附概况）（一九四九年三月二十二日） 0219-2-230

120

送达机关	中央银行贴放委员会
文别	函
附件	概况一份
事由	为检寄本公司概况请查照由
總經理	三月十六
協理	月 日
主任秘書	三月十六
秘書	三月十六日
文書股股長	月 日
擬稿	月 日
會章抄送	
民國三十八年	月 日 繕校；月 日 用印；月 日 封發；中華民國卅八年三月廿二日 歸檔
發文電字第509號	
收文電字第 號	
卷號	

三十八年三月七日贴字第九八九号

大函并表志希迅即奉上本公司概况一份，呈请

查照为荷。此致

中央银行贴放委员会

公司启 卅八年三月十四日

秘 36 12.16 9000

重庆电力股份有限公司关于检寄公司概况致中央银行贴放委员会的函（附概况）（一九四九年三月二十二日） 0219-2-230

121

重慶電力公司概況

名称 重慶電力股份有限公司

組織 總公司設總經理室 總工程師室 秘書室 機務科

稽核室 總務科 電務科 事務科

會計科 用電檢查組

分設第一第二第三發電廠 南岸、江北、

沙坪壩三辦事處

職員 三百三十三人

工人 八百零六人

設備 四千五百瓩透平發電機兩部 一千瓩透

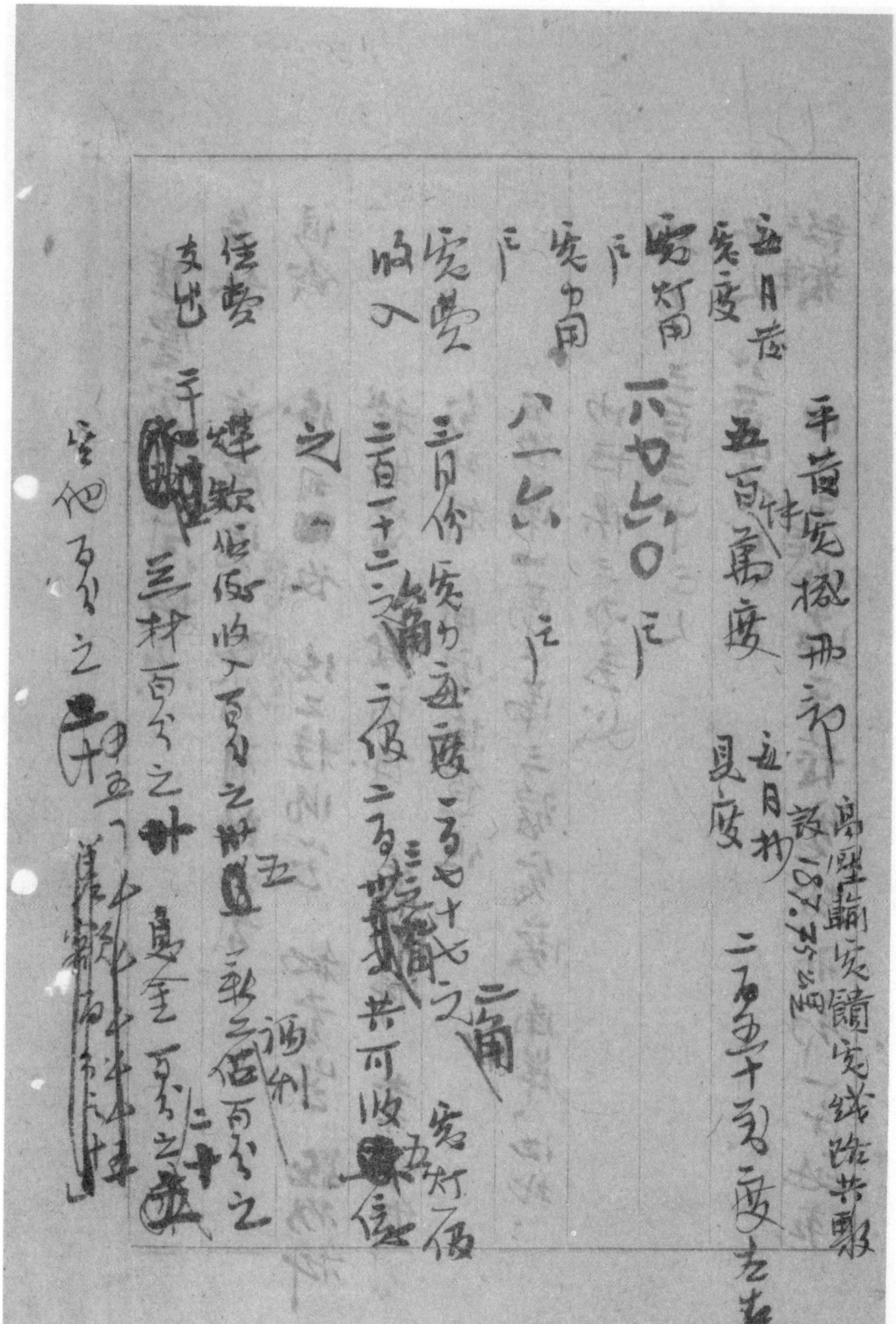

平黄电机开部 设1887.75公里 高压输电线路共数
五百伍万度 五月份售度 二百五十万度左右
五月份电度 电灯用 一六七〇〇〇度
度 电力用 八一六〇〇〇度
度 电费 平均价 电力每度 一百七十七元二角 电灯每度
收入 二百一十二元二角 二百二十三元 共可收五十万元
之
任意 肆数纸收入百分之卅五 二数之四百分之
支出 千（万）三桩百分之廿 息金百分之二十五
其他百分之二十五 计算成本十九年

重庆电力股份有限公司关于检奇公司概况致中央银行贴放委员会的函（附概况）（一九四九年三月二十二日） 0219-2-230

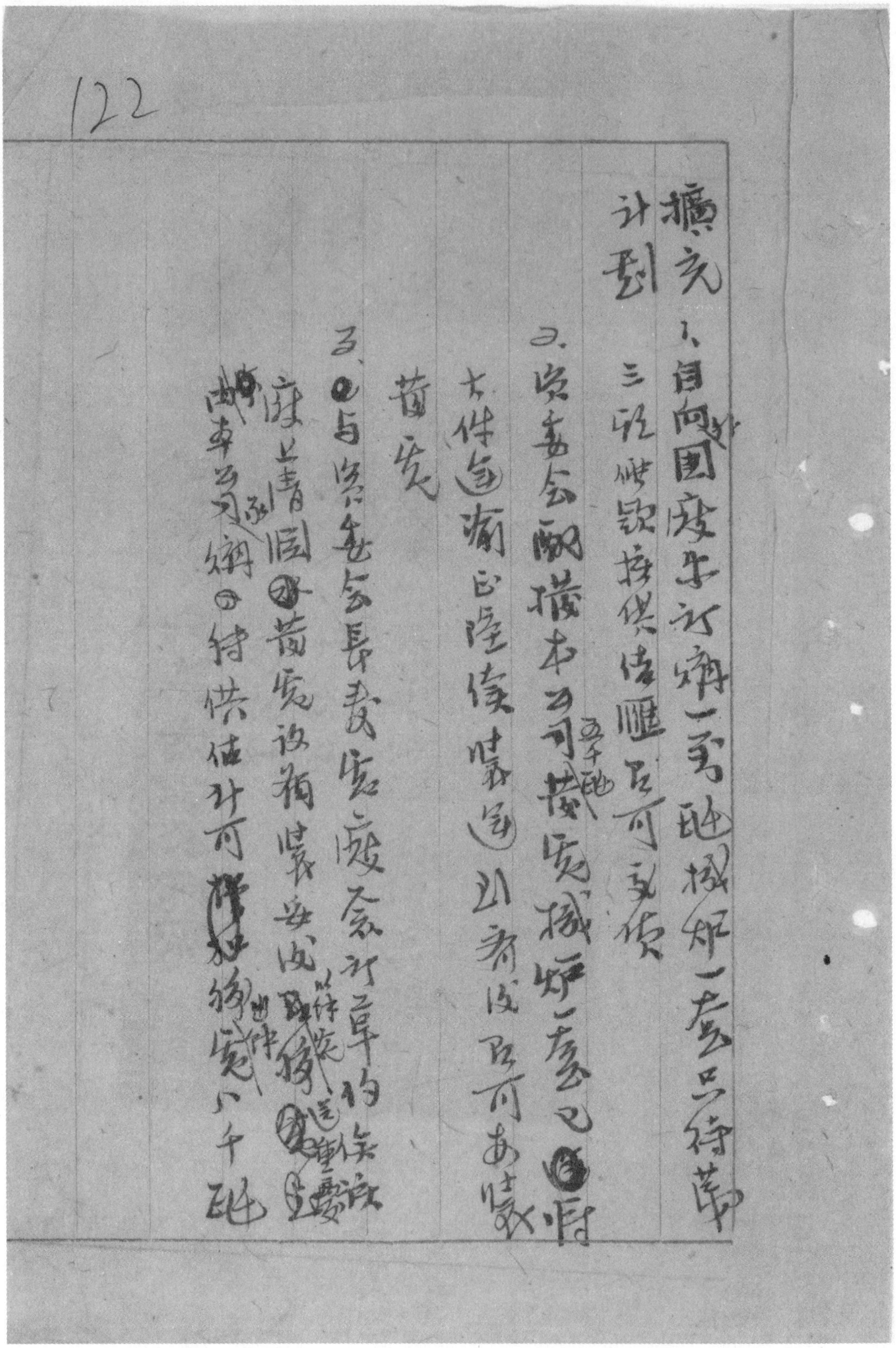
122

擴充計劃

1、自向國外訂購一千瓩機爐一套只待第三期借款接洽借匯即可交貨

2、資委會酌撥本公司五千瓩發電機爐一套已暫大件運渝正陸續裝運以資改正可安裝發電

3、與資委會長壽電廠簽訂草約俟該廠上清洞發電設備裝安後[illegible]由本公司架網待供給[illegible]八千瓩

重庆电力股份有限公司关于检寄公司概况致中央银行贴放委员会的函（附概况）（一九四九年三月二十二日） 0219-2-230

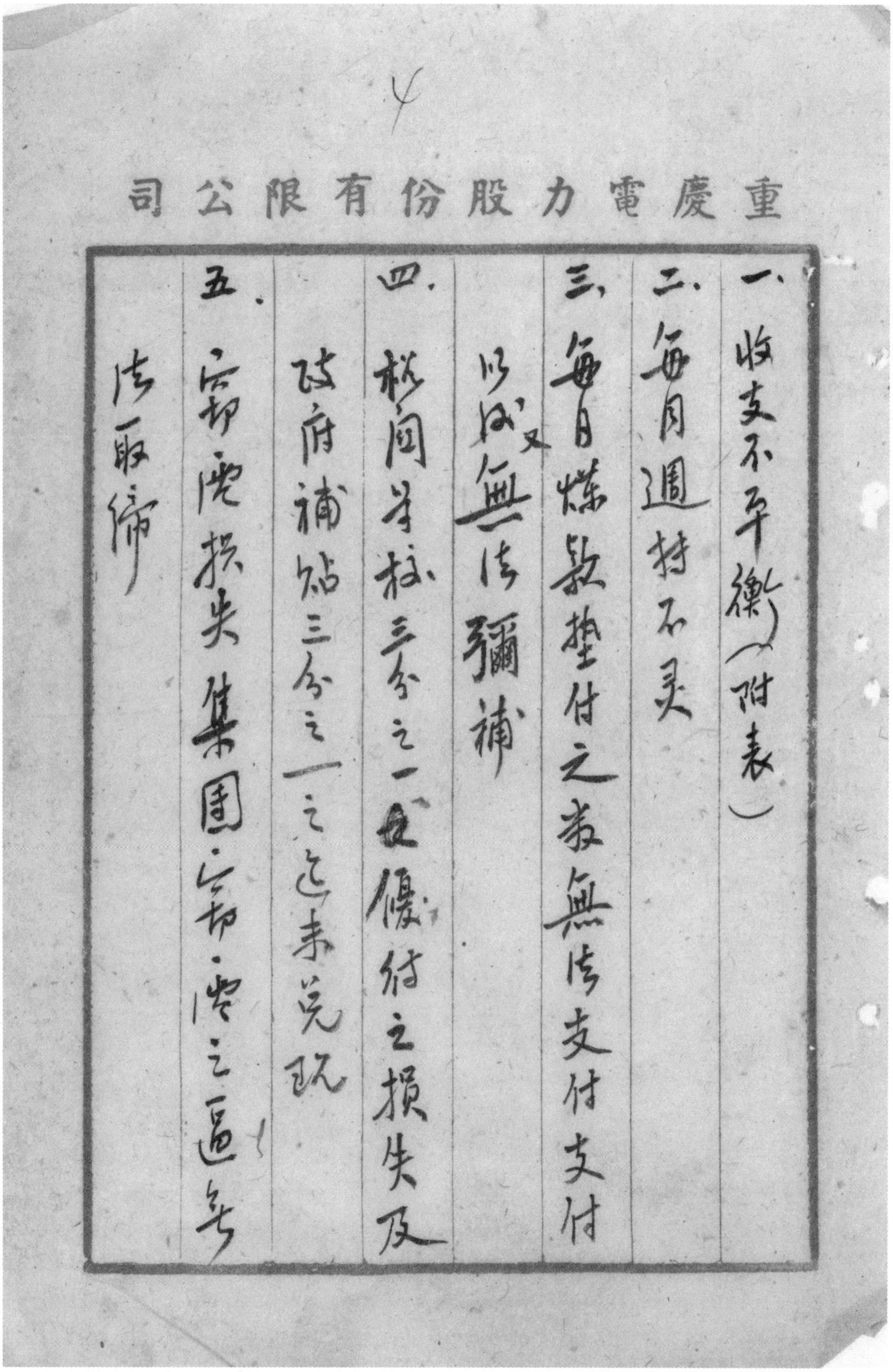

4

重慶電力股份有限公司

一、收支不平衡（附表）
二、每月週轉不靈
三、每月煤款墊付之數無法支付支付
以致又無法彌補
四、機關單位三分之一優付之損失及
政府補貼三分之一之遲未兌現
五、空襲損失集團、空襲、空襲之區[illegible]
法取締

重庆电力股份有限公司经济状况　0219-2-116

5

重慶電力股份有限公司

六、收費困難應如何催收與應收賬費若干竟達百分之十

七、器材缺乏應如何設法維持及應擴大之供給加裝變壓器添購儀表現有機器配件之添配

八、新機器價款之償付及建造費用之籌集

重庆电力股份有限公司经济状况 0219-2-116

6

重慶電力股份有限公司

外灘洋商器材多年來自外國，無法添
置，各項（國內）物價亦逐日上漲，而電價甚本部
份年隨未加調整，因煤價漲落而有之煤價
調整每隔兩月以方能收取，除煤價外補
償其他部分材料薪工亦補充徵

重庆电力股份有限公司困难状况概述　0219-2-116

34

重慶電力公司困難概述

一、本公司經濟困窘之因素

抗戰時本公司奉命分設之廠增加線路，日月久，激增管理困難，電價亦受管制，亦不准提存消磨折舊，以致無力添置設備、配件、購置器材，呆時不敷，數年間政府以補貼方式維持，在本公司每月電費收入為法幣一千五百萬元時，補助數目達一千萬元，嗣又隨物價上漲程度逐漸增加為二千萬元，戰後政府停止補貼，公司收入頓減，電價提高既低，又未依照原有基數合理調整，致公司經濟愈形困窘，而收取電費又必須候用戶用電後經過抄表、製票程序，至少在一個半月後始能收費，所有開支中間悉依本借維持。

二、最近燃煤減少原因及支付煤款情形

本公司每月約需燃煤一萬噸，按付煤款方式因經濟狀況未實現，始承各煤公司同情諒解，過去所欠煤款常在一個月以上，今年六月份起以物價之劇烈上漲，公司恐欠費過久影響煤礦生產，特將電費收入儘先支付煤款，於月半月按此期撥付，最近電價調整，公司仍多方設法依照往例支撥煤款，惟各煤礦以久未能隨物價調整，工人紛紛離廠，產量銳減，並向本公司說明苦衷，希另闢煤源或預借鉅款，以便招致工人恢復產量，工作在公司本身為遵守政府限價法令，其困難情況亦又與煤業相同，為維持供應計，除積極設法洽借款項以備提前支付，分別呈報主管機關備查外，別無良策，刻本公司燃料即將告罄，隨時已有被迫停電之虞。

三、擬請救濟辦法

本公司困難已達極點，除簡請本市主管當局注意言論抗閱等賜予維護並指導協助外，謹將擬請救濟辦法分述如次：

(甲)請政府援上海扶助公用事業之例，配給燃料，並仿京滬配給實物辦法配給食米，俾每月不致因燃料糧食上漲超出預算。

(乙)請市民本愛護公用事業立場，以公正無私態度協助政府，隨時檢舉竊電行為，並按時繳納電費。

(丙)請政府迅為疏撥業已核准之日本賠償電機二萬五千瓩，並以亦請撥前援借五千瓩機二套以便充實發電設備。

(丙)請政府早日協助本公司二廠復原俾便集中大溪溝廠管理減少開支。

以上甲乙丙三項僅為暫時維持辦法蓋本公司機炉經十四年長期消磨敝舊不堪不僅隨時停電減少收入增加修理費用若不幸發生重大故障更有不能修復供電之危機並祈代向中央呼籲俾得早日充實設備以利供應無任感禱。

重庆电力股份有限公司困难状况概述　0219-2-116

36

重慶電力公司困難概述

（一）原有設備

電力公司戰前購置設備為一萬二千瓩，計一千瓩机三部，四千五百瓩机二部，祇敷三十萬市民之用。嗣奉廿九年一月經濟部工字第50689號通知及工礦調整處礦發字第6953號訓令將一千瓩机二部廉價讓與渝鑫鋼鐵廠，只餘一萬一千瓩。於本市人口，超過百萬，不敷甚鉅。

（二）分設三廠經過

公司机器均設大溪溝廠。廿七年奉委員長重慶行營洽信字第6897號訓令命將一千瓩机兩部移裝南岸彈子石。廿九年六月廿三日奉委員長手令及同日經濟部工字第62686號通知

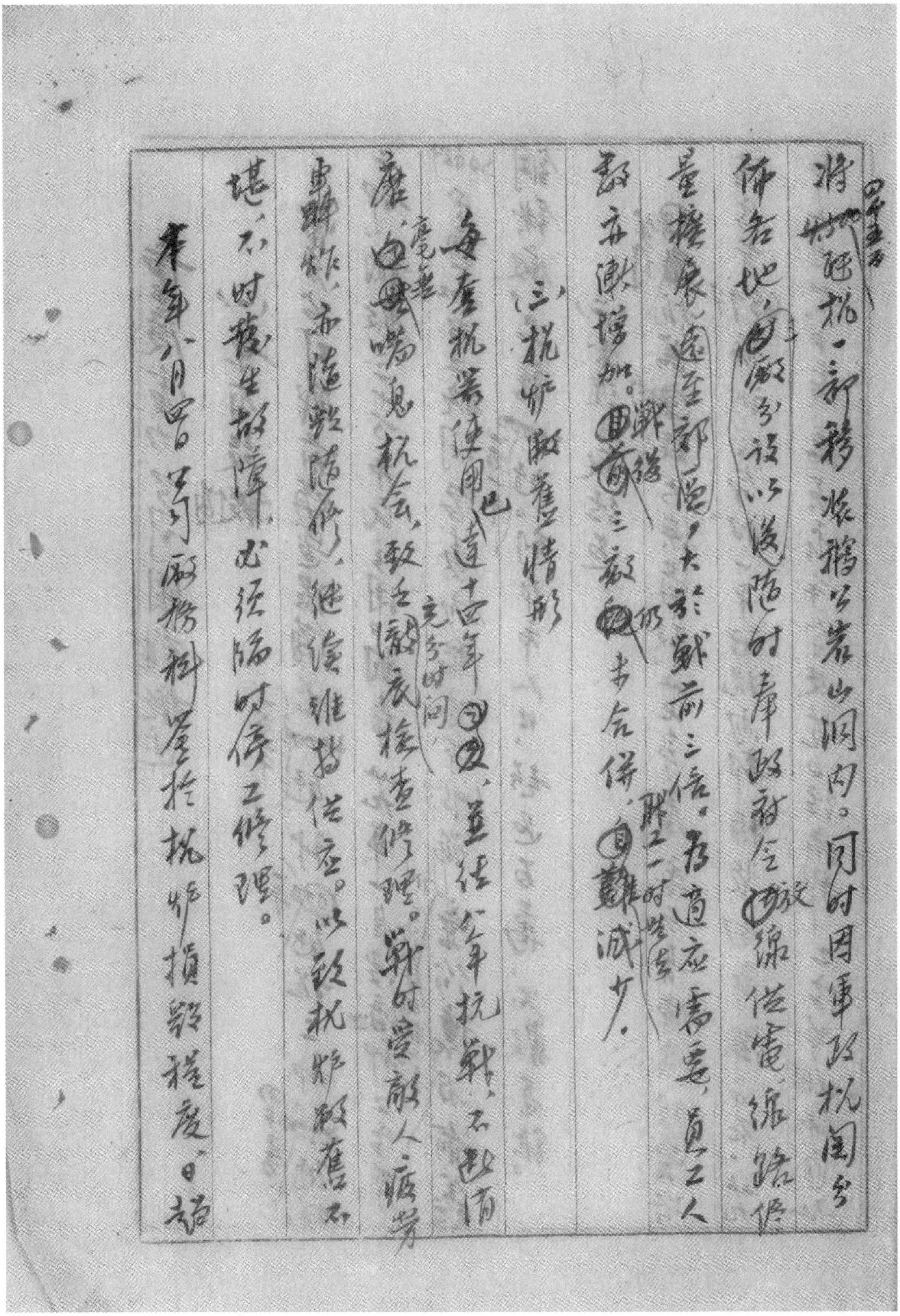

将[illegible]炉一、二新移装鹅公岩山洞内。同时因军政机关分
布各地，随时奉政府令放线供电，线路俱
量增长，远至郊区，大於战前三倍。为适应需要，员工人
数亦激增加。战后三厂仍未合併，自难减少。

（三）锅炉厂旧情形

每厂锅炉使用已达十四年之久，并经八年抗战，不断消
磨，毫无喘息机会，致未彻底检查修理。战时受敌人疲劳
轰炸，亦随毁随修，继续维持供应。以致锅炉厂旧不
堪，不时发生故障，必须临时停工修理。

本年八月曾将厂务科呈於锅炉损毁程度日趋

重庆电力股份有限公司困难状况概述 0219-2-116

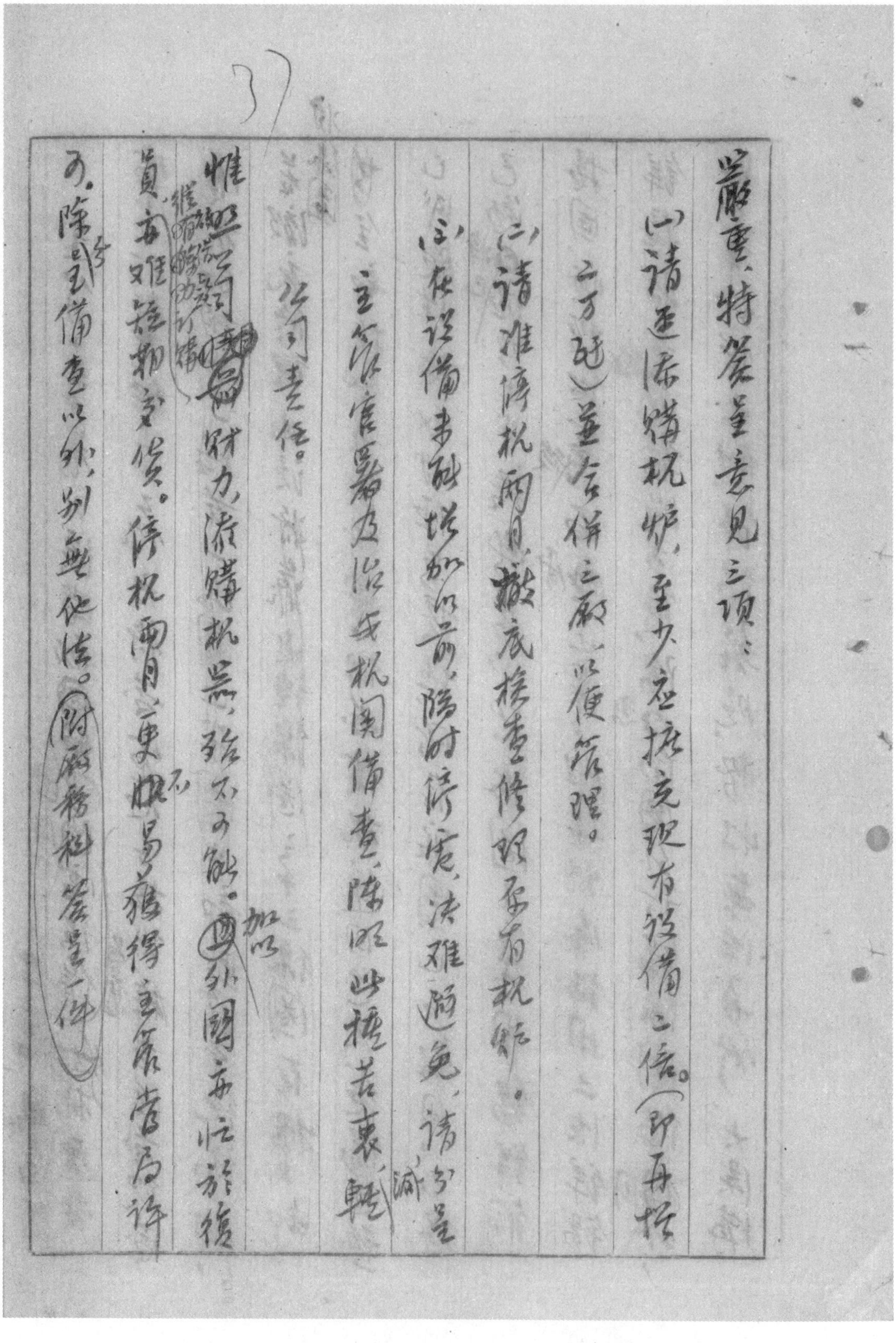
严重，特签呈意见三项：
（一）请速添购机炉，至少应按照现有设备二倍（即再按二万瓩）并合併三厂，以便管理。
（二）请准停机两月，澈底检查修理原有机炉。
（三）在设备未能增加以前，临时停电，決难避免，请分呈主管官署及治安机关备查，陈明此种苦衷，减轻公司责任。
惟以本公司[illegible]财力，添购机器，殆不可能。加以外国亦[illegible]旅行人员，亦难洽购定货。停机两月，更不易获得主管当局许可。除呈备查以外，别无他法。（附厂务科签呈一件）

重庆电力股份有限公司困难状况概述　0219-2-116

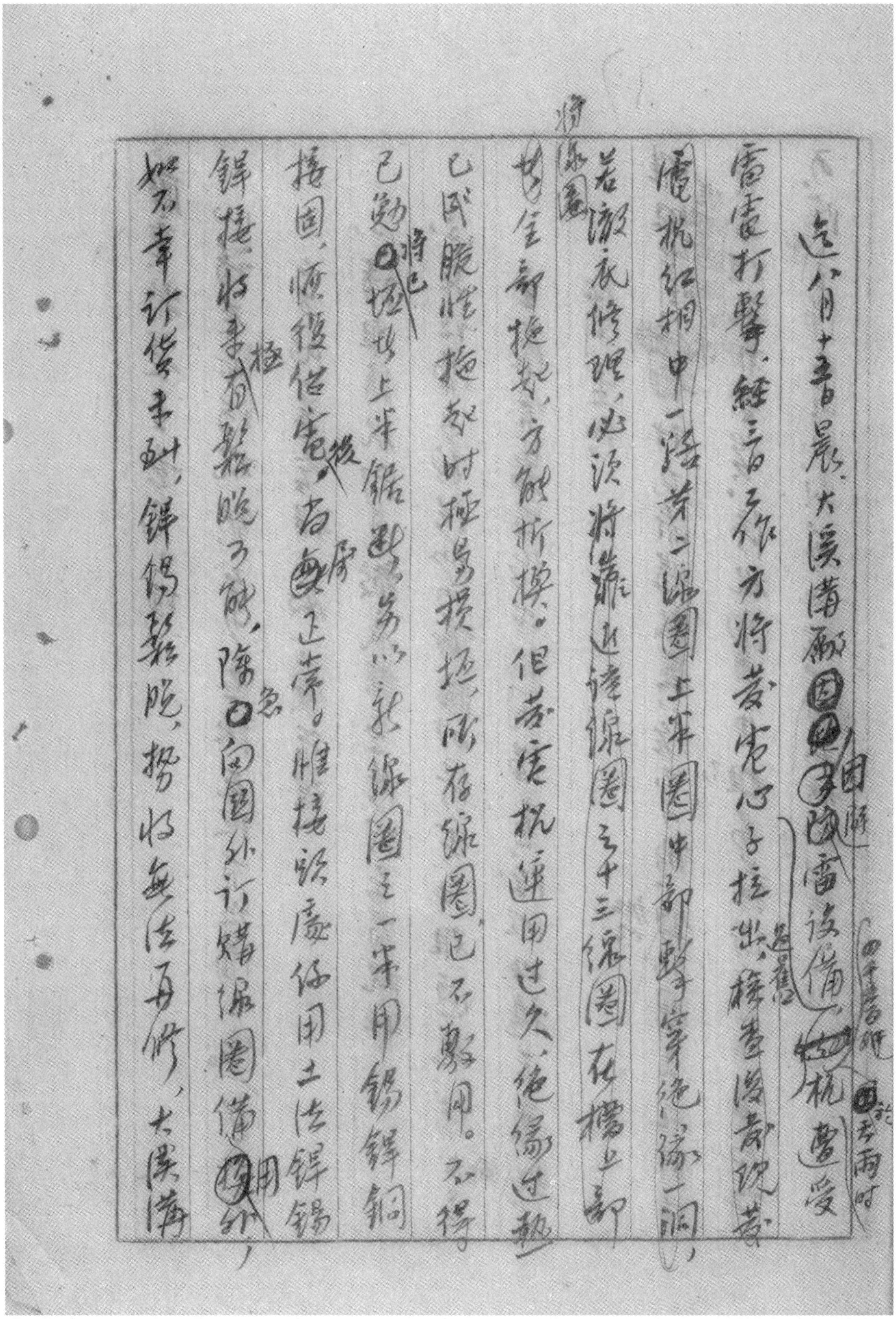

迨八月十二日晨，大溪沟厂由于四年来缺乏避雷设备，于雷雨时发电机遭受
雷电打击，经三日之工作，方将发电心子拉出，检查发现发
电机线相中一路第二线圈上半圈中部击穿绝缘一洞，
若欲修理，必须将靠近该线圈之第三线圈在槽上部
将线圈全部拖起，方能拆换。但发电机运用过久，绝缘过热
已成脆性，拖起时极易损坏，所存线圈已不敷用。不得
已勉将已坏者上半锯断，另以新线圈之一半用锡焊铜
接头，恢复供电后，历五日正常。惟接头处系用土法焊锡
焊接，将来极有断脱可能，除急向国外订购线圈备用外，
如不幸订货未到，焊锡断脱，势将无法再修，大溪沟

重庆电力股份有限公司困难状况概述　0219–2–116

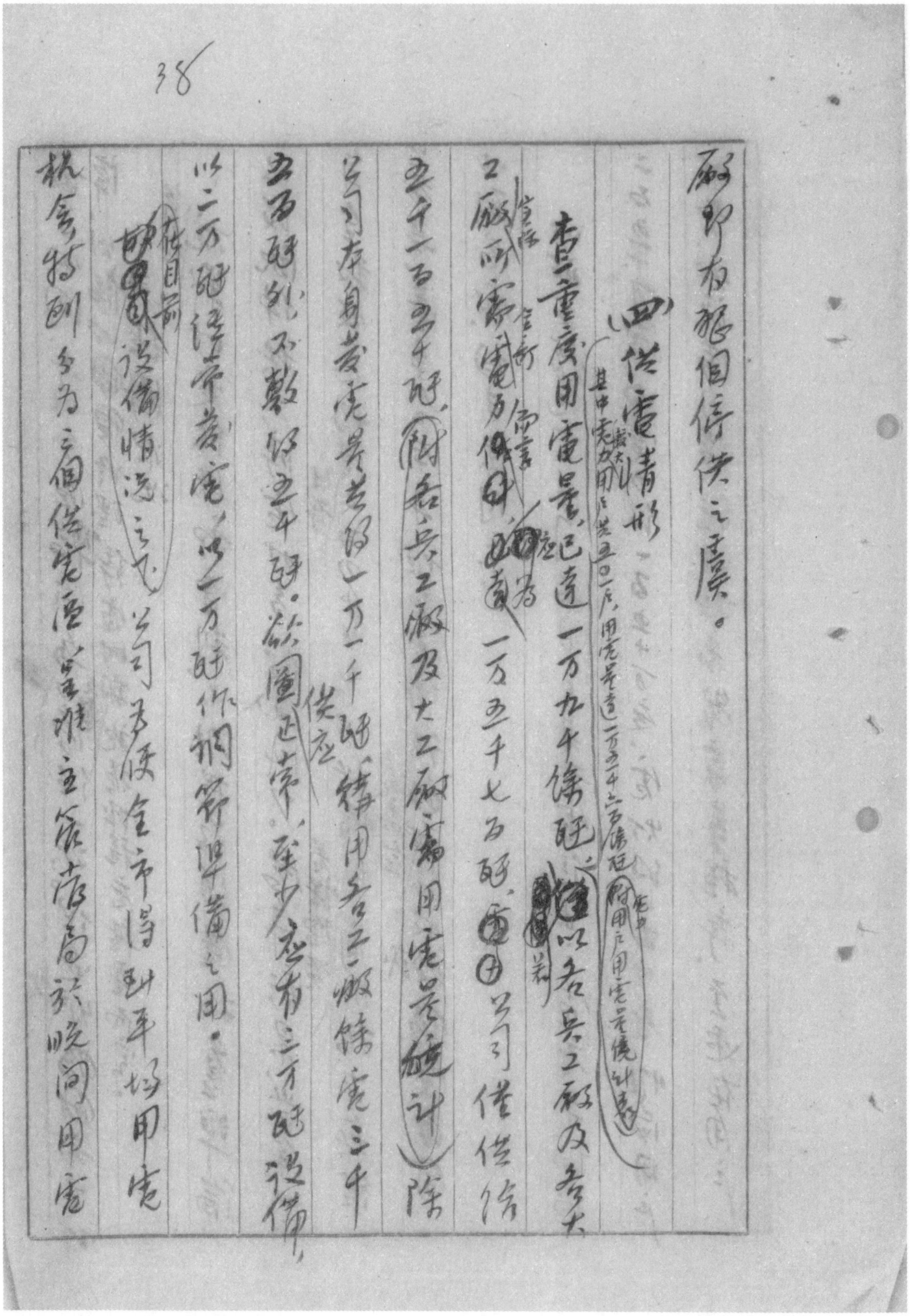
38

厂即有被迫停供之虞。

（四）供电情形

查重庆用电量，已达一万九千余瓩，（其中电灯用户共五○一户，用电量达一万五千六百余瓩，附用户用电量统计表）以各兵工厂及各大工厂所需电力为一万五千七百瓩，由本公司供给五千一百五十瓩，（附各兵工厂及大工厂需用电量统计）除本公司本身发电只有一万一千瓩，转用各工厂余电三千五百瓩外，不敷约五千瓩，欲图正常供应，至少应有三万瓩设备，以二万瓩经常发电，以一万瓩作调节准备之用。依目前设备情况言之，本公司为使全市得到平均用电机会，特划分为三个供电区，呈准主管局于晚间用电

重庆电力股份有限公司困难状况概述　0219-2-116

最多时间，予以分区轮流，每日停供一次。但遇机械损坏发生故障，则临时停电修理。停电时期视损坏程度轻重而定。

五、经营状况

抗战时受经济部管制，不准提存消磨折旧准备，以致配件缺乏，停电时多，收入减少。历年亏累，卅五年、卅六年全数股息仅二百四十万元。似此情形，商股根本无从募集。董事会本年虽有决议，请资委会接收或投资，以启易办，均未蒙同意。

以财务情况言，公司每月自身发电售出之电度平均约二百五十万度，内电力约一百五十万度，电灯约一百万度，惟向用户收费，必须满月后，经过抄表、缴费等程序，至迟在用户

重庆电力股份有限公司困难状况概述　0219–2–116

59

用電一個半月後，始能收得。中间純靠借債維持，故虧
折甚大。本年一至七月負債數字即達法幣二千一百億元，八月
份電價，並照工商部所定四日通知准予增加之基數百分五
十，又被市政府核減，該月間支出數字，又增加法幣
二仟餘億元。總計負債數字約伍千億元。九月份電費
因收費後，通貨數字更為巨大。
(六)復原計劃
甲、增加設備：
(1)復員後公司即選派代表，請求政府補充設備。曾允將
日本賠償物資內若干機炉撥給二万五千瓩。但僅屬
原則上之分配，具体方式，未蒙見示。最近接奉市政

府於九月一日市机字第9/11號訓令，略謂「准資委會(元)業電字第1878號渝代電，該會已呈准行政院將日本賠償物資內五千瓩發電機設備一套，運裝供給重慶用電，現已派員赴日照拆」。公司為謀早日獲得，增強發電力量計，特派於九月日派總工程師吳錫瀛飛東京，向工商部請示。旋接吳總工程師九月十二日自東京來函稱該項電機，將由盟總撥與英或荷蘭，另換一萬千瓩以上電機一套與中國，該機似擬由川正擬由……籌設之東電力公司，裝在白廟子，轉電供應重慶等語。

九月十六日本市各報又載川建廳何廳長北衡返渝談話，

重庆电力股份有限公司困难状况概述　0219-2-116

40

略謂「重慶電力公司發電機問題，當局已允撥日本賠償物資內一萬五千瓩發電機一部，俾應渝市電力之用。該機僅使用一萬餘小時，機件全新，政府已派人拆卸，兩月內即可拆運回國，立即運渝裝置發電」等語。但迄今公司方面未奉政府指示，究屬何種性質，無從揣測。

(2)自購機爐：公司以請求政府補助設備，未得結果，去年五月曾向瑞士B.B.C.及英國拔柏葛公司自行洽購機爐一套，計一百萬美元。但外商忙於本國復員工作，須在一年後始能交貨。付款辦法，分為三期。

第一期付百分之三十。六月后再付百分之二十，余俟
装船时付清。经过申请结汇手续，第一、二期货款
已蒙政府核准发放。惟第二期货款，内有七八五〇〇
美元，须改结为英镑，甫经联合会通过，新制
即告改革，未能结定，外商催付甚急，正再向中行及联合会
请求仍照原案结汇，尚无结果。第三期货款
五千万美元之由沪及转运设计安置费用，更无着落。
（乙）三厂合併：查目前所设三厂，係抗战期中遵奉政府命
令办理。亟应合併，俾可节省开支，便于管理。其复原
工程经费，计拆卸弹子石厂需一百五十〇〇金圆，鹅公岩厂

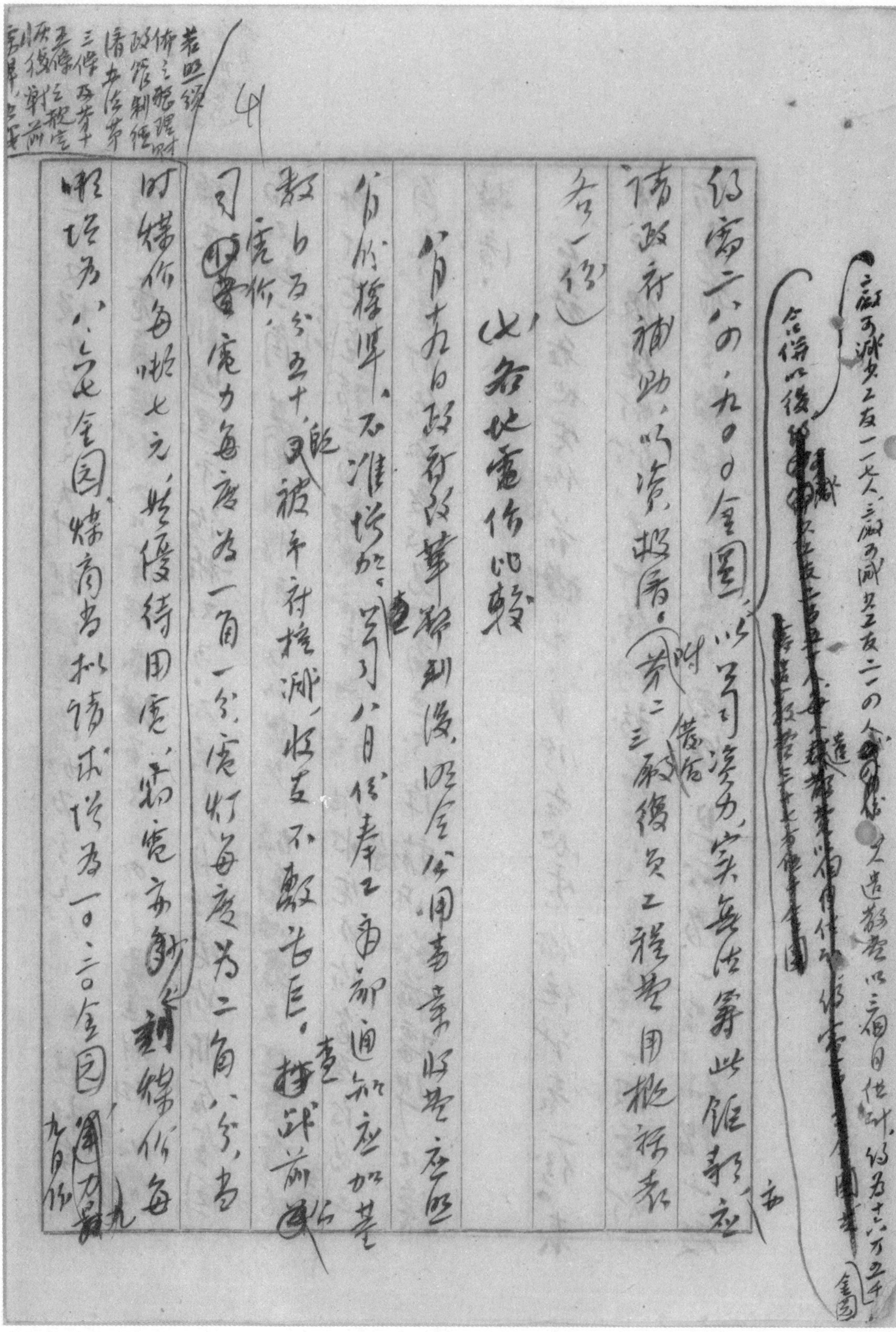
约需六〇、九〇〇金圆，以本公司资力，实无法筹此钜款，应
请政府补助，以资救济。（附第二三厂复员工程费用概预算表
各一份）
（七）各地电价比较
本市自政府改革币制后，照今公用事业收费应
予核准，不准增加，本公司八月份奉工商部通知应加费
数为百分五十，既被市府核准，收支不敷甚巨。查战前
电价：本公司电力每度为一角一分，电灯每度为二角八分，当
时煤价每吨七元，并优待用电，输电亦酌补煤价，每
吨煤价为八元，现全国煤商要求煤价为一〇、二〇金圆

重庆电力股份有限公司困难状况概述　0219-2-116

重庆电力股份有限公司困难状况概述　0219-2-116

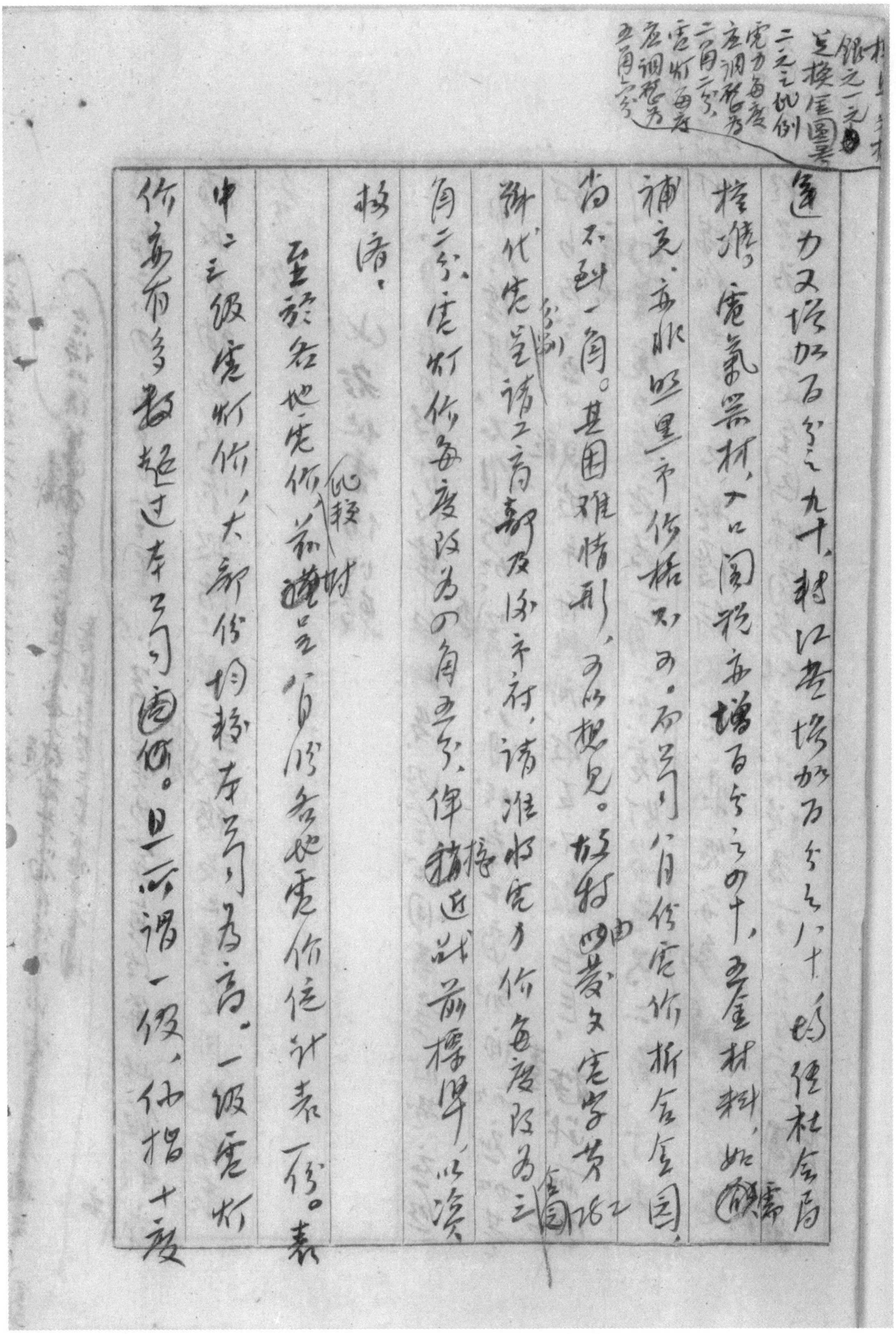

银元一元与金圆券二元之比例，电力每度应调整为二角二分，电灯每度应调整为五角六分

运力又增加百分之九十，材料增加百分之八十，均经社会局

核准。电气器材，入口关税亦增百分之四十，五金材料，如钢需

补充，亦非照黑市价格不可。而公司八月份电价折合金圆，

尚不到一角。其困难情形，可以想见。故特由费文宪字第2862

新代电呈请工商部及市府，请准将电力价每度改为三

角二分，电灯价每度改为四角五分，俾稍接近战前标准，以资

挹注。

至于各地电价比较，前已呈有各地电价统计表一份。表

中三级电灯价，大部份均较本公司为高。一级电灯

价亦有多数超过本公司电价。且所谓一级，係指十度

45

户，二级价格三十度以下，实际此种用户为数极占少数。本公司依照电表安培大小分为一级二级两种。例如五安培者，五十度以内均为一级电价。无形中损失收入。电表愈大，损失尤甚。至於电力价，亦均较本公司超过远甚。

附三十七年各地电厂有关电价统计（单位法币元）

厂名	电灯每度价 一级	电灯每度价 二级	电灯每度价 三级	电热力每度价
上海法商电灯公司	一三一，三〇〇	五四，〇〇〇	三五一，〇〇〇	二九三，六〇〇 三五二，〇〇〇
戚墅堰电厂	四五〇，〇〇〇			四五〇，〇〇〇
冀北电力公司	三三〇，〇〇〇	四〇〇，〇〇〇		二八〇，〇〇〇

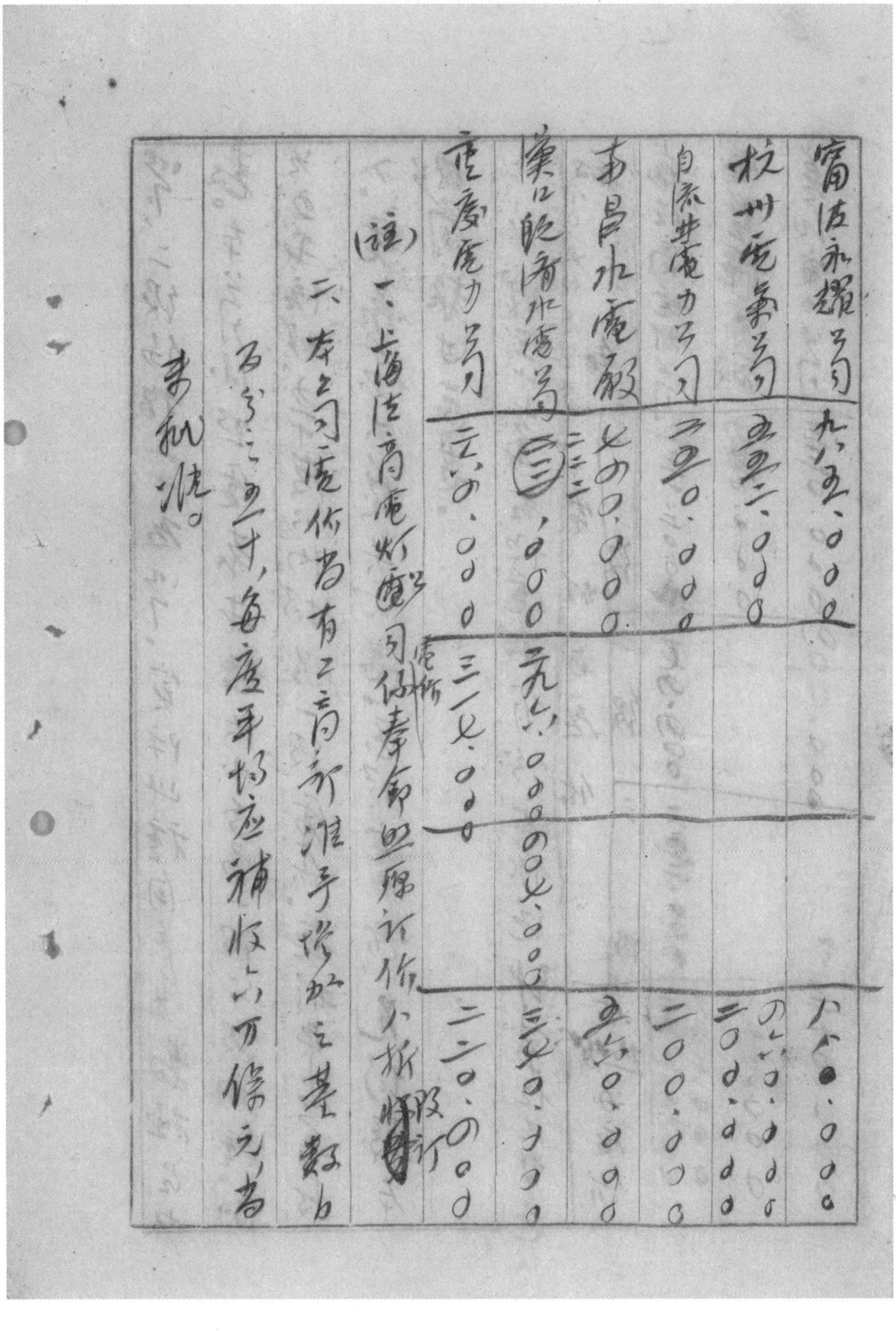

富滇永耀公司	九八五、〇〇〇			八八●、〇〇〇
杭州電気公司	五五二、〇〇〇			〇七六、〇〇〇 二〇〇、〇〇〇
自流井電力公司	二二〇、〇〇〇			二〇〇、〇〇〇
萬昌水電廠	三三 七〇〇、〇〇〇			五六〇、〇〇〇
漢口既濟水電公司	㊂、〇〇〇	二九六、〇〇〇〇〇七、〇〇〇		三七〇、〇〇〇
重慶電力公司	二六〇、〇〇〇	三一七、〇〇〇		二二〇、〇〇〇

（註）一、上海法商電灯電車公司係奉命照原訂（電价）价八折（收取）

二、本公司電价尚有工商部准予增加之基數百分之二五十，每度平均應補收六万億元，尚未執行。

重庆电力股份有限公司南岸分厂设立经过等　0219-2-112

南岸分廠設立經過

本公司於二十七年二月奉前　行營命令遷移一部份發電機籌建分廠以防敵機空襲跟即勘察廠址當請議拟卸建廠安裝事宜原擬遷至長江上游大渡口嗣以費用浩大停頓迄是年十一月十一日又奉前　行營及經濟部命令飭就南岸彈子石敫角沱附近設廠由總廠移裝一瓩電機兩座限期二月完成并由經濟部轉商四行貸款三十萬元跟即收購地皮由基泰工程司設計繪圖名商承建由六合公司得標本年一月動工規定一百三十五天完工造價二十三萬元派定程總工程師本誠負全部建設責任總廠廠務主任吳錫瀛隨時前往監督工程總廠修配組主任張玠為南岸分廠主任總廠工務員劉布孟為分廠工務員均常駐南岸辦理一切工程事宜佈置既定積極進行於轟炸之中未敢懈怠六月十七日試車六月二十二日經濟部翁部長親往視察八月九日正式發電計購地工程修配各費達三十萬元

重庆电力股份有限公司南岸分厂设立经过等　0219-2-112

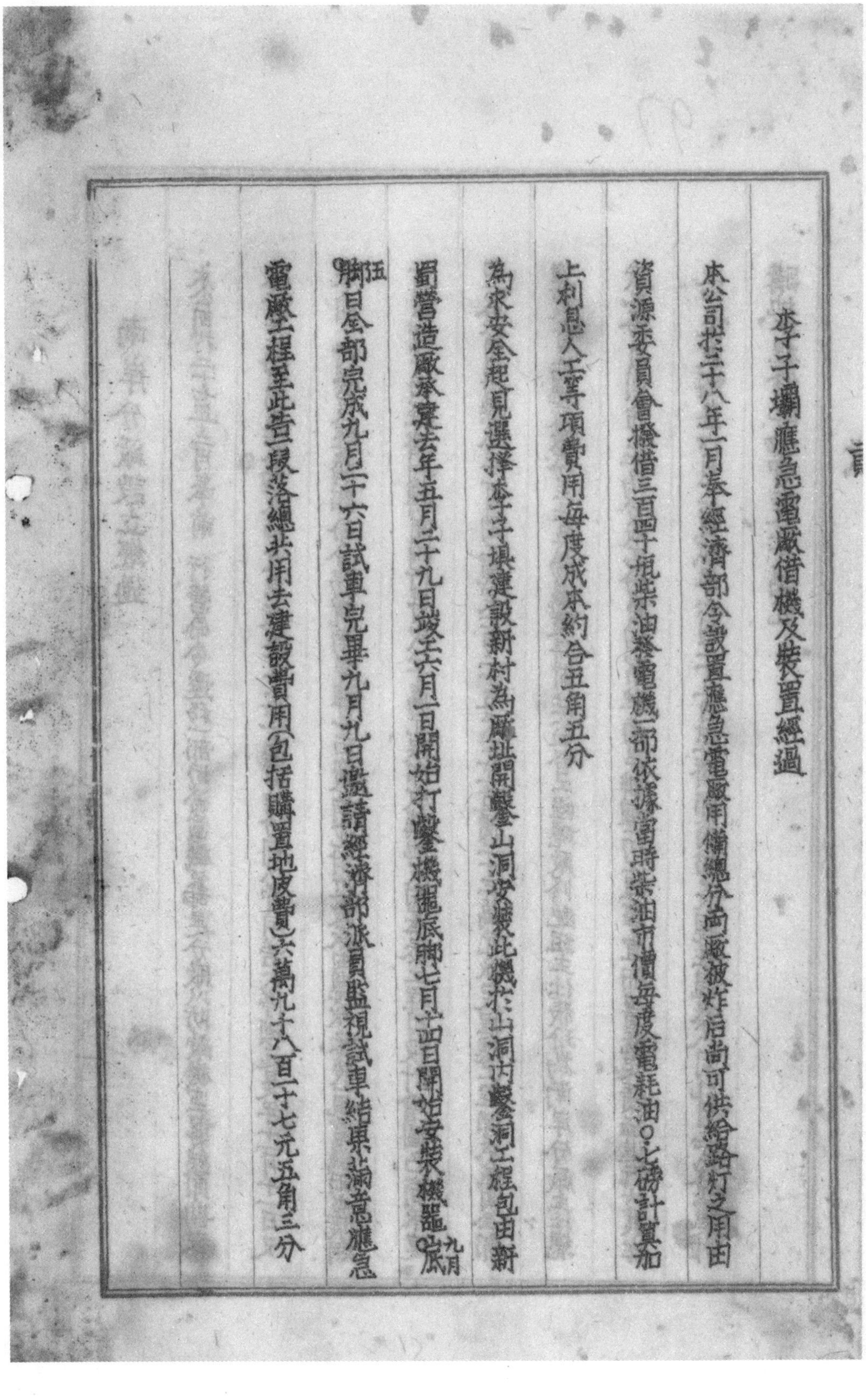

李子壩應急電廠借機及裝置經過

本公司於二十八年一月奉經濟部令設置應急電廠用備總分兩廠被炸后尚可供給路灯之用由
資源委員會撥借三百四十瓩柴油發電機一部依據當時柴油市價每度電耗油〇·七磅計算加
上利息人工等項費用每度成本約合五角五分
為求安全起見選擇李子壩建設新村為廠址開鑿山洞安裝此機於山洞內鑿洞工程包由新
蜀營造廠承建去年五月二十九日竣工六月一日開始打鑿機器底脚七月十四日開始安裝機器〇九月底
〇脚伍日全部完成九月二十六日試車完畢九月九日邀請經濟部派員監視試車結果滿意應急
電廠工程至此告一段落總共用去建設費用(包括購置地皮費)六萬九千八百一十七元五角三分

重庆电力股份有限公司现状　0219-2-116

重慶電力公司現狀

重慶電力公司現有發電容量共計一萬一千瓩，分置三廠，一、三兩廠各有四千五百瓩發電設備一套，二廠有一千瓩二套，而市需電量在二萬瓩以上，經政府勸導各自有發電設備之工廠自行發電並以餘電轉供市需，本市電荒勉可解決。惟自來水公司等則無有發電設備，未嘗發電自用，以致外間誤傳缺電停水，甚至有以停水責任加諸電力公司者，誠非持平之論。為解救當前電荒，應請政府仍本初衷督促各廠自行發電，減輕本公司負荷

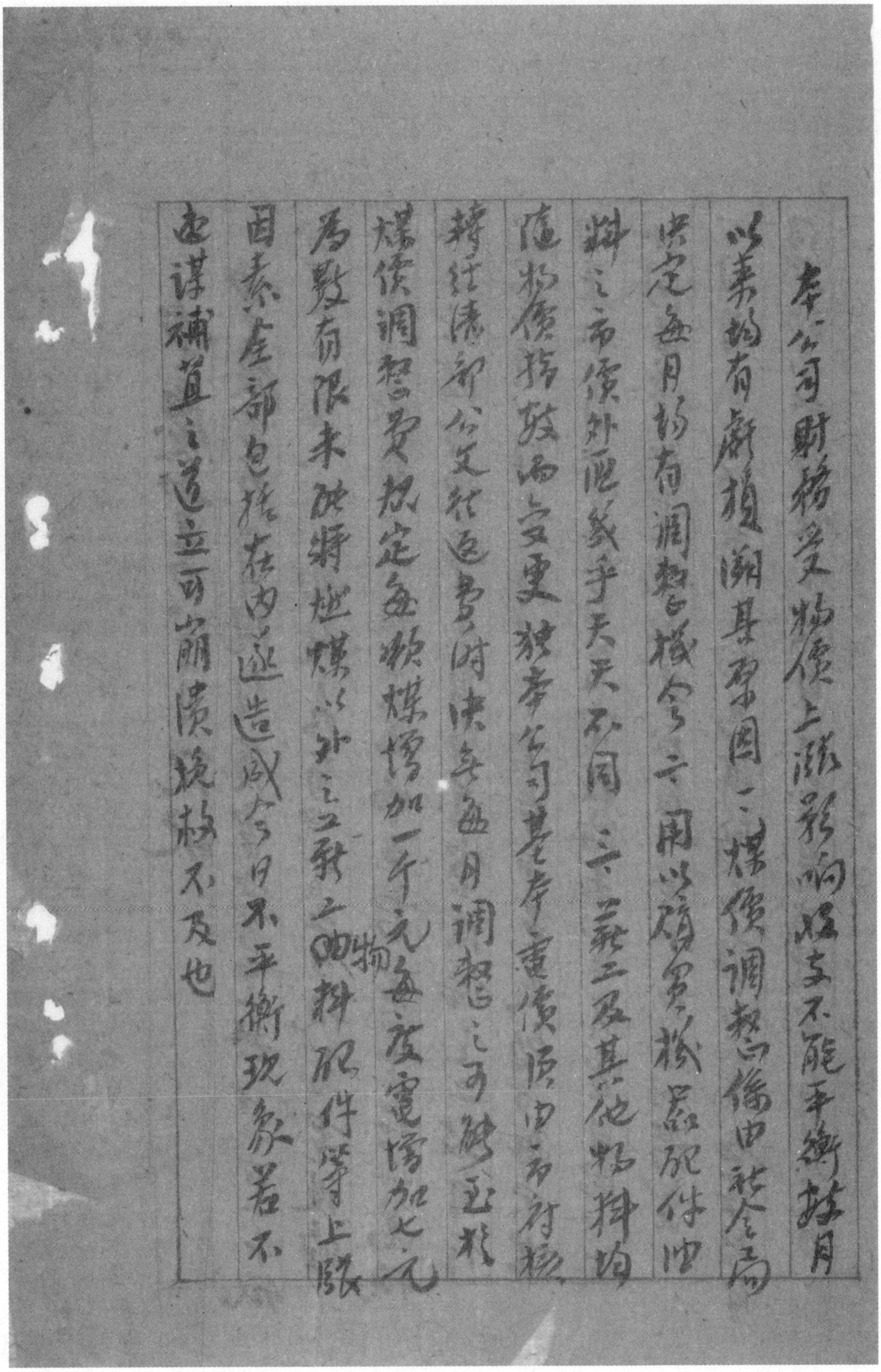

本公司財務受物價上漲影响極大不能平衡按月以來均有虧損溯其原因一、煤價調整係由燃管局決定每月均有調整機會二、購買機器配件油料之市價外匯幾乎天天不同三、薪工及其他物料均隨物價指數而變更獨本公司售電價須由市府核轉經濟部公文往返費時決無每月調整之可能至於煤價調整費規定每噸煤增加一千元每度電增加七元為數有限未能將燃煤以外之工薪之油物料配件等上漲因素全部包括在內遂造成今日不平衡現象若不速謀補苴之道立可崩潰挽救不及也

重庆电力股份有限公司现状　0219-2-116

重庆电力股份有限公司现状　0219-2-116

本公司经常开支因物价波动关系逐月不同预计本
月份煤款支出为五十亿利息　亿二千二十亿修理费十七亿由材料
料及管理费用　亿共计　　亿公司逐月有营亏损资
金周转深感困难前向商业行出借借款二十四亿仟万元
于无担乘负累金额不靠借款止息就目前收支而论应
发得国家银行低利贷款　亿作为周转资金或请
由四川省银行增加予有透支款　其限度相当于一个月电
费收入按月之变动
近数月来燃煤价格变动甚剧每月煤款垫付之数无
法支付前收煤价调整费须两月后始能收入而两月之

近来改善供电方法以为补缺之策加敷之线路及应换大
之线路加装新变压器添购电表现有机器配件之添购
除外汇购置而外兹新旧器备修缮以资节约计算全年
收入不敷一定修理之费应请政府设法加价以符实际
最后本公司机炉于抗战期中因使用未得应有之
休暇整理未达正常寿命即告残破断断求政府核准由
国家银行贷款计购一万瓩新机一套两年半交货分期付
款到期应付外汇因汇率上涨又多核准贷给之法币数额不
敷为何筹措免致延期应早为之计他如运输安装
及建厂房之筹集亦其余事也

重庆电力股份有限公司概况（包括组织沿革）　0219-2-191

41

重慶電力公司概況

一、公司沿革

重慶原有燭川電燈公司發電營業專權，自民國二十二年春由本市市長潘文華、劉航琛、康心如、石體元等發起集資組織新廠，以二十萬元收買燭川營業權，設廠購置一千瓩發電設備三套，於二十二年夏動工建築廠房，安裝機器，敷設線路，於二十三年七月完成，同月開始發電。二十四年二月一日正式成立重慶電力股份有限公司，資本為二百萬元，股本以本市銀行佔大多數，官股有四川省政府[illegible]力，繼多方擴充設備，中中交農四行相繼加入股本，二十五年增為二百五十萬元，二十七年復增為三百萬元，二十九年以後法幣漸貶值，再增資為二千萬元，至今仍舊。

二、組織概要

公司設董事會，置董事長一人，常務董事七人，董事十七人，監察七人，經理部份設總經理一人，協理二人，總工程師一人，秘書若干人，設總務、工務、業務、會計、材料五科及用戶檢查組，南岸及江北城區各設一辦事處，一二三廠各設專管人員，即以廠務科副科長分掌之。現任董事長為潘文華，總經理為傅友周。

三、廠務設備概要

本公司開業時僅大溪溝一廠，廠內計有一千瓩透平機三部，其中一部為英國[illegible]
餘二部為英國茂偉廠出品，其時尚能充分供應，民國二十五年二十六年間[illegible]
添置一千瓩乃為英國茂偉及拔柏葛兩廠所購四千五百瓩透平[illegible]
發於二十七年春裝設發電，二十八年春[illegible]以免遭轟損害，乃設分[illegible]
為第一分廠，機器移裝[illegible]鵝公岩第[illegible]一千瓩機[illegible]
積[illegible]分廠於鵝公岩，即今之第三廠，移裝四千五百瓩機器一套，至是
大溪溝廠即第一廠僅留四千五百瓩機爐一套，三廠發電總量共為壹萬壹千瓩

四、線路系統

市區擴大，公司線路亦隨之擴展，計[illegible]新市區方面達鵝公岩、沙坪壩、新開市、南岸
方面上游達李家沱，下游達[illegible]，江北方面上游達石門坎，下游達[illegible]
溪，計線路二百餘公里，至[illegible]為三廠供給，二廠供給[illegible]兩路口、中山路
一[illegible]江北

五、各部門員工人數及薪津

詳附表

重庆电力股份有限公司概况（包括组织沿革）　0219-2-191

六、收支概要

本公司每月[illegible]售電度數約二百萬度，現在電燈每度為六角二分，電力為八角二分，均價以六角八分為準，應收款約五十二萬元，實際收入至多二十七萬元左右，支出煤炭約八萬元，薪工約七萬元，材料約五萬元，償還債款約三萬元，共約二十三萬元。八月底止公司負債約三千萬元，以營業收入償還，公司困難仍未解除也。

七、目前業務及未來打算

營業狀況不易維持，有賴於有全部修理及建設以符目前業務，備受困難，以煤源缺乏以後打算，由[illegible]，公司[illegible]，[illegible]電政收入，由[illegible]，[illegible]期[illegible]，[illegible]收入[illegible]，[illegible]實現。

八、希望事項

1、政府還公司欠繳電費及補助全部價值，公司債款約三千分之一，即此之分之一，又債務須延緩時日，公司股本增加為大，應請①請政府各機關按時付費②機關用電之分之六優待，請由政府補貼。

2、公司係公用事業，應免除一切雜捐，以免增高電價，加重市民負擔。

3、五千瓩發電設備[illegible]部[illegible]，請[illegible]會速派[illegible]加速力量，以[illegible]聯合委員會[illegible]

府及省、市参会呈明撤销取缔

4.在渝市电价未经当局呈准自决定铸迟退还原价

5.九二火灾公司损失甚大，惟政府只肯为九二火灾当局核定电价，并未将折、

补费用加入，查公司自九二火灾建复后，应请①九二火灾损失请政府补贴②、

以后核算电价应将此项合理之折旧费用加入，以免公司现有设备消磨之无办法

修换，以致电能全市将来输电之虞而致发生

6.现将各项物价变更未照当时前数倍而物价之高，亦未改政府为议非电价政策此为

为议定电价标准，本年后请政府兑现合理公允，议定电价

7.燃煤之济，并未分之供给，应请①对于供给调煤劳资纠纷之供应，并请政府设立

稍费之月补煤②、并分之分供应需加于上者，则公司拒绝收煤而仍视为煤商不能供煤、

煤③、公司对于经常燃煤已请购之贵款期不能付④、取得煤价不给政府查实公饬

资源之商煤者不得拒收而付煤款、

(1)

8

重慶電力公司業務概況及整理經過

本年五月廿二日奉
重慶市政府市秘知字第六八六號訓令抄發本市水電
整理座談會紀錄飭即遵辦，同年七月九日奉
工務局工二字第3040號訓令抄發水電攷核組會議紀錄飭
將營業收入資產設備及有關水電整理方案改進情形分
別擬具報告以備查核等因，茲分別擬具報告如次
(一)設備情形

重庆电力股份有限公司业务概况及整理经过　0219-2-116

本公司发电设备原仅大溪沟厂房一座发电总量为一〇〇〇〇瓩当时本市用电量仅为六〇〇〇瓩故供需甚为调和抗战军兴政府西移前方若干工厂及学校机关均集中本市需要骤增益以敌机和虐轰炸频仍安全尤极堪虑本公司为维护军需工业以利抗战计乃将四千五百瓩机炉一座迁至鹅公岩将一千瓩机炉二座迁至南岸弹子石均新设厂房另立机构俾以市民本事　今移住迁建区南至汪山黄山李家沱北至歌乐山新开寺均次数设线路供应电流故如在江北南岸

重庆电力股份有限公司业务概况及整理经过　0219-2-116

沙坪壩未設辦事處就近處理業務并时以材料缺乏任務艱巨
區域遼闊學校頗仍辦理業務困難異常以是增設人員幾達
五百許人惟感不敷活用勝利以後初以為業務或可稍趨簡
乃以时局未靖人口并未銳減工廠學校大多仍留此地以致用電
總量仍未稍減公司設備亦未敢稍予變動也

(二)○發電情形

本市電力需要量約為一八五〇〇瓩而本公司所有發電
能力僅為一一,〇〇〇瓩供需相差甚鉅本公司為達成供

10　(14)

電係將及向廿四廠五十廠中央紙廠購電共三〇〇〇瓩將
從前用以用電量過多電機不能直接供用故一有故障
即須停電非自建

(三)電力損失

甲、購電損失　本公司向各廠購電共電力及公司經濟
方面損失甚大其理由如下

每二廠電壓與市電不合為須先將其電壓昇高至
13800伏送出再降低至5250伏再由5250伏降至380/220伏此三

重庆电力股份有限公司业务概况及整理经过　0219-2-116

項變動即須損失電力百分之七·五加以線路損失共約
百分之二十
公司與各廠躉電契約仍照廠方售電量總數計費每
屆月終結賬仍即須賠付鉅數本公司轉向用戶收費
以手續繁雜之須遲延兩月以後始能收入其間息金
之損失即已不貲而優待機關學校三分之一之辦法
廠方所接受完全為公司負擔其他如當局電費帳
等均由公司負責收繳電費俟本公司須損失變電價百

12　（6）

今之四十餘萬公司為取全市照明及動力計仍在忍

痛繼續賠電銷售中

乙、竊電損失及竊電種類

（1）無表用電　在接戶線或低壓線上私自鉤接導利

用竊電轉售他人並在夜間照時鉤接白晝不易發現者

並在白晝潛竊亦不遏者

（2）有表竊電　在電表以外另接大線直達室內燈線

竊取電流或將電表大門封印毀壞拆移進出線接頭

重庆电力股份有限公司业务概况及整理经过　0219-2-116

13

使表匿跡減少電度或將接頭銅線鬆脫隔斷線路使電表不轉大量竊用電流以及利用其他接線及電器之種種上之技術竊電此種數尚多

(三)以電力線接用電燈　以電燈線接在電力表線路上用電接取低壓電費

(四)強用電流　當強力之用戶無限制在線路上接用電流并經發覺施之軍警在場亦無從取締

綜上各項竊電損失其數字已至驚人本公司五月份發

電及路電度數為（64560039）抄見度數為（38915000）被竊電流為（25671039）度約合百分之四十照當月每度電價每度六百九十五元七角計共損失國幣貳十億零四千二百九十九萬零七百八十二元三角此種盜竊行為不但妨碍公司營業抑且影響正當用戶之光明及安全本公司正全力取締中尚望政府及市民之合作協助也

（四）收費情形

電費照核定電價電力每度收五十元電燈每度收

15　(9)

六千元電热每度收五千元核每月終了派員逐户抄電表核返公司核算收據後製成票據（並照整理方案收費一元作為原則）派員持票按户催收惟此間困難重重而得而言者有下列數端

(丙)18 用户遍佈全市收費地區遼闊每月經常派員按户收費以人力關係最多只能走到兩次

(丁)18 一般用户已成習慣大都每次收費員走到第二次始行付款甚則能到第三次催收不能收得因此拖延收費時間

(戊)18 煤價調整費照每度月到廠煤價核收故每月核收數

電均已受勤收費員向用戶收費時責難備至解說尤費
唇舌

(D) 一般用戶多不依照公司營業章程辦理過戶手續因
此許多錶戶與實際用戶名稱不符以致收費時糾紛迭起
亦爲收取電費時之困難

(E) 行政院核定收取之電費設備費雖經市參
議會審議之決照收但仍已屢次有人接到居民代表通
知不得照付亦爲難以收足電費之原因

重庆电力股份有限公司业务概况及整理经过 0219-2-116

(117)

17

(F) 8 因受工業協會抗議不付建置發電設備費之影响本市各廠家多觀望推延

(G) 8 因當電通各新開線路設電燈而路燈各用户常以此為推付電費之口實

查此種之困難致電費收入距理想甚遠整理方案甲款第六項規定電費每在本月底收清實為本公司所要求然本市各機關電費已成習慣本公司無行政權力兼

二、兩路灣設施適乃為了實際而不可缺此則望市民之了解及

重庆电力股份有限公司业务概况及整理经过 0219-2-116

18

(12)

多级自治人员之协助者也

（五）收支状况

本公司电价因受管制收入锐减固定而需用之燃煤五金器材不问其价格如何凡为发电所需者均属不能减少故收支失其平衡每月不敷之数约计九亿余元中间除追收旧欠外完全举债以度物价波动不已今后为生借务已截至本年六月负债达三十五亿四千余万元之多（参阅附表四）全向外息借而来此种困难

情形並不設法改善公司亦無從達於興隆之一途

(六)整理經過

(1)充實設備　本市人口既未減低將來成渝鐵路完成商業自必更為繁榮現在發電能力既已不足缺電待供尤能亟須設法電力解決充分供給需要自非充實設備不為功經董會議　行政院對收重置發電機設備費按月存入國家銀行專款存儲以備擴充

(2)取締竊電　公司因竊電所受損失之重大已如上述

重庆电力股份有限公司业务概况及整理经过　0219-2-116

20

(14)

若能嚴密取締當可減輕公司之赤字惟以往檢查人員太少各方連繫亦未臻緊凑致鮮成效茲遵照整理方案乙項第三節之規定經令本公司用電檢查組組織增設熟悉業務之幹練人員若干人不斷執行檢查任務惟公司人員能於抗戰時已漸減少而整理方案內規定為須裁減人員以節開支若再向外增僱殊違緊縮之旨因就本公司各單位中擇其適宜於外勤工作者隨時調派檢查組工作庶幾雙方均得兼顧於整理方案乙項一三兩節亦能符合也

（15）

（3）機關學校優待辦法之實施　整理方案丁款一二兩項規定優待機關學校用電關於一項詳細計算用電數量本公司已擬具辦法「照安培計算每安培每月用電在十度以內者依丁款二項規定照普通電價三分之一付費每安培超過十度以外者超過電度照實際電價付費」辦法公允本公司已呈最大議決業已報請公務局核奪辦理關於二項優待付費辦法本公司已自本年一月份實施中間除三分之一由各機關學校付現三分之一由本公司優待外其餘三分之一原案

重庆电力股份有限公司业务概况及整理经过　0219-2-116

重庆电力股份有限公司业务概况及整理经过　0219-2-116

22

（16）

知照，請中央補助本公司，已具呈 市政府請於五月二號
轉由公司列表賣請 市府先行照數撥付，再由 市府轉請
中央撥還，以免往返時間，而資維繫。迭經呈懇，迄未奉復。
上項記帳電費，迄五月份止，已達三億餘元之多，公司經濟
困難萬昭， 市府之早鑒於此也。
（甲）取締黑市電表　自公司改組以來，一般不肖之徒
利用機會，造成黑市電錶，交易行為，以致黑白不分，影
响公司信譽至大，前經設法取締，改善辦法已經擬具

重庆电力股份有限公司业务概况及整理经过　0219-2-116

（17）

23

逐漸趨入正軌目前辦理情形分別縷述於次
（五）考核合法用戶　過去電錶一經停閉之開放之說即是一人登記若干電錶之件及至合格登記即為公司保押金收據以證明用戶果為賣出買主自向公司辦理遷移過戶手續現在須由用戶自備電表本公司始能接受租業戶以前之頂費而出售之電表除查明係屬直接用戶實因其之房屋轉給遷移而不經公司批准在新址另租業權者共計若干查明了實不符其規定有違意述

24

(18)

複通戶更名用以防止轉賣行爲藉以杜流弊之不
合理現象而使業務漸臻上軌
(四)改善收歸用戶自備電表辦法　過去公司收歸用
戶自備電表辦法未臻完善使不肖之徒利用機會
造成黑市交易現在除已由公司函各報登載所謂收歸
自備電表辦法外今後凡用戶自備表裝電表者取原
裝用戶不收押金並須用戶親至公司辦理手續謝絕
請託代辦至以前已收歸而未裝出之錶亦得予有遷移更

重庆电力股份有限公司业务概况及整理经过　0219-2-116

25　(19)

各過户情形可望自可減除若干流弊亦可借釋用户

種種誤會

(七)請求事項

(1)請求調整電價　本公司電價向由政府管制收不

敷支歷受虧累現雖已請加價然數量甚微仍不足以

平衡收付依照六月份計算公司即(仍)須虧折九億餘元七

月份的各售煤公司已告煤價較上月增加一倍預計又須

增加支出五千億之巨而員工以生活高漲須給請救濟而

收支表所列赤字九億餘元實際尚不止此此項即公司現狀已難維持遑論償還舊債更遑論改進設備本公司為渝市唯一動力之源關係民生與國防至鉅似不能聽其趨向崩潰之途復查渝市生活指數根據官方公布為一萬七千餘倍而本公司電價則為戰前之兩千九百二十倍不謂之賤殊非情理若以為公用事業不能過貴則市價等量齊觀然反觀政府主辦之郵政電信民營之公共汽車輪渡及車船莫不隨之萬倍以上本市以輪渡

27

（24）

百数低亦達六千三百余倍即与本公司并称之自来水公
費率亦增至九千九百余倍等此其時所謂公用事業因其
收費比率如何厚薄之懸殊至此甚於以上各理由應請
整理會詳公動力之情形予調整維持本公司之生存即
所以維護市民之福利也（附比較表）
（二）請撥發協助學校補助費 本公司善後整理方案
丁款一二兩項之規定對於協助學校自元月份起實施依
該案中照規定三分之一設法請由 中央補助此項設法

重庆电力股份有限公司业务概况及整理经过　0219-2-116

28　（92）

全部截至五月份止之達三億餘元本公司已代付三分之一即已損失至三億餘元之多此項補助費用若不早當撥發則息金之累積半年以後即收回亦等於零本公司實難負此雙重負擔前經具呈　市府請求墊發以輕息累應請整理會諸公主持公道代爲籲請本公司本息

(3)低價撥用學校之損失請按電氣廠比例負擔　本公司撥用各廠電達三千瓩占發電總數至四分之

30

一年間因變壓關係自然損失巨大，若依錶兩法各廠不
比例負担殊欠公允，前已電請工務局轉知各廠照實際
依錶度數比例担負，當此整理實誠公司為主，惟以減債
累為要耳

重庆电力股份有限公司遭遇之困难　0219-2-186

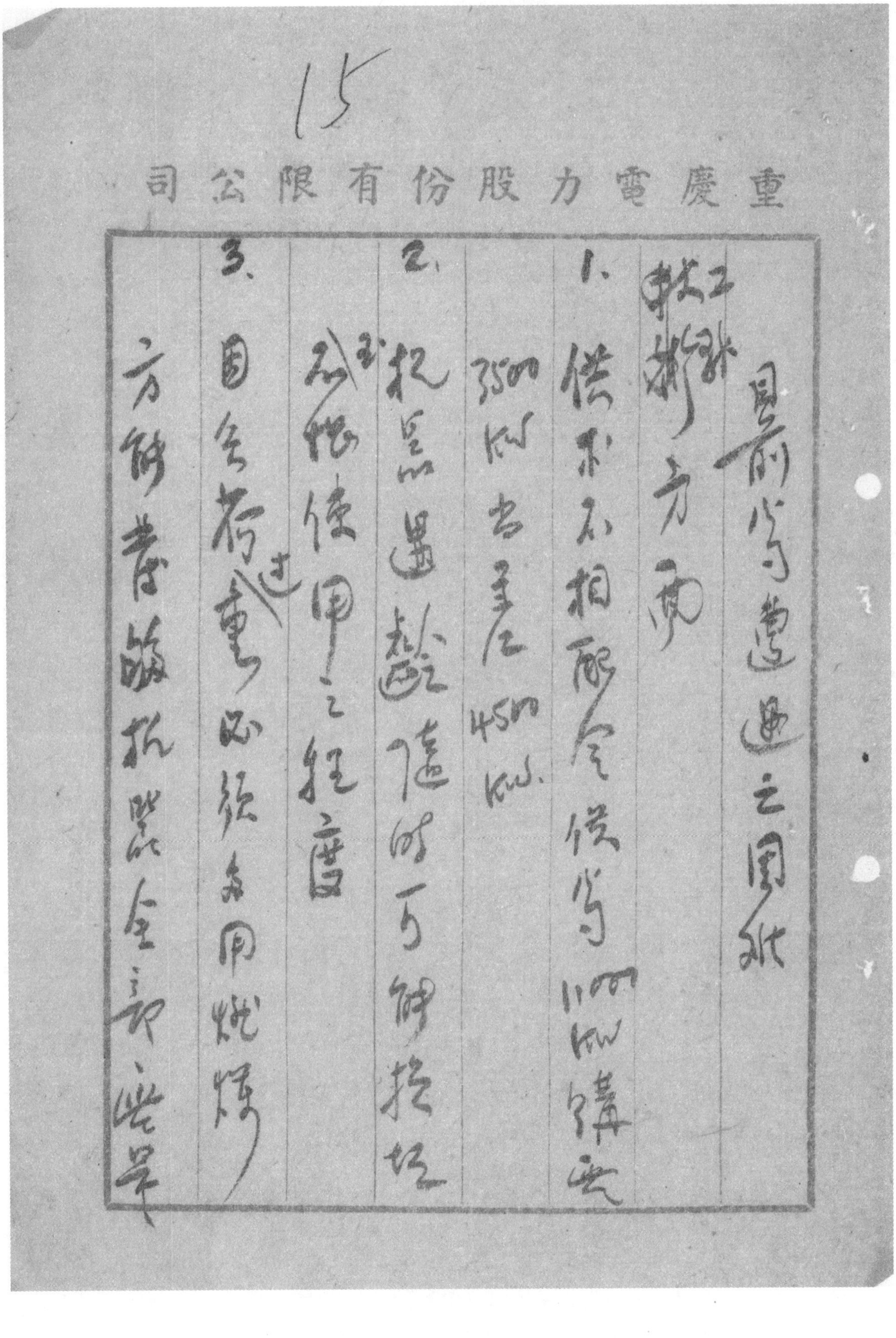

15

重慶電力股份有限公司

目前所遭遇之困難

工程技術方面

1、供求不相配合　供給1100kW　需要

3500kW　最多達4500kW.

2、機器過舊　隨時可能損壞

缺乏機使用之經驗

3、因負荷過重　必須多用燃煤

方能普遍檢修全部、鍋爐

16

重慶電力股份有限公司

兼以所用煤屑太劣，夾石甚多，至
極難將夾石內泥巴全予燃燒過

4、供應線路過長，兼又太細，迄無
器材充實調換

5、電表缺乏，無力全部供應

業務方面

1、竊電無法取締

2、機關學校不付費

重庆电力股份有限公司遭遇之困难 0219-2-186

重庆电力股份有限公司遭遇之困难　0219-2-186

17

重慶電力股份有限公司

乃積虧損失
矣市民不相諒解
再外匯甚高而價訂電燈照明每
度外匯換率隆每燈表一只現
僅值四十餘萬元而價訂收燈表
押金每只僅[illegible]元所訂裝表一只
即須繳付四千餘萬元每月付金即
須四萬餘元而訂收電費是否即

重庆电力股份有限公司遭遇之困难　0219-2-186

18

重慶電力股份有限公司

能達到四萬條之贊成局面一萬四
[illegible]表千馬[illegible][illegible]數四億條四數
又[illegible]何[illegible]

103-1

重慶電力公司之現狀

竊公司自三十二年七月調整電價後，迄今一年有五閱月，電價未蒙調整，而一般器材與發電成本莫不繼漲增高，最高者已達四五千倍，如方棚油等，是以致公司成本負累，虧損甚深，早蒙社會人士所洞察。嗣經公司不斷呼籲，分別呈請，復蒙社會輿論之協助，始荷政府核定不准加價，自本年六月份起，每月補貼壹千萬元。是時公司虧賠每月已達弍千五百萬元，政府補貼之數，數仍難維持，復經分別陳明困情，並請派員核計實需成本，合理增加補助。旋閱報載，國家總動員會議業經採納市政府原送之第二項意見，自本年十月份起，每月增加津貼壹千萬元，合計按月補助弍千萬元。公司雖尚未獲明令，具見政府洞悉民艱，體卹週至，尤以主管當局之明察，代陳周詳，雖在准予貼補及增加貼補以前，公司早已深受鉅額虧賠，至今負債鉅萬，仍然無法填補，但際茲時會，以本公司素日忠誠服務之精神，以及服膺政令之誠悃，自應黽勉將事，先其目前之急，惟是尚有若干亟待解決之困難問題，以及最低限度之希望，殊有不能已於言者，謹畧陳其要，伏乞鑒察。

重庆电力股份有限公司之现状　0219-2-116

甲、亟待解決之困難

(一)供應不敷之實情　本公司各發電廠之總共發電量為壹萬壹千瓩，是為公司之最大發電量，經據估計公司所有供電區域之需要量最低限度約為兩萬瓩，供求不能平衡，遂致機炉負荷過重，電壓降低，形成燈光不明、馬達轉慢之現象。在每日午後五時至十一時電燈已開、工廠未停之時間，問題尤為嚴重，多數用户因是改用較低電壓之調節變壓器，改換馬達接線方式，或使用較大之馬達，以致電壓愈弄愈糟，燈光愈益暗淡，此經常之現象也。近來到廠燃煤量既不多，品質尤壞，掺雜沙泥石塊已達百分之四五十，常使鍋炉無法燒用，更無從燒足額定汽壓，被迫拉去一部份用電，以資維持。凡此種種，不但經常阻碍電壓，且更增加機炉損傷之程度，公司各廠機炉七八年來日夜開動，未曾有一刻之休息，並非如戰前電廠尚有備用機件，故遇任何一廠機件發生故障，必須停電方能修理，該廠供電區域亦勢必全部斷電。機炉故障時有發生，則停電次數自亦隨之增加，且難事前報告。此為最近時常停電之原因，亦為公司最大之痛苦。一般用户對於時常停電莫不責怨紛至，殊不知公司之苦衷以及所蒙損傷更有難於盡言者。

重庆电力股份有限公司之现状　0219-2-116

103-2

（二）燃煤問題之嚴重　近來燃煤不但本質太劣，燒不起汽，以致發電深受影響，且受因價格及生產關係，時常斷絕，不但益增調度之艱，且偶一不繼，即迫而停電，影響所及，尤爲不堪設想，最近兵工署第五十兵工廠亦因煤源斷阻，竟至停電，致本公司所購以轉供之電源，亦告斷絕，以五十廠地位使命之重大，調度指使之便利，亦致發生此種現象，則本公司燃煤問題之嚴重，已不言可知。竊查本公司每屆冬季均有存煤，以應緩急，在本年三月以前，公司尚有儲煤約式萬噸，嗣因電價限制，無款購煤，不得已陸續燒用存煤，至於罄盡，現在各廠均係隨到隨燒，雖欲購儲而不可得，幸蒙主管機關加力協助，并派專人負責主持，公司尤不避艱難，全力以赴，得以勉維現狀，惟似此朝不保暮，隨時可以發生問題，故加緊儲煤，實爲當務之急。

（三）材料不濟之困難　與存煤同一情形，因不合理之限價，使公司所儲材料，逐漸應用，未獲補充，現所存者數量日少，且不齊全，銅綫僅存二十噸，高壓磁瓶、接户材料等存量更微，方棚油早已告罄，以致綫路方面應調整改善者，無法辦理，如遇空襲，更將不堪收拾。透平油僅敷一月之用，機爐配件所餘殘微，疊請政府代向國外定購，尚無消息，至爲危險。其須轉向國外定購者，因貴

重庆电力股份有限公司之现状　0219-2-116·

時間即在圖內可以收購或製造者，亦不能即得，亟應趕速補充，以免青黄不接。

(四)竊電用户之增衆　本公司負荷增重之第二原因，即為竊電之風加厲，公司力薄權微，無法取締，以致此風逐日加漲，不但公司之負荷日益增重，且於公司收入方面，亦蒙重大影響。茲據統計，公司每月抄表度數約為發電度數之百分之七十，除線路損失與自用外，即以百分之十五計算，每月損失亦達六七百萬元，故竊電在本公司實有雙重之損害，根據調查，竊電用户約可分為二類，一為呈請裝用未獲核准者，不得已而出於竊用，一為軍警憲機關之強行無表用電，或雖有表而延不付費，諸一般公務機關辦公費用原甚短少，或將來電費之預算，然在公司實無負擔此種損失之責任，倘能加以合理之取締，則不獨公司負荷可以稍趨平允，即收入方面亦可隨以增加，以減少本公司之虧累也。

重庆电力股份有限公司之现状　0219-2-116

103-3

乙、最低限度之希望

（一）發電量之迅速增加　欲求增加今之發電量，不外有二途：（1）以政府力量由美國訂購機爐，飛運來渝，裝置備用，惟機爐面積甚巨，是否能運，尚是問題；（2）自有動力之各廠儘速自謀發電，并以所餘電量售由公司轉供。凡此二者，仍以後者較為簡而易行，且易有效。公司數年來迭經詳列本市自有發電設備之各廠名及其可發電力量，以及可能轉售電量，呈請主管政府轉呈最高當局，分飭限期實行，聞現已邀蒙核准，仍望社會輿論一致催促，俾能早獲實現。

（二）燃煤與器材之趕速購儲　燃煤等器材問題之嚴重，以及亟待購儲之必要，前節業經詳敘。茲據估計，但求先將本年三月前本公司所有存煤兩萬噸予以收緩，即需價款四千六百萬元；材料之補充，則需款達兩萬萬元以上，其須向國外訂購者，關於洽購手續及飛機噸位等，尤須仰求政府視同軍需用品，須協籌則方克有濟。凡此二者，亦經詳列表報呈請主管政府察賜核辦。尤望社會輿論力為資助，俾可速底於成。

（三）津貼不敷之補貼　燃煤為發電之主要成本，故電價向係隨煤價調整，本年三月煤又加價，電則未准，故成本之負累益甚。

重庆电力股份有限公司之现状　0219-2-116

原請自三月份起予以補貼，但政府係核定自六月份起，其間三至五月三個月之虧損仍然無法彌補。又據報載最近核准增加之壹千萬元係自十月份起，則六至九月四個月之不敷部份仍未解決，所有增加補助之壹千萬元似應自六月份起，其三至五月每月壹千萬之津貼，自亦應一次予以補發，俾能稍資填補。

（四）國營與民營之平等待遇與一般官制　謹遵　國父遺教，民營事業原在政府扶植獎勵之列，惟現行官制辦法、國營與民營事業之待遇相距懸殊、已深受社會輿論之指責。即以國營電廠而論、既能享受平價物品之供應、復可豁免一切稅捐、成本之負擔、已較民營工廠大為輕減，照理對於效率方面、尤其是電價方面、原應具有示範之作用，以領導民營事業，至少亦應以較低之成本發揮較高之效率，并以較廉之價格供應社會。然揆之實際，則大謂不然。譬如宜賓電廠二月份電灯價每度為十四元、電力價每度為七.〇元，十一月份即增為電灯價二二元、電力價為二五.二〇元。自流井電廠二月份電灯價為十四元、電力價為十一元，十一月份即增為電灯三一.五元、電力三四.三元。貴陽電廠二月份電灯價為十五元、電力價為八元，十一月份即增為電灯

重庆电力股份有限公司之现状　0219-2-116

163-4

五六元，電力價為五十元，而本公司之電價則自三十二年如月份以迄於今，已達一年有半，閱月電灯價仍為十元，電力價仍為五元，則是國營電廠不但無示範之作用，且較民營電廠價格波動甚劇，以較廉之成本，反出以最高之售價，已甚不平，且其價格之調整，復毋須通過若干管制，但由其直接主管之政府核准，即可實行，則是政府之管制政策，徒以重複限制民營事業，使其竭力斷續，無從發展，揆之統制經濟之真諦，實亦不甚合理，今後擬請國營、民營事業須受同等待遇，且須受同等之管制，俾民營事業可謀正常發展，以負起應盡之責任。

五、竊電之取締與黨政軍警機關付費辦法之實施

竊電之影響，前已詳敍，公司力量不及，似亦須政府加派憲警切實予以協助，俾可一面減少公司之負荷，一面提高國民之道德。前訂黨政軍警機關用電付費辦法，係經約集各有關當局開會所決定，辦法甚為平允，易行，尤望迅予呈請最高當局通飭實施，發電前途實深利賴。

凡上所陳，均係犖犖大者，公司在事員工已竭其最大之努力，縱有萬難，亦無不全力以赴，惟望政府特予援救，社會加意贊助，俾保持此後方唯一之動力，而可繼續為國効力，以達抗戰建國

重庆电力股份有限公司之现状　0219-2-116

最后使命。

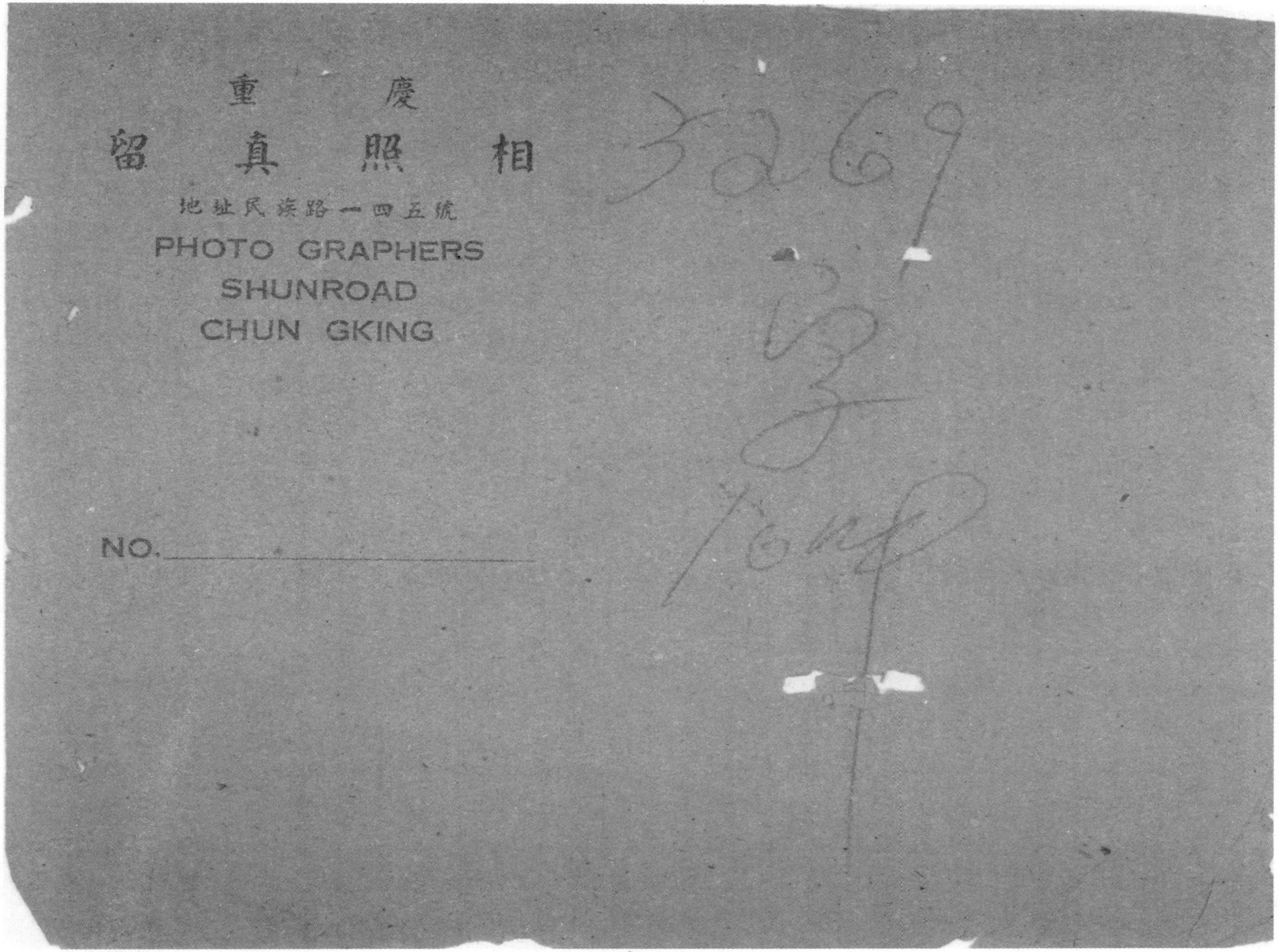

重庆电力股份有限公司执照　0219-2-191

重庆电力股份有限公司执照 0219-2-191

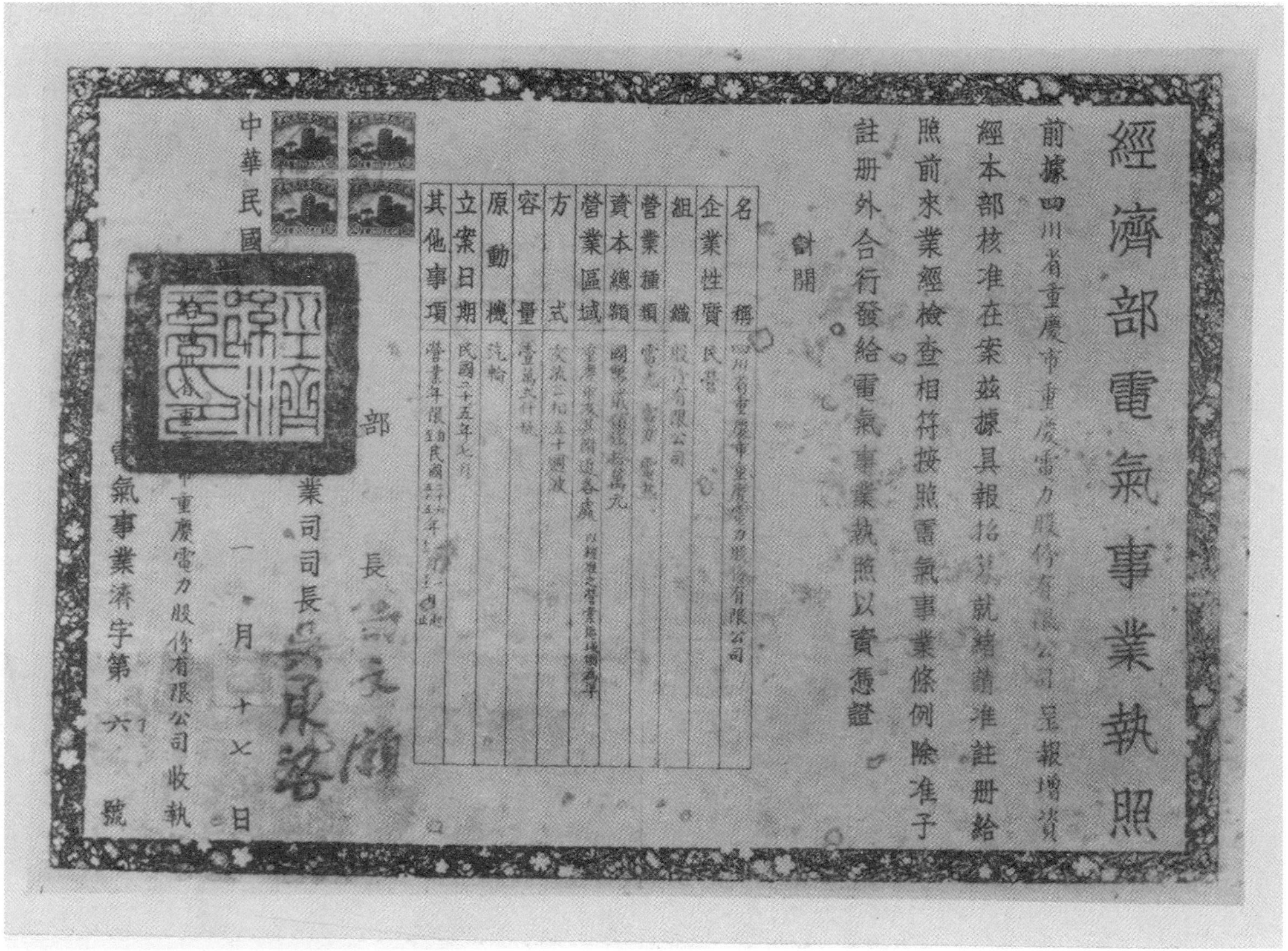

經濟部電氣事業執照

前據四川省重慶市重慶電力股份有限公司呈報增資經本部核准在案茲據具報招募就緒請准註冊給照前來業經檢查相符按照電氣事業條例除准予註冊外合行發給電氣事業執照以資憑證

計開

名稱	四川省重慶市重慶電力股份有限公司
企業性質	民營
組織	股份有限公司
營業種類	電光 電力 電熱
資本總額	國幣貳佰伍拾萬元
營業區域	重慶市及其附近各處 以經准之營業區域圖為準
方式	交流三相五十週波
容量	壹萬弍仟瓩
原動機	汽輪
立案日期	民國二十五年七月
其他事項	營業年限自民國二十六年[illegible]起至民國五十五年[illegible]止

部長 [illegible]

業司司長 [illegible]

中華民國 [illegible] 年 一 月 十七 日

電氣事業濟字第六[illegible]號

重慶電力股份有限公司收執

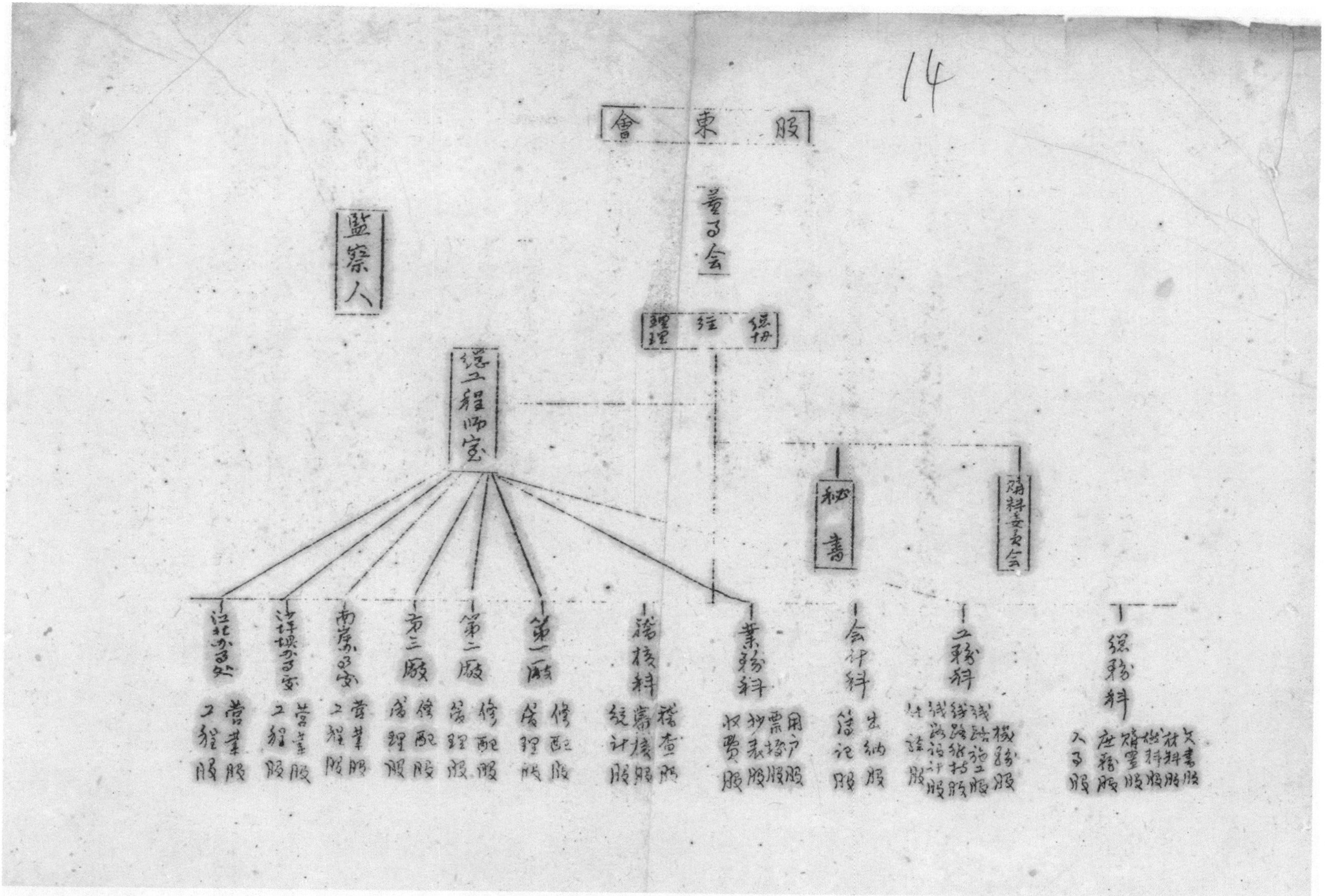

重庆电力股份有限公司组织系统表　0219-2-70

重庆电力股份有限公司维持现状之意见　0219-2-116

62

D169 (B)

重慶電力公司維持現狀之意見

竊自本年三月煤價變動後，公司電價未准比照調整，雖蒙政府核准自六月份起按月補助一千餘元，并儘量節省開支，裁汰員工，仍屬難以維持。實際虧損情形及種種困難問題，已蒙派員考核，本毋待贅述。第公司前途岌岌可危，事關國防，不容停頓，是以不敢緘默，謹將亟待補救并仰祈政府予以維持者點，略陳於左：

(一)燃煤之補貼。補貼數月以來，為何補苴罅漏，以資掙扎者，一為燒用存煤，在三月以前，公司共有

閱　十六

63

（二

平油僅敷一月之用，機體配件，兩俱缺微，尤為危險。且材料之補充，比之燃料猶多困難，須向國外定購者，因費時間，即在國內可以收購或製造者，亦不能即得。亟應籌即補充，以免青黃不接，大略估計約需數萬萬元。刪（另有詳表）其須向國外訂購者，關於派購手續及飛機噸位等，仍須仰求政府視同軍需用品，特予提前運輸，期能濟急。

（三）供電不敷之補救：自本年五月第二廠一千瓩機爐修復并向五十兵工廠購電，轉供水泥廠及南岸龍門浩一帶後，方始輸流停電辦法，得暂形消。数月以来，新户受政府限制，增加尚不甚多，但冬季用电，恒较夏季为高。现二厂已满负荷，一三两厂亦已逾负荷，一厂负荷尤高，自昼至夜均超过机量，上夜须超过百分之二十以上，发电之压已降至四千伏，万不设法补救，恐终坏机，分区停电不可。现五十兵工厂之购借合同已满期，要求呈请政府补助，并停止借给水泥厂用电，正在委曲洽商，万一发生波折，则问题更为严重。而有第二十一、第二十四兵工厂及自来水公司等，各有发电设备之厂家，拟请政府促进发电，以期配合。

重庆电力股份有限公司维持现状之意见　0219-2-116

重庆电力股份有限公司维持现状之意见　0219-2-116

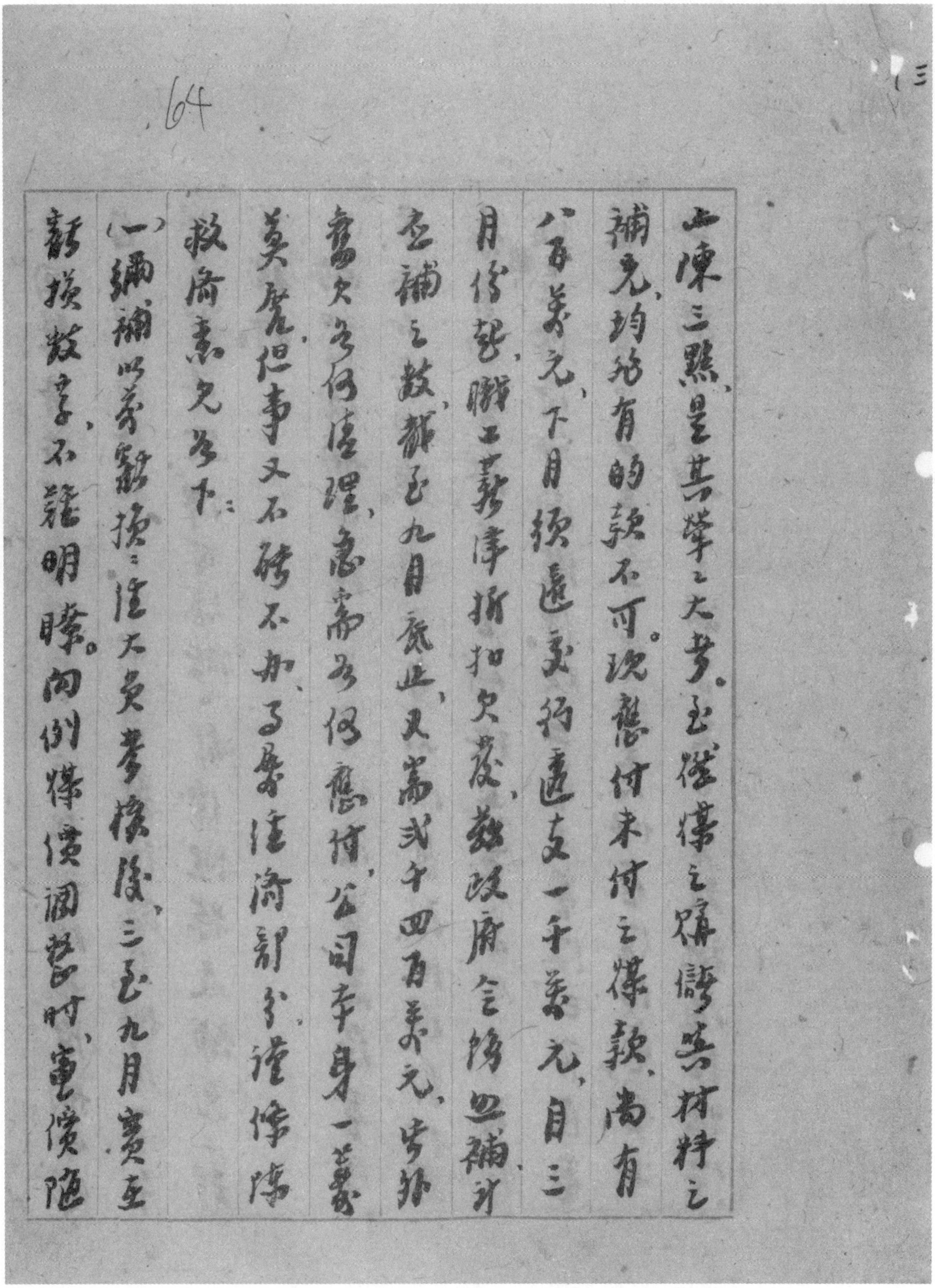

64

三

此陳三點，是其犖犖之大者。至燃煤之購儲、器材特之補充，均非有的款不可。現應付未付之煤款，尚有八百萬元，下月須還聚行透支一千萬元，自三月份起，職工薪津折扣欠發，數政府令飭照補，計應補之數，截至九月底止，又需貳千四百萬元，此外需欠無何清理，急需無從應付，公司本身一籌莫展，但事又不能不辦，乃懇經濟部予設法維持救濟，意見如下：

（一）繼續以前辦法：經大會議決，三至九月實支薪津數字，不能明瞭。向例煤價調整時，電價隨

重庆电力股份有限公司维持现状之意见　0219-2-116

予調整，并按煤價調整之月起，政府補助，係自六月起，而有三至九月竣接數月，擬請一次予以全部津貼，俾可籌備一部份燃煤及補充一部份材料。

（二）酌加以後補助：從太高者核減，實需發電成本，亦不難明瞭。公司本身不圖獲利，但求對於國家有所貢獻，希望能按其實需成本，多撥貼足，俾得勉圖維持。現在電力電價，已超過電燈電價一角五分五一度，消費似電燈用電，盍亦照收調整費。此調整費之基數，擬照按煤價

重庆电力股份有限公司维持现状之意见　0219-2-116

65

（7）

且電價調整燃料與其他器材及有關管理費用之一部物價，同時亦上漲，故本公司調整費用之基數擬請酌予提高，前請政府一面電力與電燈一律辦理，則電價可以不加亦不必另由政府補助。目下電價康於任何燃料較低廉，電燈而外，尚有以之煮飯煮水等，并施於動電，查其範圍，似亦宜予糾正。聞本由公司供電之巴縣電力公司區域由該公司供電後，該收電力二十五元，電燈四十元，同屬民營，至其能必採貼補辦法之原則下，對於各地之電價，擬請重予以考慮。

重庆电力股份有限公司维持现状之意见　0219-2-116

（三）协助政府节电。公司抄表度数，约为发电度数之百分之七十，除线路损失与自用外，即以百分之十计算，每月损失即达四五百万元。公司于本年二月加强配线组织，办理以来，虽稍有成就，但距离理想仍远。窃电用户，可分为二：一因限制新户不能正式装表而窃电者，照月费估意性酌予限制，诚非得已，纵用费自用，徒增窃电而已。故实施各工厂用电时间调整，希望开工时间提早，其所需二十四小时继续用电者，至上灯时停止用电，则电力兼顾，限制政策即可取消。另

（七）

一方党军警与部队机关，每藉词经费无着，不得不节用，有责不付费者亦多，此尽系代政府负担，前曾洽商政府附加价，但饬公司力予和解，及拟请政府即实予以推动，或由党军部主管机关统筹，划由政府贴补，以恤商艰。

四、请求豁免纳税捐，公司以连年亏损，已请免缴营业税，以公司并非公营，损益不济，实则公用事业不以营利为目的，同受政府严制，公营私营并无差异，公司现已亏损，已不克维持，拟请特准于抗战期间或未有盈余以前，缓征营业

重庆电力股份有限公司维持现状之意见　0219-2-116

重庆电力股份有限公司维持现状之意见　0219-2-116

號、免再增加損失、至累國庫補助、以符政府維護之至意。

（五）增加週轉貸款：查本公司週轉需資、曾經政府特由四聯總處、撥備燃料油料抵押借款、增加一千五百萬元、全部資產抵押借款、增加二千萬元、本年度須依照前案核准再舉。現在儲備材料及償付積欠等、所需更鉅、除薪工一項擬請政府予以貼補外、所差尚鉅、平時週轉尤感竭蹶、擬請迅予特為酌先增貸四五千萬元、藉濟急需而紓喘息。

67

（六）

（六）提高折旧数额：现查因不提折旧数目，遵照政府规定月得二十万元左右，而随时所添补之器材，其价格无不万千倍于从前，此时照出入帐，战争一了，物价平复，即将负出万千倍之损失。本有机炉等各种设备，但抗战以来日夕不断之使用，与机械连年转动之害损，实已告达其经济之寿命。若不特许提高其折旧之数额，则此每月二十万元之数字，绝不足以储备新机，延续营业，将为必然之事实。故拟请政府顾念其对于国家不无贡献，与其他工厂

重庆电力股份有限公司维持现状之意见　0219-2-116

情形不同，特许提高其折旧率、至必需之数字、假定为原数定之二十倍、以延续公司之命运。如上所述，仍不过为临时救济之办法，期能维持一时、勉为国用而已。目下负债已达八千余万元、动用电费押金、电费保证金及各种准备等约八千余万元、现在应付未付之煤款、应发欠发之薪工、又逾三千余万元、一面又须急切筹措燃煤、补充材料、而原有设备、则损已达其经济之寿命、故公司本身实早已至不堪设想之地步。如何使其克负使命？如何使其弥补亏

重庆电力股份有限公司维持现状之意见　0219–2–116

68

（2）

然；更無何使其有還債之力量、而任長期需用
電之戶分負其費用；除酌籌調整電價而外、
似祇有仰懇
政府准予給金、寬其補助而已。謹陳概略、
伏祈
垂察。

附件

重慶電力公司臨時維持委員會

重庆电力股份有限公司近况　0219-2-116

81

重慶電力股份有限公司稿

事由	新聞稿
送達機關	
文別	
附件	
總經理	月　日
協理	月　日
主任秘書	月　日
秘書	月　日
文書股主任	
擬稿	一百零
卷號	
收文電字第　號	
發文電字第　號	
會章抄送	
民國三十一年	
繕校	月　日
用印	月　日
封發	月　日
歸檔	月　日

重慶電力公司近况

記者以本市電力問題日趨嚴重，近且實行自本年十月起分區輪流停電，向有臨時停電情事，關係國防工業同用電生產及市民生活至爲[illegible]，特走訪電力公司負責人，承告該公司近况及擬採用[illegible]

重庆电力股份有限公司近况　0219-2-116

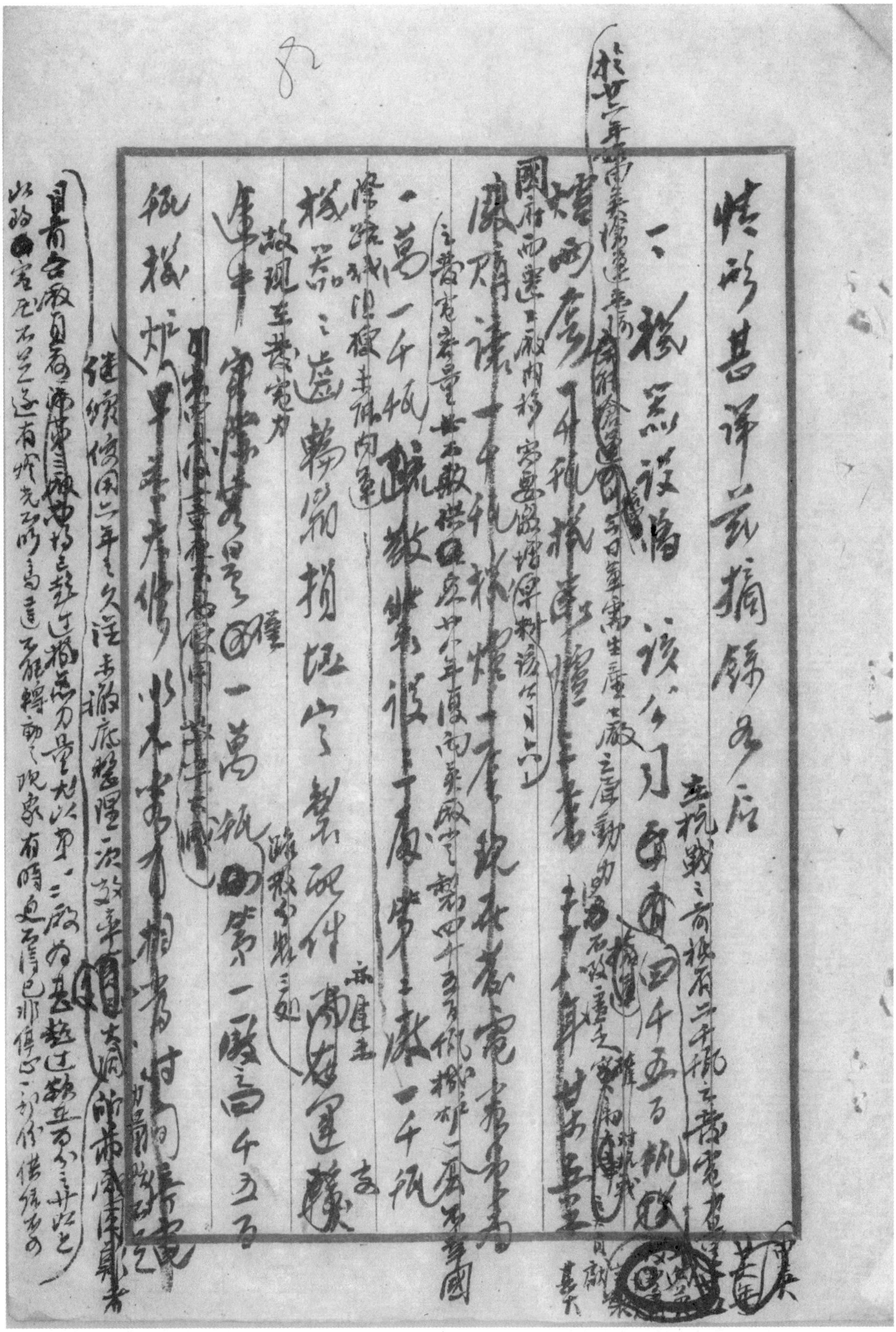

重庆电力股份有限公司近况　0219-2-116

83

查該公司鍋爐[illegible]要無後備鍋爐遂有

均須修理第三廠鍋爐將[illegible]初設力量消耗[illegible]

損均長期使用毫無休息目前凝汽器發生

障礙[illegible]停電[illegible]非修理工亦及等待鍋

爐冷卻即非二千度高熱下加吹冷風方能爬入爐內

中工作每五分鐘須換[illegible]其[illegible]

班沿[illegible]種困苦情形非局外[illegible]所能了解者也

[illegible]轉爐搶修後電機前者[illegible]沒爐身[illegible]

人知反以為怨也除定期修理外臨時發生故

障之事或停供一部份電流即予快迅速修

84

將來不及先期登報者，亦求用戶諒解，此我工作困

難處也

該公司於二十八年向英廠定購大機（四千五百瓩）機爐一套

鍋爐運抵海防，機器則英製，後均未能運入

最近中國汽車公司雖以昆一千瓩機爐移

讓渝市，近聞亦未實現，本市目前現電設

備多已殘舊不敷，自行發電廠除機器產達の

五年之久，亦只謀積極業置，遂建設電力內容

重庆电力股份有限公司近况　0219-2-116

185

無比，加縣市用戶又復日有增加，舊有工廠
亦擴充設備，不予供電，阻滯生產，勢必供電
不勝負荷，兩狀之苦莫過於此。
二、線路設備　該公司戰前供電區域甚
小，線路設備本有外，補存供電材料非不相當，
戰後，應用戶要求安裝，陸續擴充，今日線路已達
歌樂山、新開市、磁器口以上，[illegible]李家沱、
大興場、寸灘、[illegible]茅溪等處，市區線路達

86

遵造[illegible]補充之材料早經開工[illegible]

已向四川[illegible]

[illegible]運中材料因物價[illegible]

[illegible]前工作於極端困難下力求從電纜續接

全已收獲相當效果。

三、燃煤問題　該公司月需燃煤約八千餘噸

[illegible]按照所需之數[illegible]

庫無存煤，隨到隨用，煤船偶有延誤，即

停電待煤，運到之煤[illegible]多半[illegible]

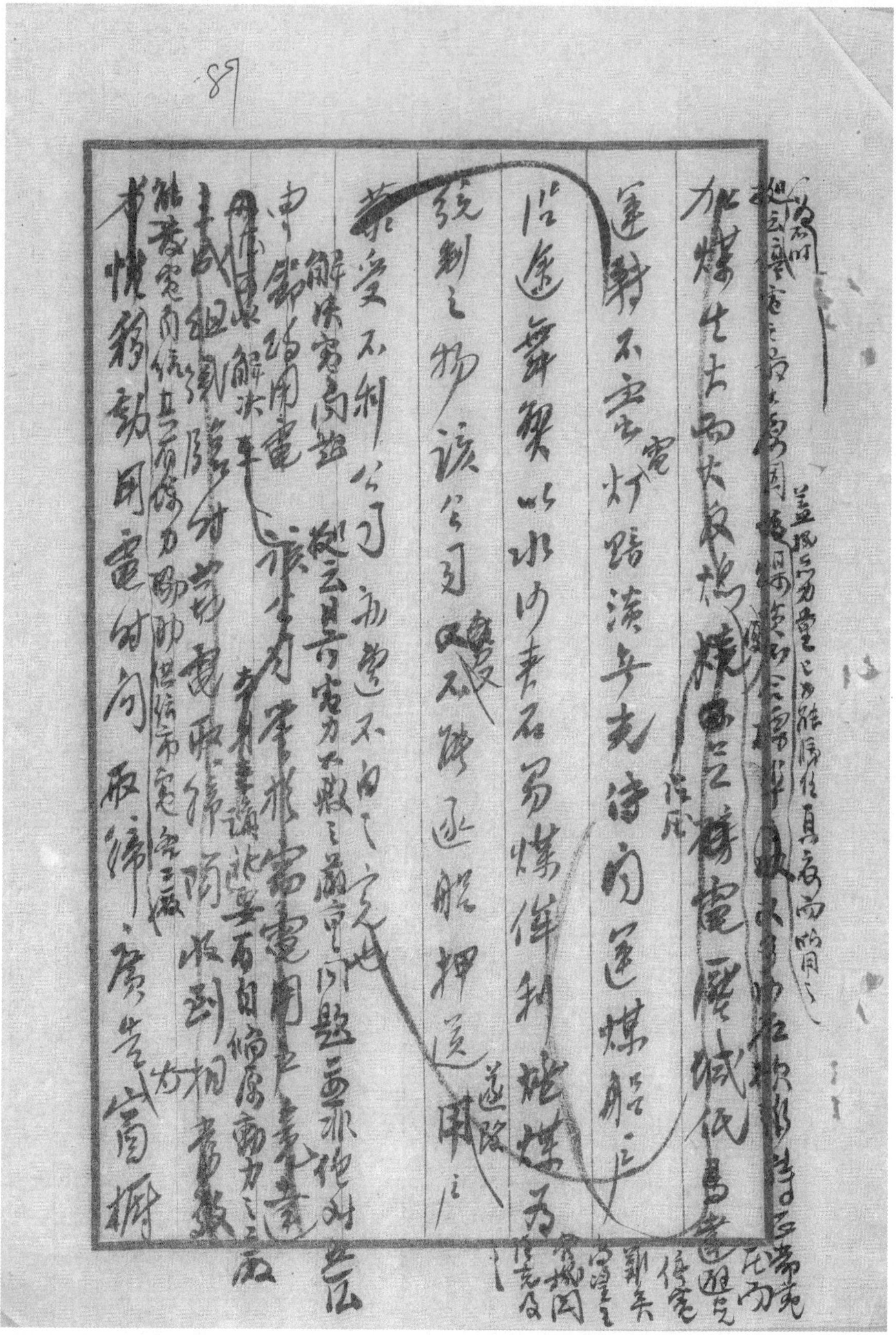

重庆电力股份有限公司近况　0219-2-116

重庆电力股份有限公司近况　0219-2-116

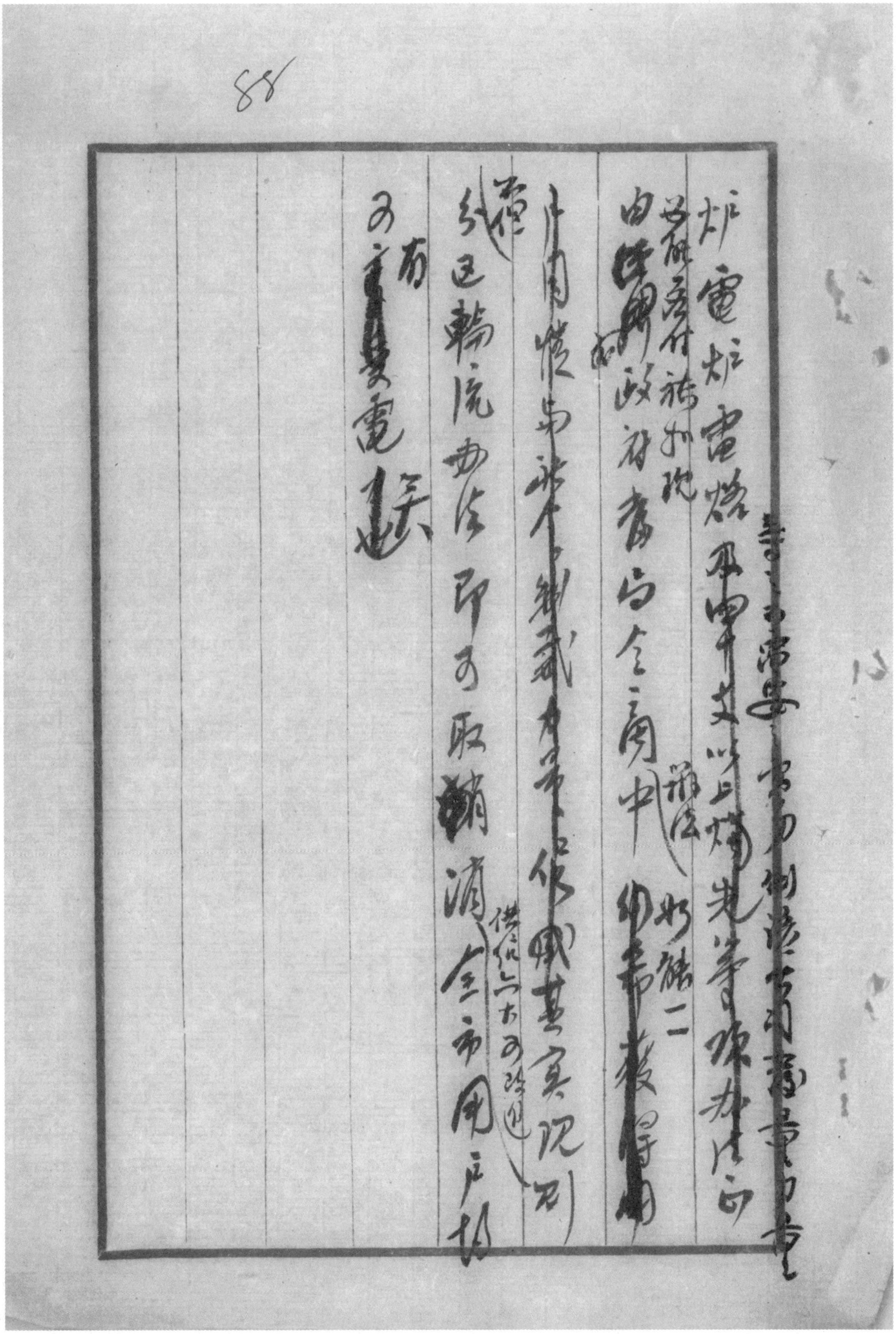

重庆电力股份有限公司近况　0219-2-116

89

業机関、值此生活高漲時期、其何以安其心而竭其力、此工作方面之困難也、

以上各端、不過摩其犖犖大者、總之本市為抗戰首都、電力電灯關係綦重、公司同人職責所在、能應就其力之所能及者、不辭勞怨、務圖進展、至力之所不能及者、則希政府諸公及社會人士維護與諒解云、

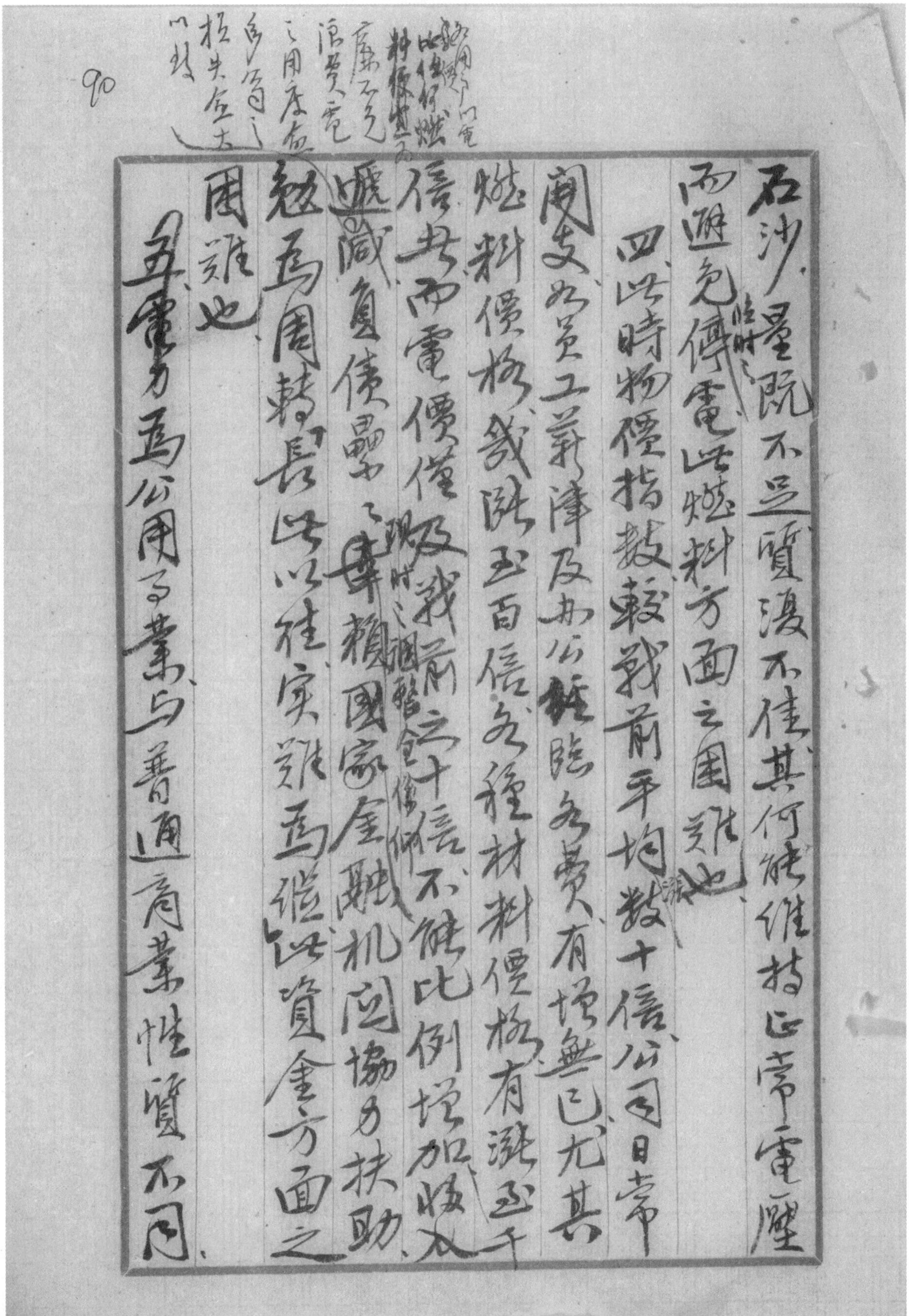
石沙量既不足，質復不佳，其何能維持正常電壓而避免停電，此燃料方面之困難也。
四、此時物價指數較戰前平均數十倍，公司日常開支如員工薪津及辦公臨時各費，有增無已，尤其燃料價格戰時至百倍，各種材料價格有漲至千倍者，而電價僅及戰前之十倍，不能比例增加收入，遞減負債纍纍，非賴國家金融機關協力扶助，勉為周轉，長此以往，實難為繼，此資金方面之困難也。
五、電力為公用事業，與普通商業性質不同，

重庆电力股份有限公司近况　0219-2-116

重庆电力股份有限公司近况　0219-2-116

公司所有員工尚能黽勉從事，當敵機轟炸時，所線路之迅速恢復、材料之供量補充，其成績之表現於外者，曾蒙社會人士贊許。至平時之艱難困苦則知者也尠。蓋公司員工有限，工作地點又形分散，因交通工具之不敷、電話機之不能普遍裝設，致聯繫上、指揮上均感不便，總以今日員工服務精神之振奮，未嘗延誤，多機其在廠方職工尤為艱苦，因各廠無後備鍋爐，爐周遇有障礙，復不容停電，遇久常不待鍋爐冷卻，即於高熱度之下入爐工作，每五分鐘換班一次，其待遇並未能高於其他商

92

爐繼續使用六年之久從未徹底整理一次致效率已
大減目前各廠負荷均已超過機器力量尤以第一二廠為
甚超過額定百分之二十以上以致電壓不足遍有燈光不明
馬達不能轉動之現象有時迫不得已非停止一部份
供給不可力量既不足各廠又無後備鍋爐遇有障礙
後不停電過久或工常不及等待鍋爐冷卻在高度
熱下爬入爐中工作每五分鐘須換班一次此種困苦情
形外界鮮能了解者也

93

二、线路设备 该公司战前供电区域甚小战后需用日增，陆续扩充今日线路已远达新南市磁器口上游陆家溪李家沱大兴场寸滩茅溪等处[illegible]云以往存储材料非不相当乃频年遭敌机惨炸损失甚钜补充不易维持至感困难最近该公司已向四联借贷钜款不顾艰难购储各种材料惟存料量力搜购难运输艰能应实需购料问题已不多云

三、燃煤问题 该公司月需煤斤九千余吨准确数量本不敷用乃各矿商多不能运交足额库无存煤适

重庆电力股份有限公司近况　0219-2-116

重庆电力股份有限公司近况　0219-2-116

94

时常来御西谙熟者对付

到随用煤船偶有延误势非停电待煤不可最近
各矿运来之煤品质日劣渗杂石沙甚多据云为电
压不足与不时停电之最大原因盖机器力量已不能胜任负
荷而所用之煤质复不合标准又多沙石欲维持已常
电压而避免停电难矣当由主管机关注意及之
四、解决电力问题　据云目前电力不敷之处并非
绝对无法补救凡有自备原动力之工厂能发电自给其
有余力者并益可协助供给市电无工厂移动用电时间取缔广

毋需由中时继续工作之

薛肃

重庆电力股份有限公司近况　0219-2-116

95

告灯窗橱灯电炉电烙等不需要之电力则该公司
节电力量常可应付裕如现正由政府当局会商办法
中如能维护一二实现则不但分区轮流停电办法即可取销
继续并大可改进全市用户均可有电矣

二、章程制度

重庆电力股份有限公司营业章程（一九三五年） 0219-2-191

中華民國二十四年

重慶電力股份有限公司營業章程

市政府核准

住址：新[illegible]口模範市場第四十二號

電話：

總經理室六五號　材料股七二五號

總務會計科七二七號　總工程師七二四號

業務科七二六號

工務科二三六號　廠房七二三號

營業股四號　江北辦事處二〇號

[illegible]

用戶注意

①用電裝接裝修工料費用電人如認公司裝或承裝人取價過昂可將發費估單函送本公司轉市評價果有抬價浮索情事得呈請　市政府將該承裝電器承裝商店及電匠列入註銷取締章程內第十二條開除或停止營業資格

②本公司收取各費均係填發統一式印製收據並加蓋印鑑此外並無另付予收費人員如有額外需索訛詐等事一經查明即請報告公司以便查明懲處用戶亦勿以小費賄賂而誤此要例

③公司職員或工匠於執行職務時應對用戶和藹如有不正當行為或故意留難亦宜逕函或密報以憑查究

④用戶通訊時請寫「重慶電力股份有限公司」如交私人倘有遺失恕不負責

⑤電度表上封條及表鉛及其他一切封鎖均本公司之附屬物用戶不得損壞否則照章處罰

⑥凡已報裝電燈用戶有向本公司詢問事件及聲請校驗電表修理線路者務請照報裝戶名街巷門牌號數註明函內以便調查派工辦理否則因查而致遲誤恕不負責

⑦月費收據須注意保存下次退保證金時核交最近三個月電費收據連同保證金收據一並交來以免因查賬而致遲誤為盼

重庆电力股份有限公司营业章程（一九三五年） 0219-2-191

重慶電力股份有限公司營業章程

第一章 總則

第一條 本公司一切營業均依本章程辦理之

第二條 本公司營業計分三種如左

甲，電氣之供給

(一)電力 凡以電氣為原動力之用者均屬之但不能以電動機拖動發電機為電燈之用

(二)電燈 凡以電氣為照明之用者均屬之家用電器除另有規定者外均照電燈計費

(三)電熱 凡以電氣為烹飪取暖及其他發熱之用者均屬之

乙，特種電氣設備之設計及裝置

丙，電器之出租

第三條 本公司日夜供電惟對於左列特殊情形概不負停電之責

甲，因用戶使用不慎致發生災患而致停電者

乙，因意外事故而致停電者

(1)

丙，因工作之必要無法避免而致停電者（時間較長者先期登報通告）

第四條 本公司對於用戶用電除另有規定外均以電表抄度計費

第五條 用戶如有特殊用電情形經本公司認可後得另行訂立用電合同

第二章 供電方式

第六條 本公司供電方式爲交流五十週波三相或單相電壓高壓規定爲五二五〇伏低壓規定爲三百八十伏二百二十伏兩種如有特別情形經本公司認可者得用其他電壓

第七條 電力用電不足一馬力者得用單相一馬力以上限用三相

第八條 電動機在十馬力以下者得用松鼠籠式超過十馬力者須用滑圈式如用其他式樣之電動機須得本公司之同意

五馬力以上電動機須裝置適當之起動設備如單捲線壓起動器或Y△開關等須使在定額電壓之起動電流不超過其全負荷電流之二倍半

第三章 立桿放線

第九條 凡居戶聲請供給電氣因距離本公司綫路較遠必須添桿放綫方能接電者最先到本公司登記經本

重庆电力股份有限公司营业章程（一九三五年）　0219-2-191

51

公司派員查看認可繳付本章程第十條所規定添桿費或第十一條所規定之添綫費後方可照接電手續裝表供電

第十條　本公司收取添桿費規定如左

添桿根數	收費
一	免費
二	十四元
三	二十八元
四	四十四元
五	六十二元

以上添桿以低壓線為限包括應掛電線及另件在內如添桿在五根以上或須添放高壓線時須經本公司另行估計後按照所估價值收取半數

第十一條　本公司電桿所到之區尚無適當電綫以供用戶應用者添放電綫在四檔以內免費超出四檔須由本公司另行估計後按照所估價值收取半數

第十二條　在添桿地段內如有多數用戶同時繳費報裝接電在五戶以下者其添桿費由用戶均攤六戶以上者本公司得酌量情形免收或減收添桿費

第十三條　本公司如有工程上困難情形得暫時拒絕居戶添放桿綫之要求

第十四條　本公司所添放之桿綫雖經居戶繳付添桿費其所有權均屬於本公司

第四章　內綫裝置

第十五條　用戶之電器內綫裝置應由本市市政府註冊之承裝電氣商店辦理其他特別裝置經本公司認可者得由用戶自行辦理或由本公司代辦

第十六條　本公司檢查用戶內綫除遵照中央建設委員會公佈之屋內電燈綫裝置規則辦理外應適用本市市政府頒布之電氣裝置取締規則之規定用戶內綫非按照本章程第十五條之規定裝置本公司不予檢查

第十七條　用戶裝用電表不得將表內電綫私移毗連之其他房屋或轉售電流與他人否則本公司得停止供電

第十八條　用戶與註冊之承裝商店間如有發生爭執或註冊商店不合規則時均遵本市市政府承裝商店註冊及取締章程辦理之

重庆电力股份有限公司营业章程（一九三五年）　0219-2-191

52

第五章　接電手續

第十九條　用戶於內綫裝竣後須由承裝商店塡具報裝請驗單向本公司聲請檢驗經本公司派員檢驗合格用戶須持有本公司檢驗員所給予之合格通知照本章程第二十一條之規定繳納保證金接電費（如有添桿費或添綫費者並須一律繳付）並訂立用電契約卽予接電

如經本公司檢驗認爲不合中央建設委員會及本市市政府之屋內綫裝置規則規定者由檢驗員塡給改正通知承裝商店卽須照指示之點改正後報請覆驗如覆驗時仍未改正或雖已改正而仍不合格者則承裝商店應再負改正之責並繳納覆驗費五元再向本公司聲請覆驗以經檢驗合格爲止

第二十條　用戶屋內接戶綫（指自電表至本公司所設進街綫之一段所用之鉛皮綫）以二十英尺爲限逾限除照章收取接電費外須另行開價收費

第二十一條　電表由本公司供給其種類及容量由本公司依照裝置電器之種類及容量酌定應用安培數其應收保證金接電費規定如下

電表種類及安培數	電費保證金	接電費
單相一，五安培	十元	二元

重庆电力股份有限公司营业章程（一九三五年） 0219-2-191

521

三安培	十五元	二元
五安培	二十元	二元
十安培	三十元	三元
十五安培	五十元	三元
二十安培	六十元	四元
三十安培	八十元	四元
五十安培	一百元	六元
三相五安培	四十元	六元
十安培	六十元	八元
十五安培	八十元	八元
二十安培	一百元	十元
三十安培	一百八十元	十四元
五十安培	二百八十元	二十元

（6）

重庆电力股份有限公司营业章程（一九三五年） 0219-2-191

53

一百安培　五十元　二十八元

超過一百安培者另議

第二十二條　用戶如未裝有電燈者本公司得拒絕單獨供給電熱

第二十三條　用戶臨時用電裝用電表至多以一個月爲限所有保證金及接電費均須照本章程第二十一條之規定加倍繳納

第六章　換表移表驗表及過戶

第二十四條　用戶於裝表用電後如有變更電氣設備應照本章程第四章內綫裝置之規定辦理如須換用較大或較小之電表應由改裝之承裝商店填具請驗單送本公司經檢驗合格再將保證金收據送交本公司依照本章程第二十一條之規定補繳或退還保證金另換收據換大表者須依照本章程第二十一條另繳接電費換小表者須繳換表費一元

第二十五條　用戶如須將電表自甲地移至乙地須先將新址內綫裝置安竣通知本公司請求移表並將保證金收據帶到本公司註明新址繳付移表費經本公司檢驗合格即予移表移表費與本章程第二十一條所規定之接電費相同

第二十六條　用戶如須於同一屋內將電表自甲處移至乙處須聲明移表理由經本公司認可後即予移表並先繳移表費一元

第二十七條　本公司所裝電表須定期輪流校驗但用戶認為不準確時可臨時繳納驗表費一元報請驗表如校驗結果快慢在百分之二以內即照準確論驗表費不予退還快慢在百分之二以上時即以校驗所得之準確百分比例退還或補收最近一個月至換裝新表之日之電費差額並退還驗表費

第二十八條　用戶如須轉讓拆裝電表與他人應用應由承繼之新戶備得保證金收據來本公司辦理過戶手續不另收費否則原戶如有欠費概由新戶代償

第七章　電價

第二十九條　本公司收取用戶電費規定價格如左

甲、電力　電力電費規定如左

（一）裝置十馬力以下之電動機之用戶每月用電度數每度電價分級合併計算如下

每月用電度數	每度電價
一——五〇〇度	一角二分

重庆电力股份有限公司营业章程（一九三五年）　0219-2-191

54

五〇一——一〇〇〇度超出之數	一角
一〇〇一——一五〇〇度超出之數	九分
一五〇一以上超出之數	八分

（二）使用本公司電流變成直流充加蓄電池或發動其餘者電價照一項辦理

（三）裝置十馬力以上之電動機或其他電具之用戶其電價得與本公司面議另訂合同定之

（四）用戶如違反本章程第二條甲款第一項之規定以電動機拖動[illegible]之用者

從伊電之日起照電力電價計算電費

乙，電燈　電燈電價每度定價大洋一角八仙臨時用戶每度三角

丙，電熱　按照每月用電多寡分級合計如左

每表每月用電度數	每度電價
一——一〇〇〇	九分
一〇〇一以上超出之數	八分

第三十條　用戶裝用電表不論用電與否每月須照最低底度繳付電費超過底度者照實用度數計費底度規定

547

如左

甲，電力（在本公司開辦期間爲推行電力起見暫不規定底度）

乙，電燈 照所裝用電表安培數規定每月最低底度如左

電表安培數	每月底度
一，五安培	免
三安培	二度
五安培	四度
十安培	八度
十五安培	十二度
二十安培	十六度
三十安培	二十四度
五十安培	四十度
一百安培	八十度

丙、電熱　以五安培爲最小電表量（本公司開辦期間爲推行電熱起見暫不規定底度）

第三十一條　臨時用戶以三安培爲最小電表量所用電度照第二十九條所規定電價計算其底度照第三十條之規定計算加半

第八章　抄表收費

第三十二條　本公司每月規定日期派員至用戶處抄表一次計算電度并將用戶所用電度填寫於本公司所發之實用電度證明單以便用戶隨時核算

餐館旅館茶樓戲院及其他公共娛樂場所本公司得每半月抄表收費一次

第三十三條　本公司抄表時如發現停走或有其他損壞情形所用電度無從查考時卽按照用戶最近三個月用電之平均度數計算本月份電費如用戶有特殊情形經證實者不在此例

第三十四條　本公司按照規定抄表日期派員分赴各戶抄表如遇門戶鎖閉無從抄錄時由本公司發函約期抄表如仍無法抄錄約期亦無函復時卽派工剪綫拆表并追收電費

第三十五條　本公司抄表後之第五日起卽派員收取電費如用戶當時未能照付由該收費員給以電費通知單正副二張正張由用戶留下副張由用戶蓋章或簽字帶回以資證明三日後由本公司再派員收取電費

第三十六條　用戶電費須一次付清並須取得正式電費收據爲憑如未取得正式收據或由收費員給予臨時收據概作無效

第三十七條　用戶如未能依照電費通知單交付電費時由本公司寄發掛號催費通知單限於寄發之時起（以郵局戳記爲憑）七日內至本公司營業地點繳付電費

第三十八條　用戶如在催費通知單所限七天內仍未繳清欠費時本公司即於第八天派工剪綫幷追收欠費

第三十九條　欠費剪綫之用戶欲復電時應於七日內來本公司付清欠費幷繳復電費方能繼續應用逾期本公司即派工將電表拆去此後復用概照新用戶辦理

第九章　剪綫拆表復電

第四十條　用戶如暫時停止用電得塡寫請求剪綫單請求剪線暫不拆表電燈電力用戶以一個月爲限如逾期未經請求復電者以不欲繼續用電論本公司即派工拆表但電熱用戶剪綫後得延長至八個月後方予拆表

第四十一條　用戶經剪綫後請求復電時須繳復電費方可復電此項復電費爲本章程第二十一條所規定接電費之半數惟電熱因季候關係由用戶自請剪綫在八個月內得請求復電不收復電費

重庆电力股份有限公司营业章程（一九三五年） 0219-2-191

56

第四十二條　用戶請求拆表應塡請求拆表單方可照辦

第十章　補據及追費

第四十三條　用戶如將保證金收據遺失應覓殷實舖保簽具本公司製就之補據保單並須登報聲明經本公司查實後即補發收據

第四十四條　用戶保證金非經拆表概不退還

第四十五條　用戶停用電流如已將電費付清並無賠償等情得憑保證金收據於拆表三日後來本公司領回保證金如有欠費或損壞電表須負責賠償者即以保證金抵償不足時並追收欠費

第四十六條　用戶拆表後如逾六個月尚未擕保證金收據來本公司退費時該據即作為無效

第十一章　附則

第四十七條　本公司裝於用戶屋內之電及綫電表用戶有保護之責如有損壞照價賠償

第四十八條　用戶如增加或改裝電器設備應由承裝商店於辦理完竣後塡添裝或改裝請驗單報請本公司派員查驗如未經報驗而與本公司計算電費價格有關者不論何時添裝或改裝應自查明之日起補算電費一年其裝表不滿一年者以裝表之日起算

（13）

第四十九條　本公司員工至用戶處工作或檢查時均佩帶編號證章用戶不得托辭拒絕

第五十條　本公司處理竊電均遵照建設委員會公佈之電氣事業人處理竊電規則及軍政部軍事委員會建設委員會內政部令頒之取締軍政警政機關部隊及所屬人員強用電流規則辦理

第五十一條　本公司出租電器另訂章程辦理之

第五十二條　本章程有未盡事項得隨時修改呈報重慶市市政府備案

第五十三條　本章程自呈報重慶市市政府核准之日發生效力

重庆电力股份有限公司营业章程（一九三五年）　0219-2-191

57

（式一）報裝電燈請驗單　第　　號

逕啟者茲為　　承辦左列工程已於　　月　　日工竣一切均照建設委員會公佈之屋內電燈裝置規則及重慶市電气用戶屋內裝置取締規則辦理請即　派員前往檢驗接電為荷此致

重慶電力股份有限公司　台鑒

用戶	
戶名	
代表	
籍貫	
職業	
住址	街　　巷
門牌第	號附　　號
距離最近電桿號數	
備註	

裝置工程		
電燈	瓦特	盞
電燈	瓦特	盞
電燈	瓦特	盞
煤精燈	瓦特	盞
插座	瓦特	盞
電扇	瓦特	具
共計	燈數	盞
共計	需電量	瓦特
請裝電度表	隻　錶後給電	瓦特

中華民國　　年　　月　　日　承裝者　　　蓋章

57-1

（式二）添改裝電燈請驗單

第　　號

逕啟者茲為　　街　　巷門牌第　　號附　　號前經
貴公司編定　　區　　號　　用戶　　添改裝左列工程已於　　月
日工竣一切均照建設委員會公佈之屋內電燈線裝置規則及重慶市電气用戶屋內裝置取締規則辦理
請即　派員前往檢驗接電為荷此致
重慶電力股份有限公司　台鑒

原裝工程

電燈	瓦特	盞
電燈	瓦特	盞
電燈	瓦特	盞
煤精燈	瓦特	盞
插座	瓦特	盞
電扇	瓦特	具
共計	燈數	盞
共計	需電量	瓦特
原裝	安培電度表	隻

添改裝工程

電燈	瓦特	盞
電燈	瓦特	盞
電燈	瓦特	盞
煤精燈	瓦特	盞
插座	瓦特	盞
電扇	瓦特	具
共計	燈數	盞
共計	需電量	瓦特
添改裝	安培電度表	隻

中華民國　　年　　月　　日　承裝者　　蓋章

(16)

重庆电力股份有限公司营业章程（一九三五年） 0219-2-191

5-8

（式三）**報裝電熱請驗單** 第　　號

逕啟者茲爲　　承辦左列工程已於　　月　　日工竣一切均照建設委員會屋內裝綫規則及重慶市電气用戶屋內電气裝置取締規則辦理請即　派員前往檢驗接電爲荷此致

重慶電力股份有限公司　台鑒

用戶	
戶名	
代表	
籍貫	
職業	
住址	街　　巷
門牌第	號附　　號
即貴電力公司編定	區
第	號電燈用戶

裝置工程	
電爐	具
電爐	具
電熨斗	具
電灶	具
烹煮器	具
插座	隻
共計	瓦特
請裝安培電度表	每隻給電　　瓦特

中華民國　　年　　月　　日　承裝者　　蓋章

（17）

58-1

(式四)添改裝電熱請驗單 第 號

逕啟者茲爲 街 巷門牌第 號附 號前經

貴公司編定 區 號 用戶 添改 裝左列工程已於 月

日工竣一切均照建設委員會屋內裝綫規則及重慶市電气用戶屋內電气裝置取締規則辦理請即

派員前往檢驗接電爲荷此致

重慶電力股份有限公司 台照

原裝工程		
電爐	瓦特	具
電爐	瓦特	具
電熨斗	瓦特	具
電灶	瓦特	具
烹煮器	瓦特	具
插座		隻
共計		瓦特
原裝	安培電度表	隻

添改裝工程		
電爐		具
電爐		具
電熨斗		具
電灶		具
烹煮器		具
插座		隻
共計		瓦特
請添改裝	安培電表度	隻

中華民國 年 月 日 承裝者 蓋章

(18)

重庆电力股份有限公司营业章程（一九三五年）　0219-2-191

（式五）報裝電力請驗單　第　號

逕啟者茲為　承辦左列工程已於　月　日工竣一切均照建設委員會屋內裝線規則及重慶市电气用戶屋內電氣裝置取締規則辦理請即　派員前往檢驗接電為荷此致

重慶電力股份有限公司　台鑒

用戶

戶名
代表
籍貫
企業
住址　街　巷
門牌第　號附　號
距離最近電桿號數
備註

裝置工程

電動機種類
電動機電壓
電動機馬力數
電動機具數
製造廠名
電動機號數
請裝電度表　隻
每隻需電　安培

中華民國　年　月　日　承裝者　蓋章

（19）

（式六）添改装電力請驗單　　第　　號

逕啓者茲為　　街　　巷門牌第　　號附　　號前經

貴公司編定　　區　　號　　用戶　　添改裝左列工程已於　　月

日工竣一切均照建設委員會屋內裝綫規則及重慶市電氣用戶屋內電氣裝置取締規則辦理請即

派員前往檢驗接電為荷此致

重慶電力股份有限公司　台鑒

原裝工程

電動機種類			
電動機電壓			
電動機馬力數			
電動機具數			
製造廠名			
電動機號數			

原裝　　安培電度表　　隻

添改裝工程

電動機種類			
電動機電壓			
電動機馬力數			
電動機具數			
製造廠名			
電動機號數			

請添改裝　　安培電度表　　隻

中華民國　　年　　月　　日　承裝者　　蓋章

重庆电力股份有限公司营业章程（一九三五年） 0219-2-191

60

(式七)用戶欠費停電請求復接單　第　　號

逕啟者敝處前因欠費停電茲已將欠費如數繳清特附上復接電費五元又添繳用電保證金　元共　元即希

查收接電爲荷此致

重慶電力股份有限公司台鑒

用戶

代表

地址

用戶號數

中華民國　　年　　月　　日　蓋章

(21)

（式八）過戶通知單　第　　號

逕啟者茲因敝戶於　　年　　月　　日起承頂前用戶原裝用電設備繼續用電除會同前用戶將前欠各費結至過戶日止一律付清並將前用戶用電保證金收據送請過戶外茲特另行簽訂新契約以資遵守即希查照過戶爲荷此致

重慶電力股份有限公司　台鑒

原用戶

戶名

代表

地址　　街　　巷

門牌第　　號附　　號

公司編定　　區　　號

新用戶

戶名

代表

籍貫

職業

附記

原用戶

代　表

新用戶

中華民國　　年　　月

重庆电力股份有限公司营业章程（一九三五年） 0219-2-191

61

（式九）遺失用電保證金收據聲請掛失單　　第　　號

逕啟者前向

貴公司繳納用電保證金計銀　　元領有民國　　年　　月　　日

第　　號用電保證金收據存執爲憑茲因該據業已遺失除登本年　　月　　日本

市　　日報聲明遺失無論何人拾得概爲無效外希即

查照准予掛失附上保單一紙並連同登報聲明遺失之報紙一份送請

察閱懇予補給用電保證金收據爲荷此致

重慶電力股份有限公司　台鑒　　附上登報聲明一紙

用戶

代表

地址　　街　　巷門牌第　　號

用戶號數

中華民國　　年　　月　　日

（23）

（式十）保請另補給用電保證金收據保單　第　　號

立保單人　　號主　　今保到居住　　街　　巷門牌

第　　號附　　號用戶　　遺失

貴公司所給第　　號用電保證金收據一紙計銀　　元正業將此項收據遺失無從尋覓除由本人另具聲請掛失單並登報聲明外保人特再繕具此單保證上述之人確爲執有該收據之原主如以後該收據發現當然不能發生任何效力設或因此而生糾葛保人願負全責此致

重慶電力股份有限公司　台鑒

立保單人

保人住址

保人營業

調查員姓名

中華民國　　年　　月　　日

62

用電種類	電燈	第	電區用戶編號 No.

（式十二）重慶電力股份有限公司用電契約

第　　號

立契約用戶　　今裝置下列電具與
重慶電力股份有限公司訂立用電契約請予接電當照公司所定價目按期繳費決不拖欠對於電力公司現訂供電各項章程辦法均已盡悉將來如有修改增訂亦願完全依照辦理特立此契約存照

立契約用戶　　簽字蓋章

代表人　　簽字蓋章

職業

籍貫

用電地址　　街　　巷門牌第　　號附　　號

承裝者　　加蓋圖章

中華民國　　年　　月　　日

（注意）凡用戶如係公司社團工廠或店舖須將公司社團工廠店舖等名稱及其代表人或店主姓名分別填明並各簽字蓋章以資查考

現裝電具列左

電燈	瓦特	盞
	瓦特	盞
	瓦特	盞
煤精燈	瓦特	盞
插座	瓦特	盞
	瓦特	盞
風扇	瓦特	盞
共計		瓦特
請裝	安培	相電度表　隻
請裝	安培	相電度表　隻

（25）

624

用電種類	電熱	第	電區用戶編號No.

（式三）重慶電力股份有限公司用電約契

第　　號

立契約用戶　　今裝置下列電具與

重慶電力股份有限公司訂立用電契約請予接電營照公司所定價目按期繳費決不拖欠對於公司現訂供電各項章程辦法均已盡悉將來如有修改增訂亦願完全依照辦理特立此契約存照

立契約用戶　　簽字蓋章

代表人　　簽字蓋章

職業

籍貫

用電地址　　街　　巷門牌第　　號附　　號

承裝者　　加蓋圖章

中華民國　　年　　月　　日

（注意）凡用戶須係公司社團工廠或店舖須將公司社團工廠店舖等名稱及其代表人或店主姓名分別填明並各簽字蓋章以資查考

現裝電具列左

電爐		具
電爐		具
電熨斗		具
電灶		具
烹煮器		具
插座		隻
共計		瓦特
請裝	安培　相電度表	隻
請裝	安培　相電度表	隻

重庆电力股份有限公司营业章程（一九三五年）　0219-2-191

63

（式十三）重慶電力股份有限公司用電契約

第　　號

立契約用戶　　　　今裝置下列電具與
重慶電力股份有限公司訂立用電契約請予接電當照公司所
定價目按期繳費決不拖欠對於公司現訂供電各項章程辦
法均已盡悉將來如有修改增訂亦願完全依照辦理特立此
契約存照

立契約用戶　　　　簽字蓋章
代表人　　　　簽字蓋章
職業
籍貫
用電地址　　街　　巷門牌第　　號附　　號
承裝者　　　　加蓋圖章

中華民國　　年　　月　　日

（注意）凡用戶如係公司社團工廠或店舖須將公司社團工廠店舖等名稱及其代表人或店主姓名分別填明並各簽字蓋章以資查考

現裝電具列左

電動機種類
電動機電壓
電動機馬力數
電動機具數
製造廠名
電動機號數
請裝電度表　　隻
每隻給電　　安培

用電種類　電力　第　　電區用戶編號No.

137

觸電之禦防及救濟

甲　觸電之禦防

一，無論屋內電綫或其他電氣設備發生危險時須火速將其附近之控制開關或電表板上之總開關壓斷以免危險滋大

二，修理屋內電線保險絲或其他電氣設備最好找電氣承裝商店辦理否則須先將開關壓斷使修理部份無電流經過並對於電氣有相當把握方可進行工作

三，不用電時務須將開關壓斷

四，屋外保險絲燒斷須立即函知電力公司派工修理切不可濫使無職工匠加換銅絲及鋼絲使該項保險設備失其效用以致發生燒壞電表或焚燒房屋之虞屋內保險絲亦不可用粗大者或以銅絲或鋼絲代替

五，保險盒蓋子須隨時蓋好以免萬一保險絲溶斷時火花迸裂致釀火災

六，凡易燃燒之物如汽油等切勿置於保險絲側

七，站近窗戶或立於屋內切不可以手觸及電綫試探電之有無

八，晒衣裳之竹桿萬不可置於電綫或撐持電線之角鐵上以致引電及身遭受不測

九，過街涼篷等所用鐵絲切勿接電綫

十，街上行走時不可高舉鐵管等物致與空中電綫接觸

十一，立於潮濕地面或手濕時切勿以手觸及電綫或電具之有電部份

十二，用電具時務須手執其木柄或其他絕緣部份

十三，各項電具忌受潮濕用後當擱置高燥處

十四，不可於以手接近有電之電綫或器具時而身靠近水管或其他易傳電之物雷雨時尤宜避之

十五，電綫不可繞於鋼鐵器具上或掛在鐵釘上木槽板及皮綫上不可用釘以免損傷導綫

乙　觸電之救濟

人體觸電，因受劇烈刺激，致使呼吸驟停，實非真死，若依下法施救，可以起死回生

一，速使觸電者之身體與電源脫離

利用開關將電源截斷，當然是最捷便之方法，如不可能，可用乾燥之衣服，繩子或木棒等，設法將電綫移去，或將觸電者之身體拖開，在觸電者未與電源脫離時，切不可與其肌膚相觸，致陷危險。

二，施行人工呼吸法

（甲）觸電者之身體與電源脫離後，如其呼吸停止，速用手探入其口中，如有煙頭假[illegible]或其他[illegible]物，儘即除去。

（倘其口閉頗緊不可強爲可俟行人工呼吸數次後，口閉稍鬆，然後除去口含雜物），一面速將其衣服解鬆，然後使其俯臥，一臂上伸，一臂向上彎曲，而將其頭部側枕於小臂上。（如第一圖）

（乙）救濟者面向觸電者之背跪跨於其大腿之兩側兩掌並按於觸電者之肋部手指向下小指適與其最下之肋骨相觸。（如第一圖）

（丙）施救者兩臂伸直，將身體慢慢前傾，使上體重量，壓於觸電者之肋部，肺中空氣，被壓而逐出，（如第二圖）此動作以慢爲貴，約需二三秒鐘，不可急促，致傷觸電者之內體。

（丁）救治者前壓後，速向後退，使所壓重量，立即完全除去，（如第三圖）利用人體彈性，可將空氣吸入肺中。

（戊）退後約二秒鐘，施救者再向前傾按，如此前進後退，繼續進行，每次約需四五秒鐘，如無鐘表計時，施救者可自行深呼吸，每呼吸一次，施行手術一次。

（己）施行以上之人工呼吸法，有時需二三小時，或至四小時之久，方能奏效，中間不可間斷，且須

65

設法用熱水袋或衣服等物，保持觸電者之體温。

（庚）施行人工呼吸，空氣務求新鮮，故窗戶宜開通，而閑雜觀衆尤須避免。

（辛）在觸電者呼吸未復常態以前，切勿強飲湯水。

三，延醫調治

醫生對於人體生理，較常人諗熟，施行救治，自必妥善，惟醫生非即時可到，而施行人工呼吸，稍遲一秒，即奏效爲難，故救治觸電者，以施行人工呼吸爲先，一面可另遣人延醫協助，不可祇顧延醫，而坐失良機。

觸電急救人工呼吸法，已如前述，然其實施，必須敏捷鎮靜持久，不可驚惶失措，既不可認觸電即死而失救治，尤不可因施工過久而遂中輟，鎮靜，敏捷，快慢得宜，依法施行，當能使觸電而死者重慶更生也。

(32)

第一圖

重庆电力股份有限公司营业章程（一九三五年）　0219-2-191

（33）

第二圖

99

重庆电力股份有限公司营业章程（一九三五年） 0219-2-191

重庆电力股份有限公司营业章程（一九三五年）　0219-2-191

67

重慶市政府公佈電器承裝商店及電器承裝人註册取締章程摘錄

第十二條　對於註册電器承裝商店及電器承裝人之處罰辦法爲書面警告或停營業權若干日但有左列各情事得取銷執照及沒收保證金之一部或全部

甲　私代用戶接電或裝燈者

乙　所具資格不符者

丙　使用或經舊劣料希圖重利者

丁　不遵守電器裝置取締規則者

戊　包庇未註册商店或無執照工匠私代用戶裝燈者

己　對於用戶額外需索及開價不公者

庚　與用戶通同偷電者

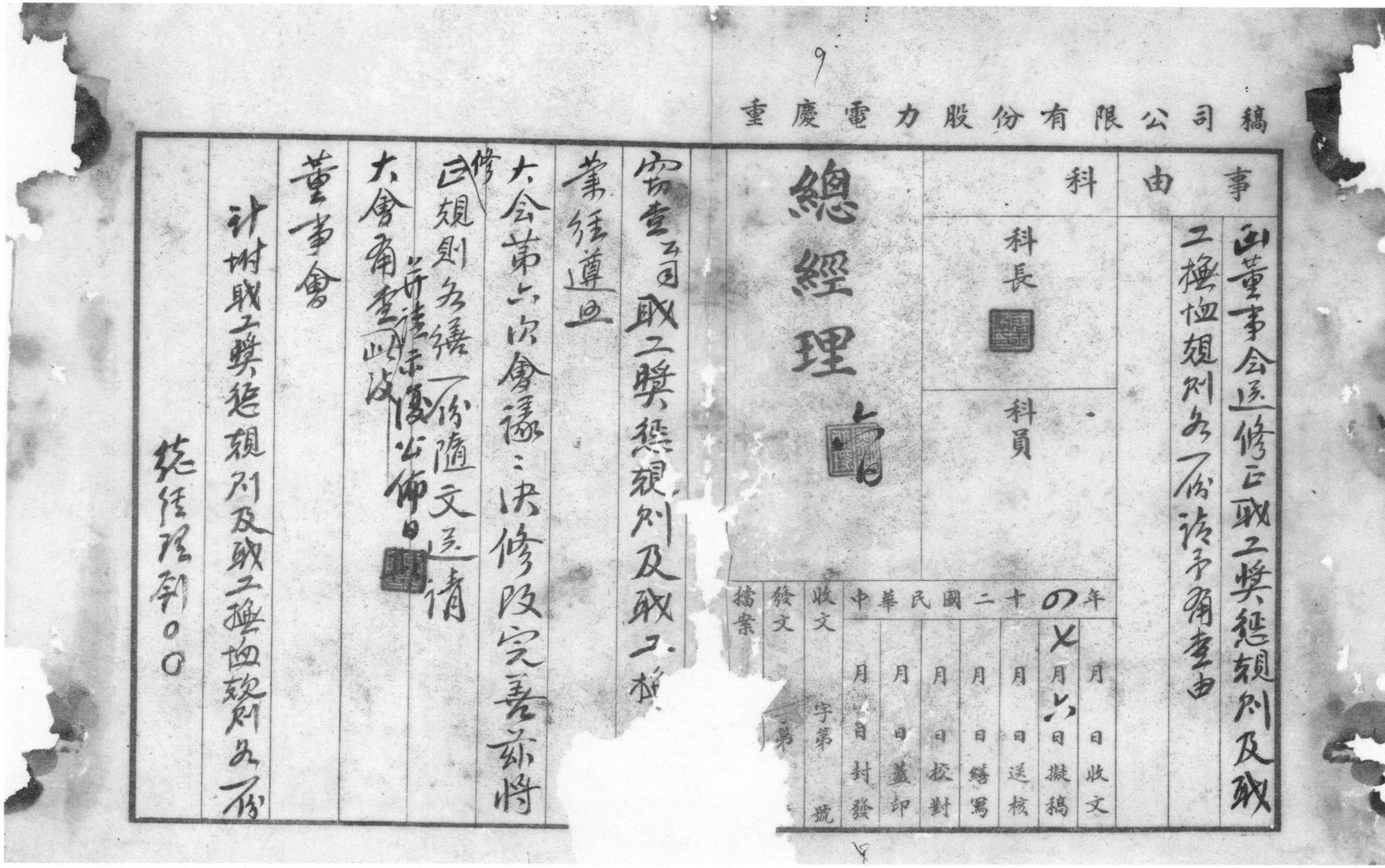

重慶電力股份有限公司稿

事由	函董事会送修正职工奖惩规则及职工抚恤规则各一份请予审查由
科	科長　科員
總經理	

中華民國二十四年七月六日擬稿

收文　字第　號

案查本公司职工奖惩规则及职工抚恤规则，业经遵照大会第六次会议议决修改完善，兹将修正规则各缮一份随文送请大会审查，并请示复，以便公布，此致

董事會

计附职工奖惩规则及职工抚恤规则各一份

總經理劉〇〇

关于检送修正重庆电力股份有限公司职工奖惩规则及职工抚恤规则致公司董事会的函（附规则）（一九三五年七月六日）

0219-2-1

关于检送修正重庆电力股份有限公司职工奖惩规则及职工抚恤规则致公司董事会的函（附规则）（一九三五年七月六日）

0219-2-1

12

重慶電力股份有限公司職工奬懲規則

12

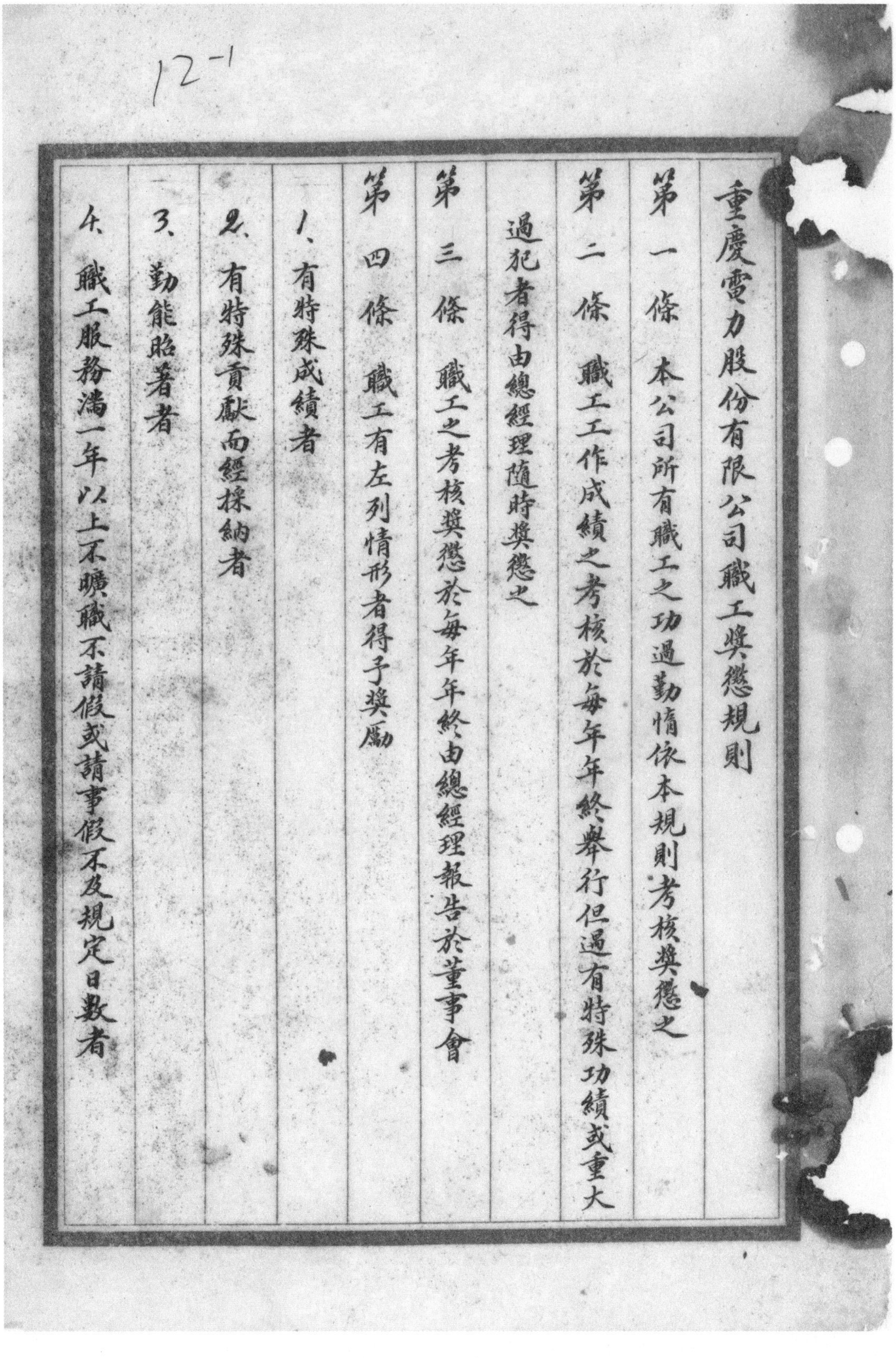
12-1

重慶電力股份有限公司職工獎懲規則

第一條 本公司所有職工之功過勤惰依本規則考核獎懲之

第二條 職工工作成績之考核於每年年終舉行但遇有特殊功績或重大過犯者得由總經理隨時獎懲之

第三條 職工之考核獎懲於每年年終由總經理報告於董事會

第四條 職工有左列情形者得予獎勵

1、有特殊成績者

2、有特殊貢獻而經採納者

3、勤能昭著者

4、職工服務滿一年以上不曠職不請假或請事假不及規定日數者

关于检送修正重庆电力股份有限公司职工奖惩规则及职工抚恤规则致公司董事会的函（附规则）（一九三五年七月六日）

0219-2-1

关于检送修正重庆电力股份有限公司职工奖惩规则及职工抚恤规则致公司董事会的函（附规则）（一九三五年七月六日）

0219–2–1

第五條　獎勵方法如左

1、特獎或特別紅酬

2、升用

3、進級

4、記功

5、口頭嘉獎

凡記功弍次者得進一級

第六條　職工有左列情形者應予懲戒

1、舞弊有據者

2、危害公務者

关于检送修正重庆电力股份有限公司职工奖惩规则及职工抚恤规则致公司董事会的函（附规则）（一九三五年七月六日）

0219-2-1

12-2

3、廢弛職務或不稱職守者

4、有不良嗜好經告戒不悛者

5、不守規則者

第七條 懲戒處分如左

1、開除

2、降職或降級

3、記過

4、扣薪

5、申斥

犯第七條第一項者除開除外得酌量情形之輕重依法送請法院懲治或責令

关于检送修正重庆电力股份有限公司职工奖惩规则及职工抚恤规则致公司董事会的函（附规则）（一九三五年七月六日）

0219–2–1

賠償

第八條　職工功過經總經理之核准得互相抵銷

第九條　職工無故不到職守是謂曠職應按日扣薪曠職逾十日者開除

第十條　在規定辦公時間內職工不得無故離職如因有不得已之事故必須請假時應依照手續填具假單呈經各該科科長核轉總經理批准後方得離職否則以曠職論

但遇有特殊情事如發生急病或不可抗力之障礙時得事後補具請假手續但必須有相當証明方得追認

第十一條　職工事假每年合計不得過二十日逾則按日扣薪全年事假至多不得過四十日逾即開除

关于检送修正重庆电力股份有限公司职工奖惩规则及职工抚恤规则致公司董事会的函（附规则）（一九三五年七月六日）

0219-2-1

12-3

第十二條　職工病假在一日以上者須提出醫生証明書否則以事假論病假以
全年合計逾一百二十日者開除

第十三條　職工請假逾原定期限應即續假其手續與請假同如不續假則所逾假時
期以曠職論

第十四條　職工繼續服務已滿三年勤勞稱職絕少請假者其次年得由公司酌給休息假至
多不得逾二十日繼續服務已滿二年以上者得請給休息假每年至多不過五十日假期內照
常支給薪金

第十五條　職工繼續服務在十年以上除因重大過犯開除者外給予最後所支薪
金一年之特別獎金如以後仍繼續服務每五年給予其最後所支薪金一年之特別
獎金

关于检送修正重庆电力股份有限公司职工奖惩规则及职工抚恤规则致公司董事会的函（附规则）（一九三五年七月六日）
0219-2-1

第十六條　職工服務在二十五年以上自願退職者除照前條給奬外退職後按月給予其最後所支薪金之二分之一養老金其期間以十年為限

第十七條　本規則自董事會通過之日施行

第十八條　本規則有未盡事宜由董事會隨時修改之

第十九條　本規則由本公司呈報主管官廳備案

关于检送修正重庆电力股份有限公司职工奖惩规则及职工抚恤规则致公司董事会的函（附规则）（一九三五年七月六日）

0219-2-1

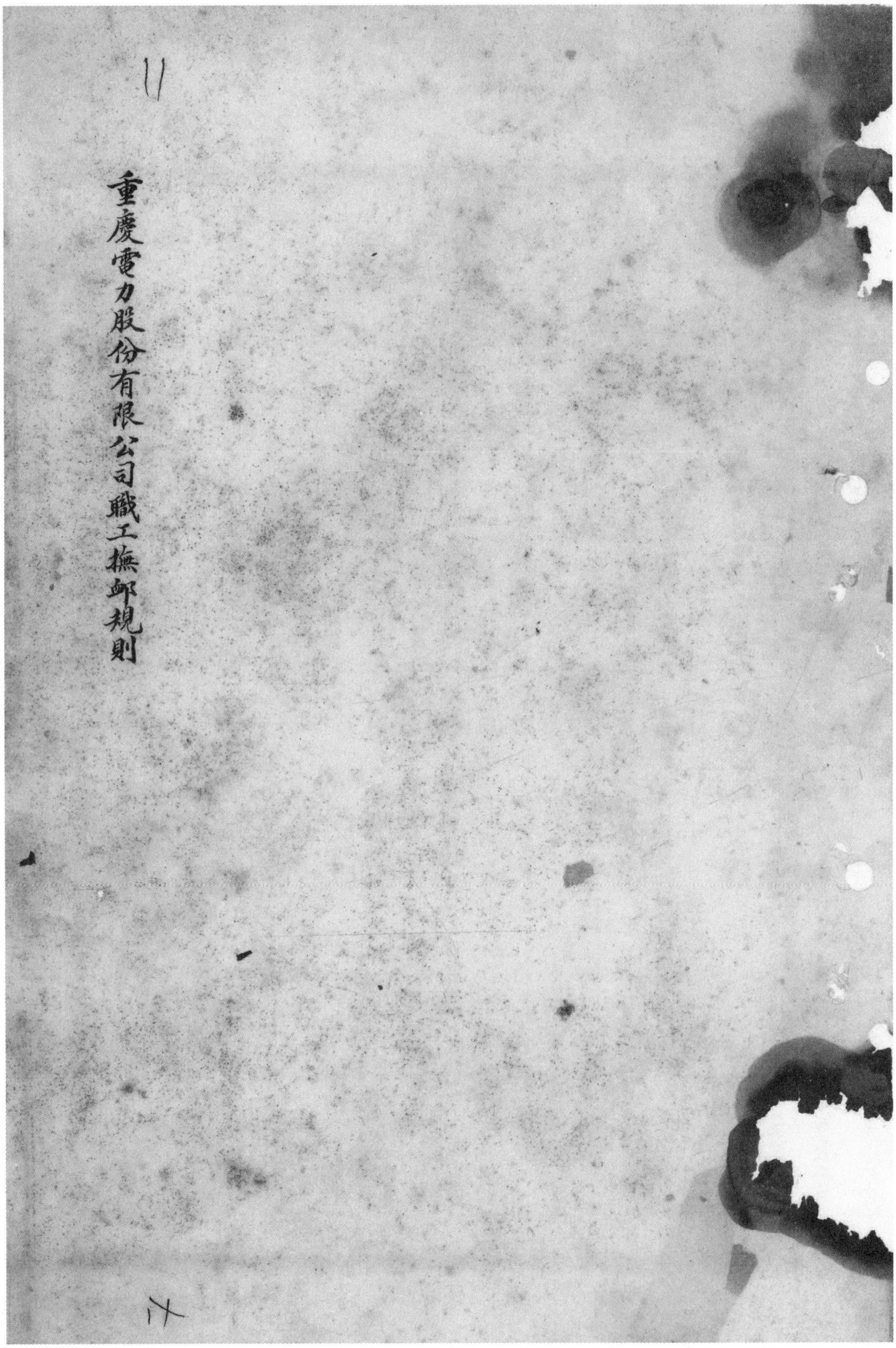
重慶電力股份有限公司職工撫卹規則

关于检送修正重庆电力股份有限公司职工奖惩规则及职工抚恤规则致公司董事会的函（附规则）（一九三五年七月六日）

0219–2–1

重慶電力股份有限公司職工撫卹規則

第一條　本公司之職工因公傷亡依本規則辦理

第二條　本公司之職工因公死亡或因公受傷永久不能工作者經總經理核准得依下列各項之規定給予撫卹

(一)服務不滿一年者照傷亡者最後所支薪工金額給予五個月之一次卹金

(二)繼續服務在一年以上不滿三年者照傷亡者最後所支薪工金額給予八個月之一次卹金

(三)繼續服務在三年以上不滿五年者照傷亡者最後所支薪工金額給予十個月之一次卹金

(四)繼續服務在五年以上者按月給予最後所支薪工金額之四分之一之卹金其期限

發至五年止

关于检送修正重庆电力股份有限公司职工奖惩规则及职工抚恤规则致公司董事会的函（附规则）（一九三五年七月六日）

0219–2–1

其所服務之月數但不得過五年

(五)因公受傷而能治愈者在醫治時期醫藥費由公司担任薪工照給

(六)卹金總數不滿弍百元者均給以弍百元

删

(七)卹金外另給喪葬費八十元

第三條　依前條第四項之規定服務在五年以上之職工死亡後其按月卹金由家屬領取其應領卹之家屬規定次序如左

(一)死亡者之妻　妾不得領卹

(二)死亡者之子或女

已出嫁之女不得領卹其子女不祗一人者以長幼為次序其子女尚未成年者由其法定監護人代領

关于检送修正重庆电力股份有限公司职工奖惩规则及职工抚恤规则致公司董事会的函（附规则）（一九三五年七月六日）

0219-2-1

11-2

死亡者之父母

死亡者如無父母妻子女者以無家屬論依本規則第四條之規定辦理

第四條 繼續服務二年以上之職工死亡而無家屬者照死亡者最後所支薪工全額給

六年未滿卹五月，六年上十年下八月，十年上十五年下卹十月，十五年以上除給十月卹金外每年給卹金半月至三十五年止

予一年之一次卹金作喪葬費

第五條 職工繼續服務在十年以上積勞致疾經考查屬實確係永久不能工

作者得斟酌情形由董事會核議給卹

第六條 請卹者須填具請卹表由總經理查核其疾病傷亡確因公所致方得

照給

第七條 訂有契約之職工給卹與否　理

第八條 撫卹各費均給現金

关于检送修正重庆电力股份有限公司职工奖惩规则及职工抚恤规则致公司董事会的函（附规则）（一九三五年七月六日）

0219-2-1

第九條　本規則由本公司董事會通過之日施行

第十條　本規則有未盡事宜由董事會隨時修改之

第十一條　本規則由本公司呈報主管官廳備案

电气事业注册规则（一九三八年七月） 0219-2-34

中華民國二十七年七月

電氣事業註冊規則

經濟部刊物第二種第一類

工鑛1/法2,總3

12

電氣事業註冊規則

十九年六月六日前建設委員會公布
二十二年五月二十五日前建設委員會第一次修正公布
二十六年七月一日前建設委員會第二次修正公布

第一條　電氣事業取締規則所規定之註冊及換照，悉應依照本規則之規定辦理之。

第二條　電氣事業之聲請註冊，其具名之聲請人規定如下：

（一）民營

（甲）獨資經營者，由出資人呈請之；

（乙）合資經營者，由出資人全體呈請之；

（丙）公司者，由公司代表呈請之；股份有限公司者，由全體董事監察人呈請之。

（二）公營　由主辦機關呈請或咨請之。

（三）官商合辦　依照本條第一款乙目或丙目辦理。

第三條　電氣事業聲請註冊時，應備具下列各項註冊書圖：

（一）企業意見書　應依照電氣事業註冊表式一填製。

（二）創業概算書　應依照電氣事業註冊表式二填製。

电气事业注册规则（一九三八年七月） 0219-2-34

12-1

電氣事業註册規則 二

（三）收入概算書　應依照電氣事業註册表式三填製。

（四）支出概算書　應依照電氣事業註册表式四填製。

（五）工程計劃書　應依照電氣事業註册表式五填製。

（六）主要人員履歷書　應依照電氣事業註册表式六填製。

（七）擬定之營業區域圖　應根據精確之地圖繪製，添註顯明區域界綫，擇要註明四至地名，並開明圖例縮尺及方向。此圖應由首席聲請人署名蓋章。

（八）公司章程　如係公司組織者應附送。

（九）投資人名簿　應詳載投資人姓名住址所認股數每股票面數額及實繳數額。

（十）擬定之營業章程　應詳載關於業務之各種價格手續及收費辦法。

（十一）擬定之購電合同　如係向他處躉購電流者應附送。

（十二）水力工程計劃書　如係水力發電者，應擬具簡要計劃書附送。

（十三）內綫圖　應按照通用綫路格式，載明發電所內全部接綫方法；不自發電者以接受外來電力之主要配電所代之。此圖應由主任技術員署名蓋章。

(十四)綫路分佈圖　應註明發電所配電所及配電變壓器之位置及容量暨各段綫路之電壓及所用導綫。必要時高壓低壓可分別繪製。此圖應由主任技術員署名蓋章。

(十五)證件　主任技術員畢業文憑及服務證明書之攝影或抄本。

上列第一款至第六款所稱之電氣事業註冊表式，由建設委員會規定之。此項表式，可向建設委員會免費領用。但爲事實上之便利，亦得照樣自行繪製。

第四條　電氣事業聲請註冊，其程序規定如下：

(一)民營

(甲)營業區域之屬於一個初級地方監督機關者，應將註冊書圖連同地方監督機關意見書之空白表格各三份，呈送該初級地方監督機關。

營業區域之屬於二個以上之初級地方監督機關者，應將註冊書圖連同地方監督機關意見書之空白表格各三份，呈送主要營業區域所在

电气事业注册规则（一九三八年七月）0219-2-34

地之初級地方監督機關，同時並將註冊書圖各一份，連同地方監督機關意見書之空白表格各三份，分呈其他初級地方監督機關。

(乙)初級地方監督機關應於塡註意見書後，將意見書及註冊書圖各抽存一份，並將餘件轉呈上級地方監督機關。

(丙)上級地方監督機關應將註冊書圖及各地方監督機關意見書各抽存一份，並將餘件連同加具之審查意見，轉送建設委員會。

(二)公營

應將註冊書圖三份逕送建設委員會，以備核准後分發各級地方監督機關備查。

(三)官商合辦

將註冊書圖各一份分呈各級地方監督機關及建設委員會，對於初級地方監督機關並應附呈地方監督機關意見書之空白表格各三份，以備塡註存轉。

上項所稱地方監督機關意見書之空白表格，由建設委員會規定之。此項表格，可向建設委員會免費領用。但爲事實上之便利，亦得照樣自行繪製。

第五條　電氣事業聲請註冊，經核准後，應依照建設委員會核定之營業區域圖繪具同式相當份數，逕送建設委員會，以備蓋印存卷並分發有關係各級地方監督機關及該電氣事業人存查，以資信守。

第六條　電氣事業聲請註冊。經核准後，應依照下列之規定逕向建設委員會繳納註冊費及印花稅：

（一）民營或官商合辦　註冊費按照資本總額，每國幣千元繳納國幣二元，其不足千元之畸零數，亦以千元計算之；印花稅國幣二元。

（二）公營　註冊費國幣二百元，印花稅國幣二元。

第七條　民營或官商合辦之電氣事業人增加資本，經核准後，應按照本規則第六條之規定，照增加數添繳註冊費。

第八條　本規則自公佈日施行。

附註　本規則第六條規定之印花稅，依非常時期徵收印花稅暫行辦法，應爲國幣四元。

重庆电力股份有限公司关于修正职员出勤津贴暂行规则的函（一九四〇年十月七日） 0219-2-196

重慶電力股份有限公司稿

事由：修正職員出勤津貼暫行規則由

總協理

主任秘書 秘書 主任 科員

中華民國二十九年十月七日擬稿

收文 字第 號

發文電字第1958號

檔案 字第 號

茲修正本公司職員出勤津貼暫行規則第四條及第九條兩項公佈，附修正條文如下：

第四條：經常外勤職員經總經理核准享受出勤津貼規定如左：

（甲）凡整日在一區域內工作者，如業務科之抄表員、收費員、窃電取締組之外勤人員（原文為抄錄科）、取締窃電員等，每月得支領下列津貼：

膳費津貼三十元，車費津貼二十元。

（乙）凡整日不僅在一區域內工作者

廿九年十月七日

153

務料之監工員若購料及辦事處之檢驗員封
表員監工員等遇每月得支領下列津貼
如無須每日出勤者其車膳費津貼依臨
時外勤職員津貼規則辦理（如有公車
接送之監工員不得領車費津貼
膳費津貼三十元　車費津貼五十元
第九條（丙）凡無公共汽車乘搭之處
按照車費或輪費支領津貼惟出勤
地點在一公里之內者不得支領車費
或輪費津貼　惟因工作關係不及回寓
之地點用膳者得支膳費津貼

重庆电力股份有限公司关于修正职员出勤津贴暂行规则的函（一九四〇年十月七日）　0219-2-196

重庆电力股份有限公司关于修正技工、学徒、小工、职员出勤津贴暂行规则的布告（附规则）（一九四〇年十月七日）

0219-2-196

154

重慶電力股份有限公司稿

事由	修正技工学徒小工出勤津贴规则由
科	主任秘書　秘書　主任　科員
中華民國二十九年十月七日	收文　月　日收文；擬稿　月　日；送核　月　日；繕寫　月　日；校對　月　日；蓋印　月　日；封發　月　日
收文	字第　號
發文	字第1954號
檔案	中華民國廿九年拾月初七日發出

總協理

兹修订本公司技工学徒小工出勤津贴暂行规则第十五条着即公布之

总经理 刘○○

二十九年十月七日

附增订条文如下：

第十五条 出勤在一公里之内者不得领取饭费津贴

原第十五条改为第十六条

155

原規則第十六條改為第十七條

中華民國　年　月　日

重庆电力股份有限公司关于修正技工、学徒、小工、职员出勤津贴暂行规则的布告（附规则）（一九四〇年十月七日）

0219-2-196

重庆电力股份有限公司关于修正技工、学徒、小工、职员出勤津贴暂行规则的布告（附规则）（一九四〇年十月七日）

0219–2–196

156

01-36-00/1

本公司技工学徒小工出勤津贴暂行规则

（一）本公司技工学徒小工因公出勤支领出勤津贴悉依照本规则办理

（二）出勤津贴分两种：一为膳费津贴，一为车费津贴

（三）本公司出勤技工学徒小工分两种：一为经常外勤技工学徒小工即每日均须出外工作者；一为临时外勤技工学徒小工即因公临时被派出勤者

（四）经常外勤技工学徒小工为工务科电务股及业务科用户股与各办事处之技工学徒小工一律不得支领车费

（五）经常外勤技工学徒小工为工务科电务股及业务科用户股与各办事处之技工学徒小工因公出勤不及回固定地点用膳者得

重庆电力股份有限公司关于修正技工、学徒、小工、职员出勤津贴暂行规则的布告（附规则）（一九四〇年十月七日）

0219–2–196

支領飯費津貼規定如左：

（甲）技工每餐壹元　（乙）學徒小工信差每餐捌角

（六）經常外勤技工學徒小工飯費津貼由各科室處主管人按照本規則逐月查明造表由總經理協理核准後交總務科庶務股發給

（七）臨時外勤學徒小工除事先經主管人允准者外一律不得支領本項津貼

（八）臨時外勤技工因公出勤得支領公共汽車費實報實銷如公共汽車不能達之處並事先經主管人允准者得支領洋車費或轎費實報實銷

（九）臨時外勤技工學徒小工因公出勤不及回固定地點用膳者得支領飯費津貼實報實銷並須以飯店帳單為憑領班每餐不得超過

157

兩元，技工不得超過壹元伍角，小工學徒信差不得超過壹元。

十、臨時外勤技工學徒小工因公被派出勤，由派遣主管人填給出勤證，證上填明日期、出發地、目的地、出發時間等。出勤技工學徒小工公畢返回出發地後，應立即繳回出勤證，如得支領車費飯費津貼者，在出勤證上填明數目，附貼車費單據，經主管人核定後，再由該管科室處主管人簽核，發回出勤人憑證領款。

十一、經常及臨時出勤技工學徒小工不得故意延宕時間，冀領飯費津貼，違者除不准支領外，並應受懲處，至處分各科室處主管人有核奪之權。

十二、各科室處主管人應據此本規則核定臨時出勤技工學徒小工之飯費車費津貼，至本規則未經明白規定之處，由各科室處主管人

重庆电力股份有限公司关于修正技工、学徒、小工、职员出勤津贴暂行规则的布告（附规则）（一九四〇年十月七日）

0219-2-196

重庆电力股份有限公司关于修正技工、学徒、小工、职员出勤津贴暂行规则的布告（附规则）（一九四〇年十月七日）

0219–2–196

核定未经各科室处主管人核准者不得支领

（十三）各科室处应每月造具临时出勤职员车费饭费津贴表送呈

总经理协理核阅

（十四）经常及临时出勤技工学徒小工因公赴江北或南岸或由江北南岸

至城者均得支领渡轮或渡船费，但事先未经主管人允准者不得照给

（十五）出勤在一公里之内者不得领取饭费津贴

（十六）本规则自公布之日施行

（十七）本规则如有未尽事宜得随时修改之

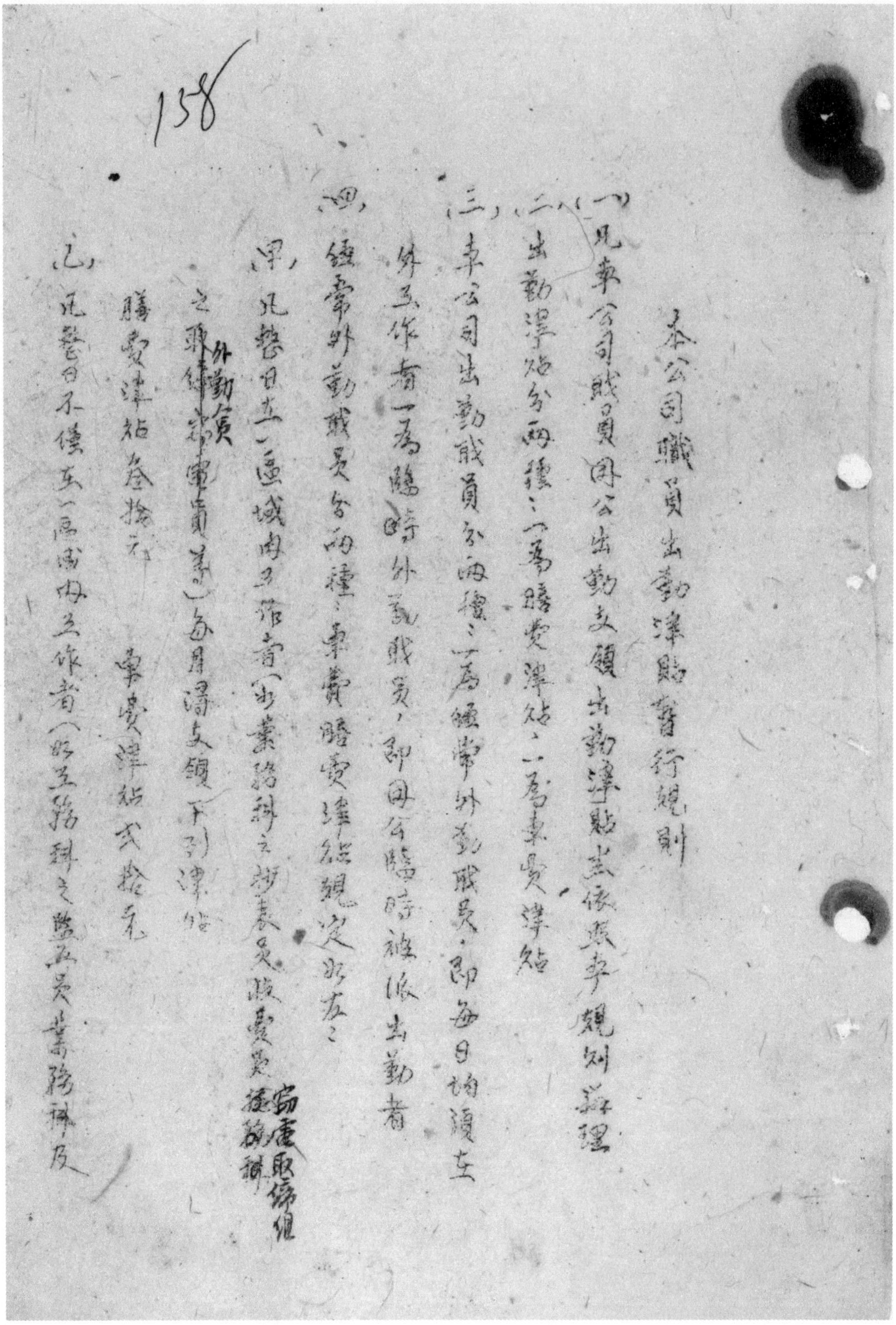

本公司职员出勤津贴暂行规则

（一）凡本公司职员因公出勤支领出勤津贴，应依照本规则办理

（二）出勤津贴分两种：一为膳费津贴，一为车费津贴

（三）本公司出勤职员分两种：一为经常外勤职员，即每日均须在外工作者；一为临时外勤职员，即因公临时被派出勤者

（四）经常外勤职员分两种，车费膳费津贴规定如左：

（甲）凡整日在一区域内工作者（如业务科之抄表员、收费员、稽核科、窃电取缔组之外勤员等）每月得支领下列津贴

膳费津贴叁拾元　车费津贴贰拾元

（乙）凡整日不仅在一区域内工作者（如工务科之监工员、业务科及

重庆电力股份有限公司关于修正技工、学徒、小工、职员出勤津贴暂行规则的布告（附规则）（一九四〇年十月七日）

0219–2–196

重庆电力股份有限公司关于修正技工、学徒、小工、职员出勤津贴暂行规则的布告（附规则）（一九四〇年十月七日）

0219—2—196

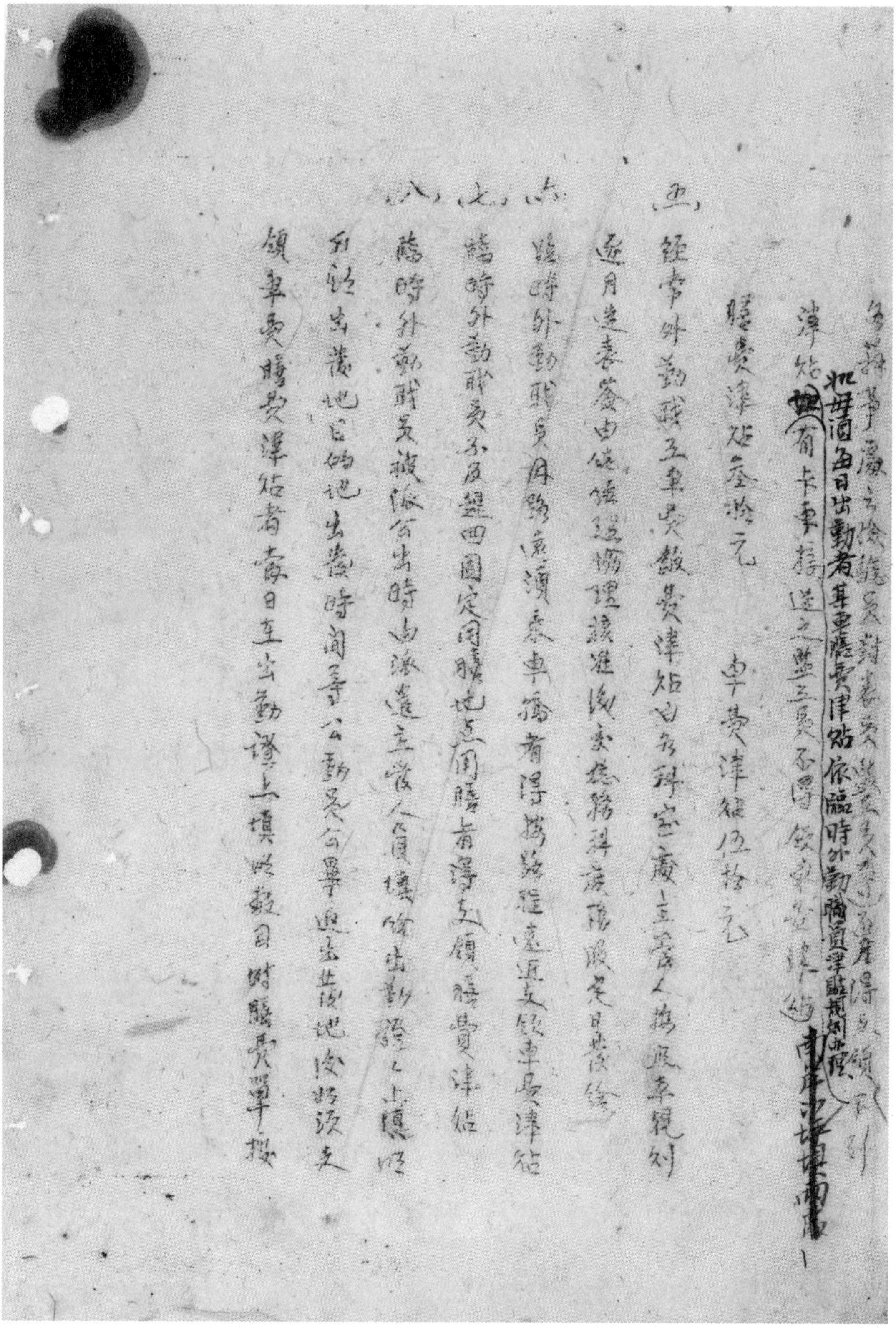

各辦事處之檢驗員、對表員（[illegible]）每月得支領下列

批每逢每日出勤者，其車膳費津貼依臨時外勤職員津貼規則辦理。

津貼：[illegible]有卡車接送之職員不得領此項津貼 [illegible]

膳費津貼叁拾元　　車費津貼伍拾元

五、經常外勤職員之車費膳費津貼由各科室廠主管人按照本規則逐月造表簽由總經理核准後交總務科按照規定日期發給

六、臨時外勤職員因路途須乘車者得按照路程遠近支領車費津貼

七、臨時外勤職員不及趕回固定用膳地點用膳者得支領膳費津貼

八、臨時外勤職員被派出時由派遣主管人員填發出勤證上填明到達出發地點之時間出發時間等公勤員公畢返至出發地點後將該支領車費膳費津貼者每日在出勤證上填明數目附膳費單據

重庆电力股份有限公司关于修正技工、学徒、小工、职员出勤津贴暂行规则的布告（附规则）（一九四〇年十月七日）

0219–2–196

159

繳回主管人員核定後再由該管科處之主管人員核發因出勤人
員憑證領款

九、臨時外勤職員之車費飯費津貼規定如左：

甲、膳費津貼應實報實銷并須以飯店帳單為憑工程師股主任以上
職員每餐不得超過叁元工程師股主任以下職員每餐不得超
過兩元

乙、凡職員臨時被派因公出城進城或至小龍坎沙坪壩等地其車
費津貼款目按照公共汽車之價支領

丙、凡無公共汽車乘搭之處得按照車費或轎費支領津貼惟出
勤地點在一公里以內者不得支領車費或轎費津貼 惟因工作關係不及
回固定地點用膳者得支膳費津貼

重庆电力股份有限公司关于修正技工、学徒、小工、职员出勤津贴暂行规则的布告（附规则）（一九四〇年十月七日）

0219-2-196

丁、凡係公司卡車出勤工作的不得支領車費津貼

戊、凡係搭公共汽車或公司卡車尚不能達到之地點其後段車費津貼得照本條兩款規定支領惟離公共汽車站在一公里以内者不得支領車費或膳費津貼

（十）臨時出勤職員不得故意延長時間冒領飯費津貼遇特殊情支領外并應受其職處各科室處主管人有核奪權

（十一）各科室處主管人應按照本規則核定飯費車費在本規則未注明規定之處由各科室處主任核奪未經各科室處主管人核准者不准支領

（十二）各科室處應每月造具臨時出勤職員車費飯費津貼表送呈

重庆电力股份有限公司关于修正技工、学徒、小工、职员出勤津贴暂行规则的布告（附规则）（一九四〇年十月七日）

0219-2-196

160

总经理协理核阅

十三、经常或临时出勤职员因公去江北或南岸或由江北南岸至北岸均得支领渡轮或渡船费，事先未经主管人允准者不得包船

十四、本规则自公布之日施行

十五、本规则如有未尽事宜得随时修改之

重庆电力股份有限公司关于修正技工、学徒、小工、职员出勤津贴暂行规则的布告（附规则）（一九四〇年十月七日）

0219-2-196

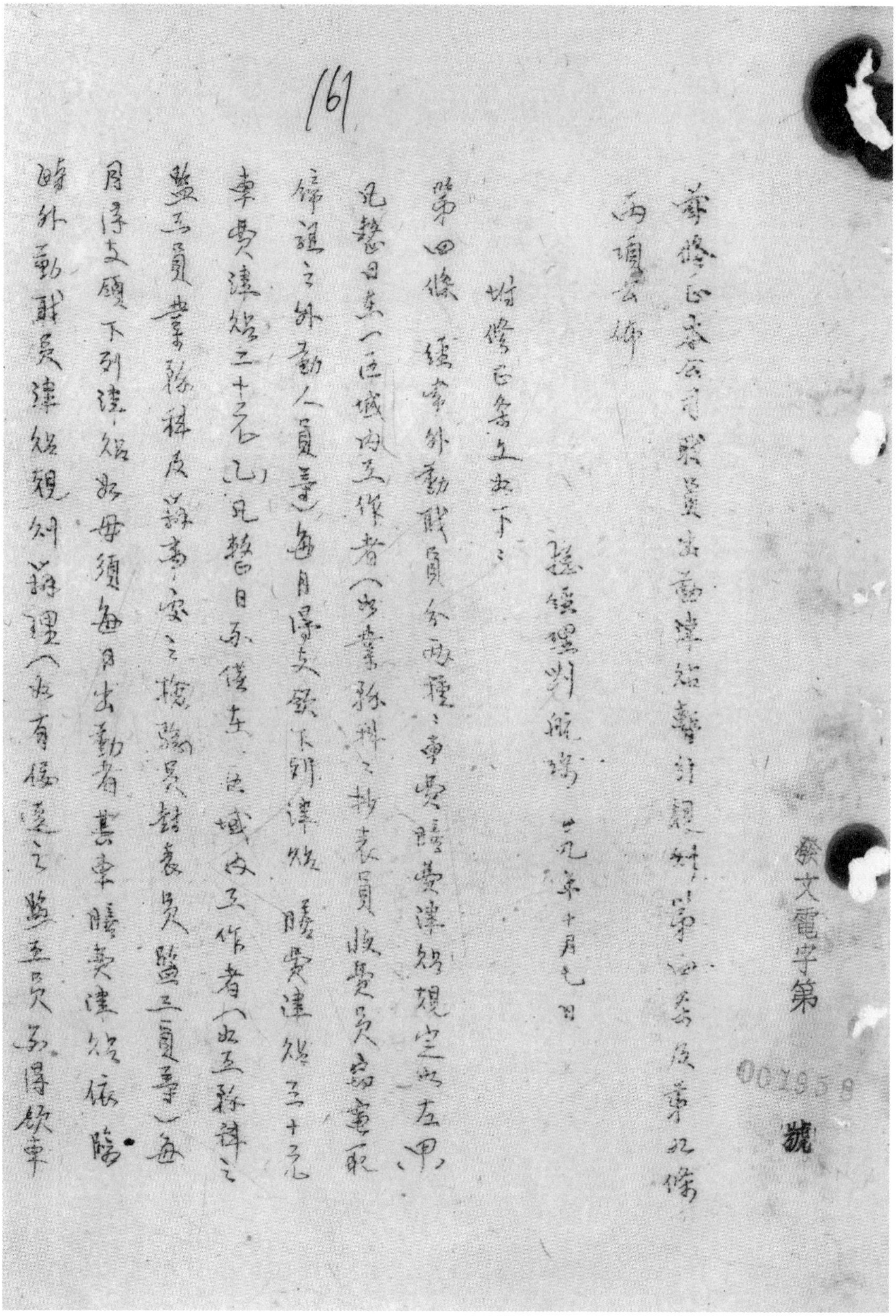

發文電字第001958號

161

兹修正本公司職員出勤津貼暫行規則第四條及第九條兩項公佈

總經理 劉航琛 廿九年十月七日

附修正條文如下：

第四條 經常外勤職員分兩種，其車膳費津貼規定如左：（甲）凡整日在一區域內工作者（如業務科之抄表員、收費員、查電取締組之外勤人員等）每月得支領下列津貼：膳費津貼三十元，車費津貼二十元。（乙）凡整日不能在一區域內工作者（如工務科之監工員、業務科及稽查室之檢驗員、封表員、監工員等）每月得支領下列津貼：如毋須每日出勤者，其車膳費津貼依照臨時外勤職員津貼規則辦理（如有總還之監工員不得領車

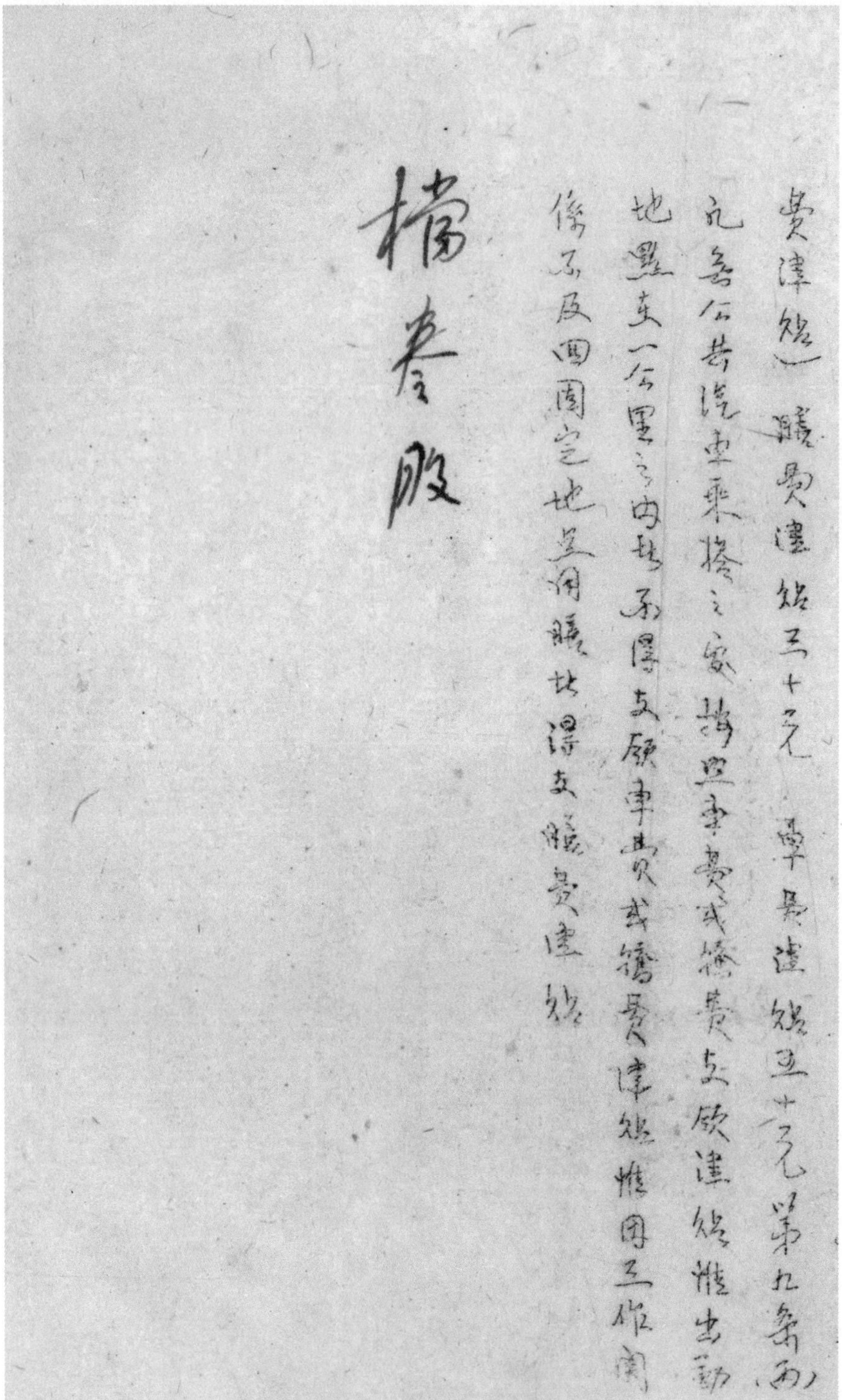
费津贴）　膳费津贴三十元　车费津贴五十元　第九条（丙）
凡员工有汽车乘搭之安按照车费或轿费支领津贴，惟出勤
地点在一公里之内者不得支领车费或轿费津贴，惟因工作关
系不及回固定地点用膳者得支膳费津贴

档案股

重庆电力股份有限公司关于修正技工、学徒、小工、职员出勤津贴暂行规则的布告（附规则）（一九四〇年十月七日）

0219-2-196

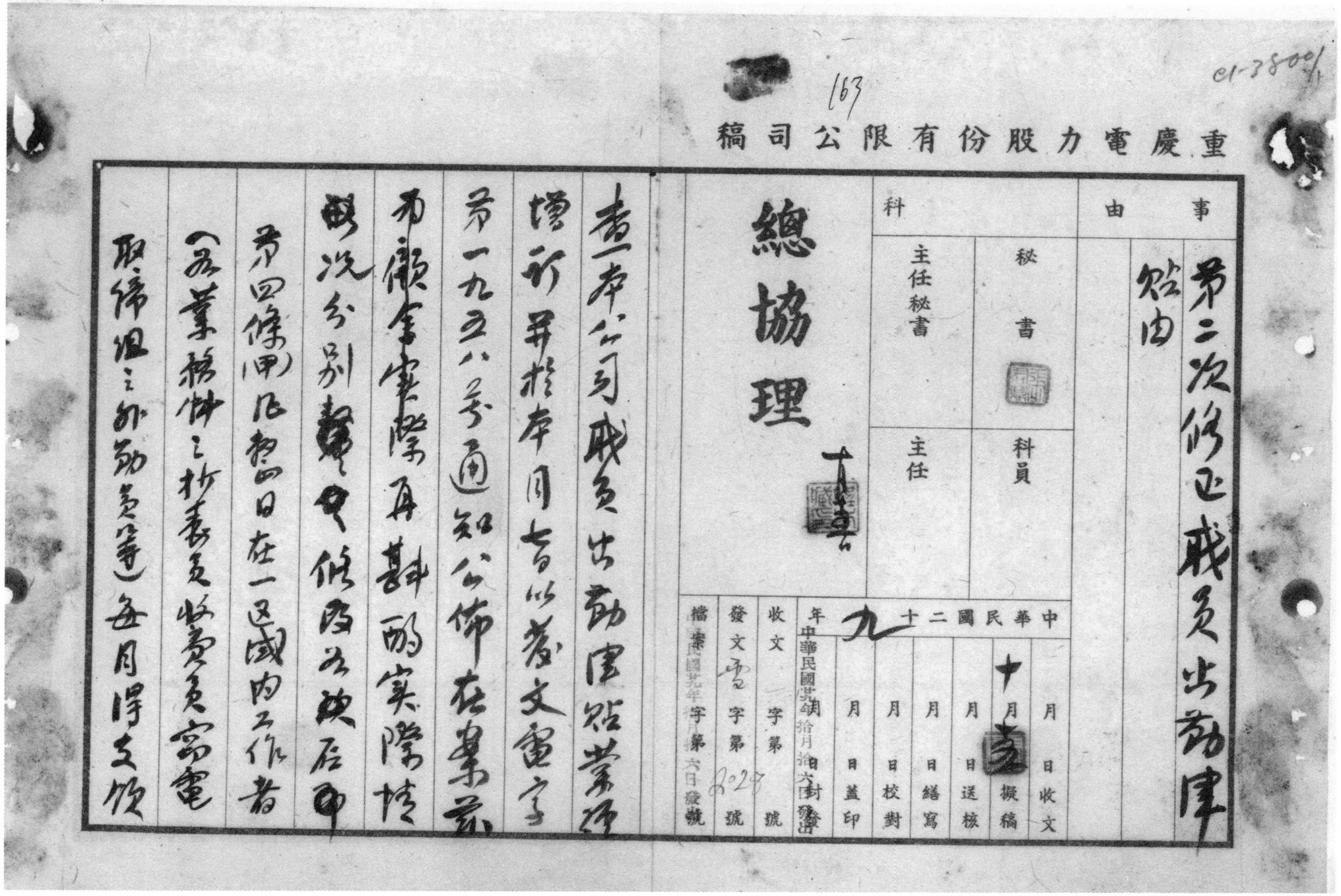

重慶電力股份有限公司稿

事由	第二次修正職員出勤津貼由
科	秘書　科員　主任秘書　主任

總協理

查本公司職員出勤津貼業經增訂并於本月七日以蓉文電字第一九五八號通知公佈在案茲為顧念實際再斟酌實際情形况分別整理修改如左

第四條(甲)限於每日在一区域內工作者(如業務科之抄表員收費員寫電取締組之外勤員等)每月得支領

中華民國二十九年十月　日

重庆电力股份有限公司关于核查第二次修正职员出勤津贴的布告（一九四〇年十月十五日）　0219-2-196

重庆电力股份有限公司关于核查第二次修正职员出勤津贴的布告（一九四〇年十月十五日）　0219-2-196

照抄原文

164

下列津贴

膳费津贴　三十元　车费津贴三十元

（一）在南岸沙坪坝化龙桥浮图关及江北路城上临一带工作者得支领车费津贴五十元　在新市区及江北路城下临一带工作者得支领车费津贴四十元　在城区工作者得支领车费津贴二十元

（二）凡经理有膳宿者膳食津贴三十元及车费津贴七十元　车费津贴停止发放

在南岸沙坪坝化龙桥浮图关及江北路城上临一带工作者只领车费津贴八十元　在新市区及江北路城下临一带工作者只领车费津贴……　在城区工作者只支领车费津贴……

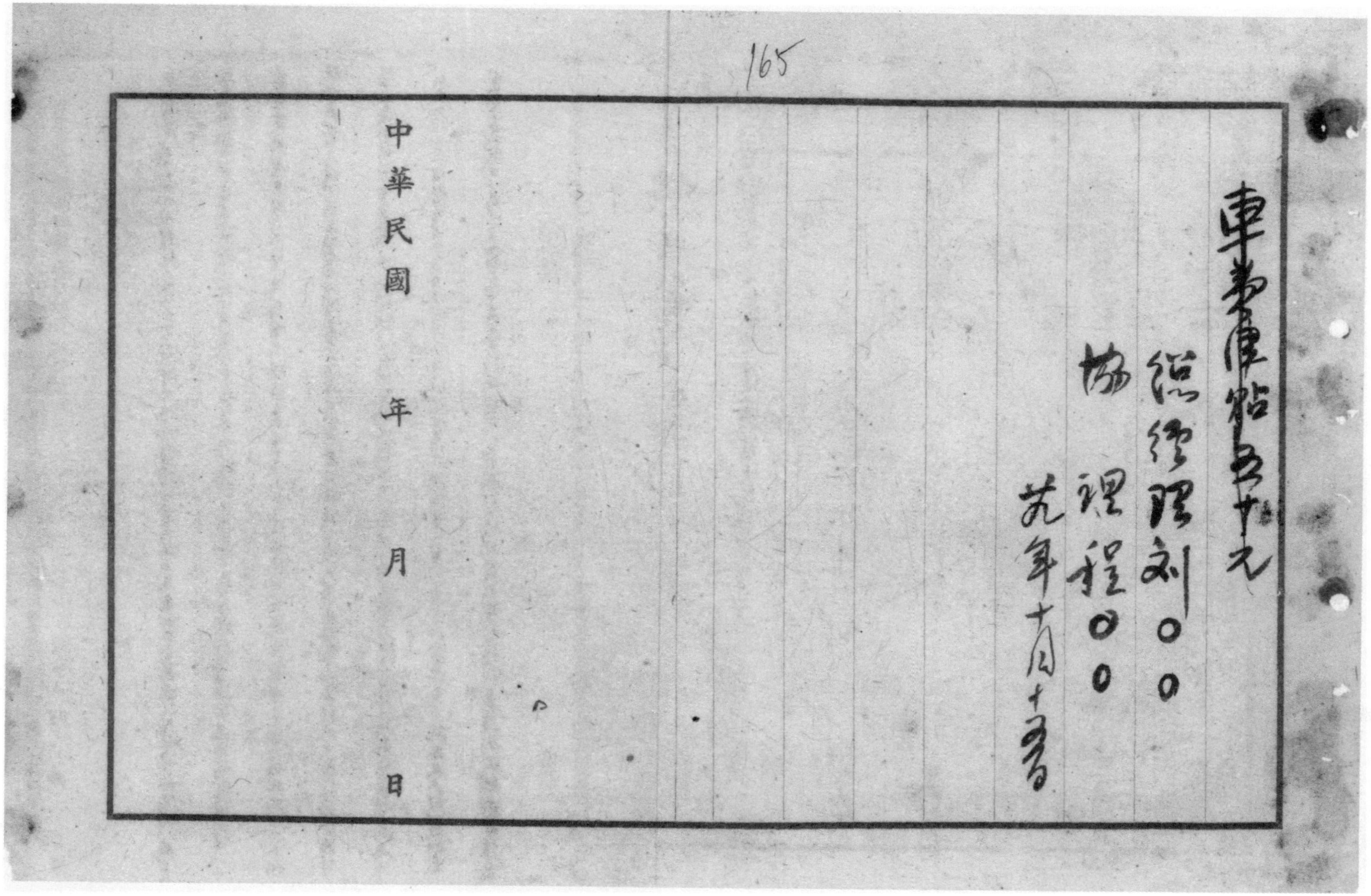

165

車費津貼另加九

總經理劉○○

協理程○○

廿九年十月十五日

中華民國　年　月　日

重庆电力股份有限公司关于核查第二次修正职员出勤津贴的布告（一九四〇年十月十五日）　0219-2-196

重庆电力股份有限公司稽核室组织规程（一九四〇年十月二十一日） 0219-2-45

發文電字第002135號

重慶電力公司稽核室組織規程 二十九年十月二十一日第五十四次董事會修正通過

第一條 稽核室依本公司組織大綱第　條之規定組織之

第二條 稽核室設主任稽核一人副主任稽核一人承 總協理之命主持本室一切應辦事務

第三條 稽核室辦理下列稽核事項及有關之統計事項

（一）關於現金出納銀行往來之審核事項

（二）關於預算決算及經費開支之審核事項

（三）關於會計賬冊表報單據之稽核事項

（四）關於材料工具購置存儲之稽核及統計事項

（五）關於廠務物品購置分發領用之稽核及統計事項

六、關於添設桿線接户裝表及其使用材料之稽核及統計事項

七、關於總分廠使用經常維持材料修配部份添設材料之稽核及統計事項

八、關於電價收繳情形之稽核事項

九、關於訂立售電合同之稽核事項

十、關於對外締結之攬及購買合同之稽核事項

十一、關於支發薪工津貼之稽核及統計事項

十二、關於發電供電用電情形之稽核及統計事項

十三、關於本公司新工程臨時工程之設計預算及實施情

重庆电力股份有限公司稽核室组织规程（一九四〇年十月二十一日） 0219-2-45

8-1

之人工材料之稽核及統計事項

十四、關於各廠處工作人數及對於本公司各種管理規則遵守之稽核事項

十五、關於 總協理臨時指派之稽核及統計事項

第四條 稽核室分設三股辦事，每股設主任一人，其職掌如下：

（一）審核股掌管本規程第三條所列應辦之審核事項

（二）稽核股掌管本規程第三條所列應辦之稽查事項

（三）統計股掌管本規程第三條所列應辦之統計事項

第五條 本公司得事實之需要暫於本室設置催收股，一併辦理本公司營業收入之催收及其交涉事項

重庆电力股份有限公司稽核室组织规程（一九四〇年十月二十一日） 0219-2-45

第六條　稽核室各股視事務之繁簡酌設科員見習生若干人

第七條　稽核室為辦事便利得酌設外勤或駐外職員派駐公司各辦事處、工程處及廠房等處

第八條　稽核室因事實之需要得臨時請　總協理調派或聘請技術人員辦理特種稽核事宜

第九條　稽核室辦理事項應按月用書面表單報告　總協理

第十條　稽核室各股主任科員見習生及駐外職員由　總協理派充或調任之

第十一條　稽核室辦事細則另定之

8-2

第十二條 稽核室職員服務規則除本章條規定外仍照本公司職員服務規則辦理之

第十三條 本規程未盡事宜隨時報請總協理核定修正之

第十四條 本規程經 總協理核定後公佈施行

重庆电力股份有限公司稽核室组织规程（一九四〇年十月二十一日） 0219-2-45

8-3

附件：

經濟稽核室各股應辦事項分別詳列如后：

一、審核股

（一）會計賬冊表報單據之審核

（二）材料工具購置之審核

（三）庶務物品購置之審核

（四）添放裸線之審核

（五）領用材料之審核

（六）售電合同之審核

（七）對外締結合同之審核

（八）支發薪工津貼之審核

重庆电力股份有限公司稽核室组织规程（一九四〇年十月二十一日） 0219-2-45

（九）工程设计及预算之审计
（十）临时指派之审核
（二）稽查股
（一）材料存储之稽查
（二）庶务物品公费领用之稽查
（三）供电用户材料之稽查
（四）经常维持材料添配材料使用之稽查
（五）新工程临时工程人之材料之稽查
（六）各厂处工作人数及各种管理规则遵守之稽查
（七）临时指派事务之稽查

8-4

三、統計股

（一）會計方面之統計

（二）材料方面之統計

（三）廢料用品之統計

（四）營業情形之統計

（五）供電情形之統計

（六）用電情形之統計

（七）新工程及臨時工程人工材料之統計

（八）臨時指派之統計

重庆电力股份有限公司稽核室组织规程（一九四〇年十月二十一日） 0219-2-45

C14461/3

發文電字第 02434

重慶電力公司稽核室催收股辦事細則

「總則」

第一條 本細則依照電力公司稽核室組織規程第　条之規定擬定之

第二條 本股承主任稽核之命辦理本公司電費票據之催收事宜

「組織」

第三條 本股設主任一人主辦本股對内對外一切事務

第四條 本股設催收員　人辦理欠費之催收及調查業務科收費員收費之情形

第五條 本股設科員　人承本股主任之命辦理本股賬冊文件之管理與經常之工作報告

「催收工作」

第六條　本股經辦之催收工作以下列四項步驟完成之

(一) 本股於收費股未收票據中有下列情形而無法收取

(1) 用戶杖勢不付或移開電表

(2) 用戶被炸

(3) 用戶遷移無人負責

(4) 欠費折表電費超出保證金拖延不付

(5) 特種情形不能收費提出調查整理催收

(二) 依提出之票據分區存放並用卡片表明實數字及情形由催收員逐日出勤調查用戶欠費之原因加以催收

(三) 催收員催收回股之電費隨存根逐日繳出納股收賬照收費股繳款方法處理之

(四) 經相當時間及手續之催收本股認為該戶無法收取者

重庆电力股份有限公司章程（一九四一年十一月二十一日） 0219-2-45

經理室

重慶電力股份有限公司章程

重庆电力股份有限公司章程（一九四一年十一月二十一日） 0219-2-45

2

重慶電力股份有限公司章程

民國三十年十一月二十一日
本公司臨時股東會通過

第一章 總綱

第一條 本公司係民營集資創辦經市政府核定價格立約收買前燭川電燈公司繼承其各項產業及專營權利依法呈請 經濟部備案

第二條 本公司專售電光電力電熱於重慶市區域內有專營權他人不得為同業之競爭如受用户之要求並得於巴縣江北兩縣境內推廣營業

第三條 本公司依照公司法股份有限公司而組織故定名為重慶電力股份有限公司自刊圖記以昭信守

第四條 本公司廠址設重慶市新市區大溪溝必要時得設分廠於市區內公司營業地址設重慶市內

重庆电力股份有限公司章程（一九四一年十一月二十一日） 0219-2-45

第五條　本公司營業年限定為三十年期滿得繼續呈請展定

第二章　股份

第六條　本公司股本總額為國幣叁千萬元以壹百元為一股共計叁拾萬股

第七條　本公司股本概以現金一次繳納不得以勞力及財產作股

第八條　本公司股票為記名式分一股十股一百股三種各附息單為支取息金之據

第九條　凡股票之過戶依公司法一百一十七條一百二十四條辦理但不得轉賣於非中國人在開股東會前一箇月內及開會期中不得過户

第三章　股東及發起人權利

第十條　股票如有遺失應將號數報明公司一面自行登報三個月後如無枝節再由公司換給新票

第十一條　本公司開股東會時到會股東每一股有一議決權在十一股以上者每二股有一議決權如入股數及代表股數過多者其議決權不得逾全股總數五分之一

第十二條　股東入股至二百股者有被選董事權五十股者有被選監察人權

第十三條　本公司發起七人其名字住址如下潘仲三住重慶曾家岩植廬劉航琛住重慶白象街一百二十四號石體元陳懷先均住重慶曾家岩誠實山莊康心如住重慶定遠碑十二號傅友周住重慶小較場逸公祠胡仲實住重慶蹇家橋四十八號

第十四條　前條之發起人經股東會議決每年於純益內提百分之五作為永遠酬勞金由七人平均分受另立執券為據

第四章　組織

重庆电力股份有限公司章程（一九四一年十一月二十一日） 0219-2-45

第十五條 本公司設董事十五人由股東連記名投票公舉任期三年期滿得連舉連任

第十六條 由各董事互選董事長一人常務董事四人其任期與董事同

第十七條 本公司設監察人七人由股東記名投票公舉任期一年期滿得連舉連任

第十八條 本公司設總經理一人協理一人由董事會聘任辭退時亦同

第十九條 本公司設總工程師一人由總經理聘用函董事會備案

第二十條 本公司應設各科室處另以組織規程規定之

前條之組織規程由總經理擬具提交董事會核定之

第二十一條 各科長員由總經理委用函報董事會備案

第五章 權責

第二十二條 董事長常務董事均得代表董事會主持公司一切事務但有重大事件時須由

4

董事會會議決之

第二十三條　董事會議每月開一次常務董事會每週開一次其開會日期由董事長決定五日前通知

第二十四條　監察人得單獨執行監察公司財產帳據營業情形

第二十五條　總經理承董事會之意旨代表公司主持一切事務担任完全責任協理輔助總經理執行一切事務

第二十六條　各科室處辦事規則由總經理擬定交董事會議決施行

第六章　經費

第二十七條　各董事監察人之輿馬費由股東會決定總經理以下各級職員之薪津由董事會決定

三

第二十八條　本公司經常費用由總經理製定預算函交董事會議決臨時費用隨時條交董事長或常務董事决定

第七章　利益之分配

第二十九條　本公司股東官息定為每年八釐

第三十條　本公司每年總結算時所有利益除一切開支提存財產折舊及公積金外餘存純益按百分率比例分配以五分酬勞發起人十分酬勞董監二十五分酬勞辦事人六十分為股東紅利

第八章　股東會

第三十一條　本公司每年開股東大會一次於總結算後由董事會召集之

第三十二條　本公司於必要時經董事會之決議或有股本總數二十分之一以上股東之請

5

求者均得召集臨時會

第九章　附則

第三十三條　本公司之公告方法除以書面通知外並指定重慶有名報紙兩種以上隨時登載公佈

第三十四條　本公司供給電氣章程悉遵部頒取締電氣事業條例規定呈由主管官署備案

第三十五條　本章程未盡事宜悉遵公司法股份有限公司之規定辦理

第三十六條　本章程經股東會議决呈由主管官署核准施行修改時亦同

四

重庆电力股份有限公司各种规则草案（一九四二年五月） 0219-2-46

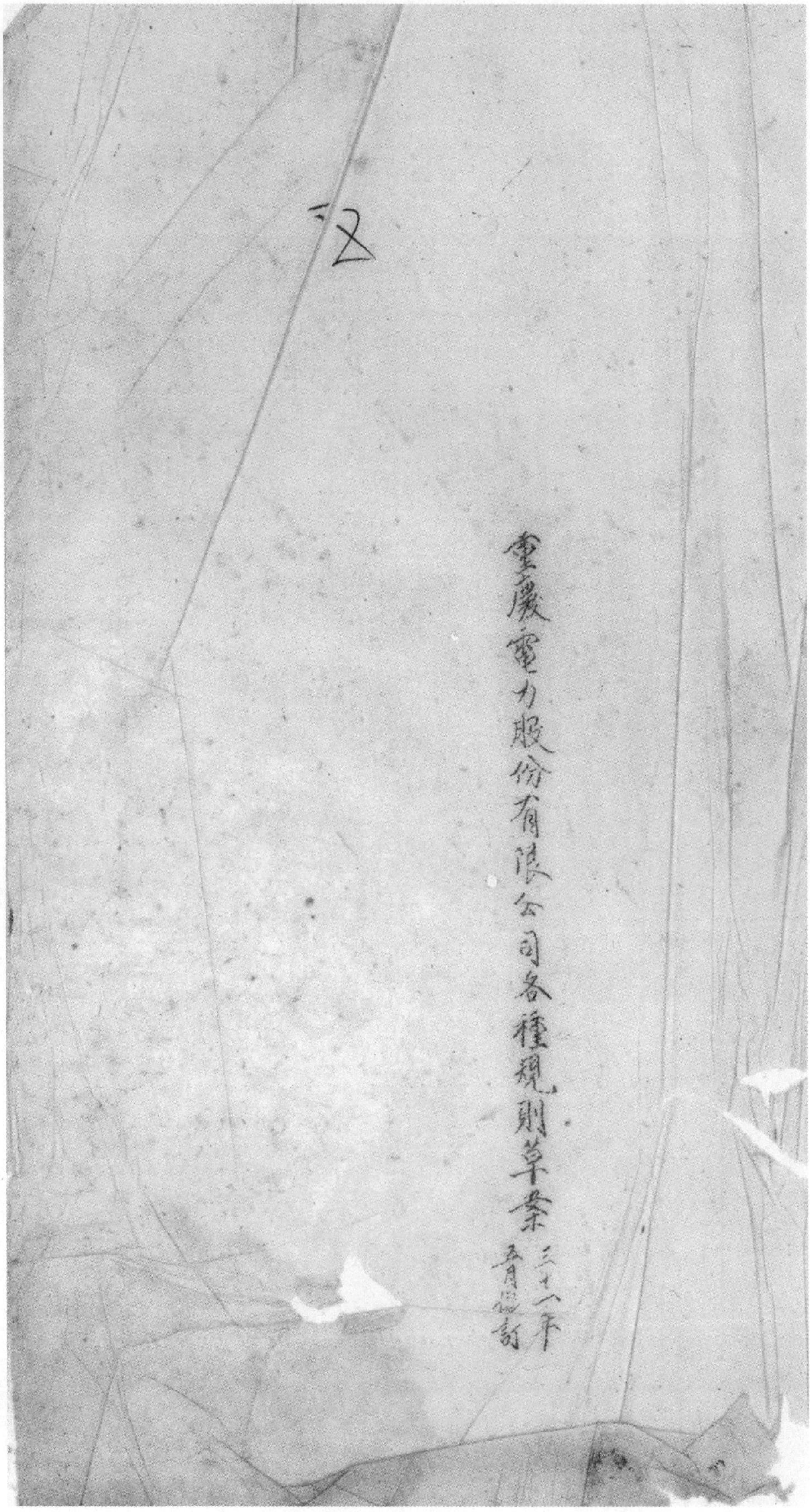

重慶電力股份有限公司各種規則草案
三十一年五月擬訂

重庆电力股份有限公司各种规则草案（一九四二年五月） 0219-2-46

重慶電力股份有限公司各種規則草案目錄

一、保證規則
二、獎懲規則
三、請假規則
四、退職金規則
五、年金規則
六、非常時期職工撫卹規則
七、卹養金規則
八、醫藥待遇規則
九、職員薪俸規則
十、非常時期發給職工酬勞金獎勵金退職金卹養金年金辦法

重庆电力股份有限公司各种规则草案（一九四二年五月） 0219-2-46

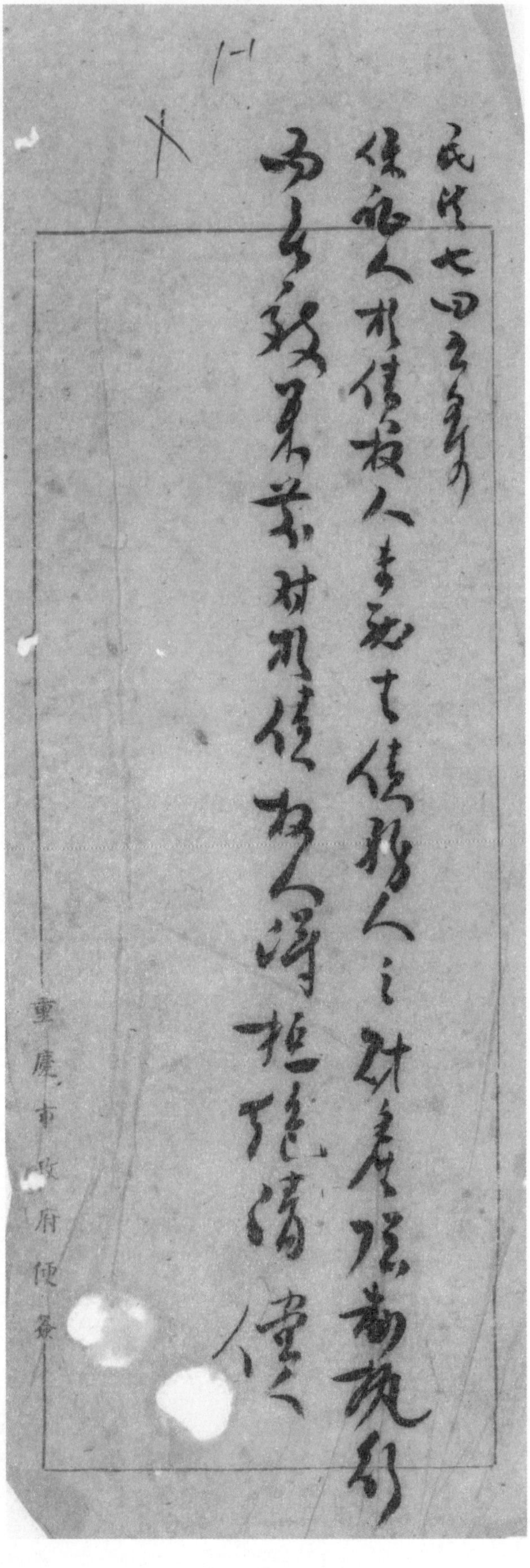

民法七四五條

保證人於債權人未就主債務人之財產強制執行而無效果前對於債權人得拒絕清償

重慶市政府便箋

重慶電力股份有限公司職工保證規則

第一條 本公司職員工友除左列人員外均須有保證人

（一）總經理 （二）協理

（三）總工程師

（四）正副科長正副室主任正副辦事處主任正副組長正副廠主任

（五）總經理協理特許者

第二條 本公司保證分為定額及不定額二種

第三條 主管者得指定負銀錢責任之人員必須用不定額保證其餘均適用定額保證

第四條 定額保證由主管者酌視被保人職務之性質規定相當金額記載保證書內由保證人於其金額內負保證之責任

第五條 職務更調主管者認為應用不定額保證或保額應增加時該職

重庆电力股份有限公司各种规则草案（一九四二年五月） 0219-2-46

員工友應在更調前商得原保證人同意或另覓保證人更換保證書

第六條 保證人須具備左列條件但第七條之情形不在此限

（一）商業上有信用者 （二）住居重慶市區者

第七條 不寄送銀錢票據之工友得由其他工友二人以上之簽名蓋章為其聯帶保證人但一人不得為兩人以上之保證人并不得同時互保

第八條 除前條情形外各職員工友不得互為保證人

第九條 父子兄弟叔姪不得互為保證人

第十條 保證人應先經主管者之認可

第十一條 主管者得指定特種人員必須以商號為保證人但股份有限公司不得為保證人

第十二條 本規則稱主管者在各科為科長在室為主任在組為組長在辦事處為主任在廠為主任

第十三條 保證人經認可後應填具本公司所備之保證書載明保證條件并加蓋姓名印章以商號作保者應由該號經理為代表并應加蓋該店重要印章

第十四條 保證書交到本公司後即派員查明核符審查合格後簽蓋為準後始能認可其承保

第十五條 保證書須照印花稅法貼用印花

第十六條 保證人由本公司每年查詢一次後查詢採用通函詢保辦法由本公司致函通知原保證人限於十日至二十日函復聲明照舊負責并具原式印章以資證明或由本公司派員持書親赴保證人住在地復書應由保證人在保證書上照原式簽名蓋章用昭

重庆电力股份有限公司各种规则草案（一九四二年五月） 0219-2-46

3-1

覈實但未經通知覆查或經通知覆查而未退還或簽章保證人仍不藉口免除責任

第十七條 本公司如認保證人為不適當時得隨時通知被保證人更換之

第十八條 保證人應在保證書內聲明自願拋棄民法第七百四十五條所定之先訴抗辯權

第十九條 保證人在保證中被保證人之職務或其服務所在地雖有變更其保證責任與未變更以前相同

第二十條 保證人願退保時應以書面直接向本公司通知俟被保證人另覓合格保證人填具保證書後方得發還原保證書

保證人未為前項之通知僅向被保證人聲明退保者本公司不能承認亦不發還其保證書

第廿一條 職員工友退職時須先經本公司查明並無未了事件後方

觧發還保證書

第廿二條　保證人不論因何退保非俟保證書發還後不得免除其責任

第廿三條　保證人之印章遺失或作廢時在未正式向本公司聲明前本公司仍認為有效

第廿四條　本規則經董事會議決施行修改時亦同

重庆电力股份有限公司各种规则草案（一九四二年五月） 0219-2-46

重慶電力股份有限公司獎懲規則

第一條 本公司職員工友除本規則另有規定外於年終依公司章程第三十條之規定發給普通酬勞金與特別酬勞金普通酬勞金依照薪工額平均分攤之有特殊勞績者發給特別酬勞金依左列各項辦理之

（一）總經理協理由董事會酌定之

（二）總工程師由總經理提請董事會酌定之

（三）正副科長正副主任稽核主任秘書秘書正副辦事處主任正副組長由總經理決定之其他職員工友由主管人呈准總經理酌定之

第二條 職員工友凡服務在半年以上并終攷績在丙等以上者於年度終了時發給全年所得一十二分之一之獎勵金

第三條 職員工友如有臨時之特殊勞績得記功以資鼓勵其陳請及酌定手續準照第一條第二項各款之規定

第四條 臨時服務之職員工友不給獎勵金酬勞金或特別酬勞金

5-1

第五條 職員工友有過失時應分別輕重依左列辦法懲儆之

(一)告誡 (二)記過 (三)罰薪 (四)減薪 (五)開除

第六條 本公司職員工友任何連續之三年中有記過罰薪減薪之處分二次之紀錄時如再有第三次之過失應予記過罰薪或減薪之處分時得逕予開除

但於同期內曾記功時得將功過按照次數互相抵銷

第七條 懲儆之施行依左列各款之規定

(一)總經理協理由董事會議決之

(二)總工程師由總經理擬定辦法陳請董事會議決之

(三)正副科長正副主任稽核主任秘書秘書正副辦事務主任正副組長由總經理決定之其他職員工友由主管人呈准總經理決定之

第八條 本規則自公佈之日施行

第九條 本規則經董事會議決施行修改時亦同

重庆电力股份有限公司各种规则草案（一九四二年五月） 0219-2-46

6

重慶電力股份有限公司請假規則

第一條 總經理協理向董事會以書面請假不適用本規則之規定

第二條 除前條所定以外之職員工友請假時應照左列各款辦理

（一）總工程師向總經理請假並董事會備案

（二）正副科長正副室主任正副辦事處主任正副組長向總經理請假其他職員工友向主管科室處組之主管人請假但在一日以上者應由主管人陳請總經理核准請假時應依式填具請假單敘明起訖日期及職務暫代人員由本人及其職務暫代人員簽名或蓋章續假時亦同

第三條 職務暫代人員以辦理性質相同事務之同人為限

第四條 本公司職工非因婚喪或疾病或其他不得已之事不得請假本人婚姻或父母承重之喪兩星期為限配偶之喪十日為限

7

第五條　假期之規定如左

（一）事假　每年二十日為限逾期按日扣薪

（二）病假　病假以一個月為限逾一個月者給薪四分之三逾二個月者給半薪逾三個月者給薪四分之一逾四個月者停薪但因公受傷並經特准者不在此限因花柳病鬥毆致傷或吸毒物請病假者概作事假論

第六條　請病假者應先經本公司指定之醫生檢驗認可並出具證明書為憑否則作為事假續假時亦同

第七條　請假回籍者得於請假單上詳敘回籍路程陳請於期限外酌給路程日期此項酌給日期得免扣薪給但每年以一次為限

第八條　星期日或例假值日不以加工計算如遇其值日時間減少因事假應扣薪給

重庆电力股份有限公司各种规则草案（一九四二年五月） 0219-2-46

8

第九條　連續請假滿六日以上者假期内之星期日及其他例假均不得扣算

第十條　公務繁忙時不得請假

第十一條　職工如擅離職守或請假逾期未經續假者均為曠職曠職一日作為事假二日

第十二條　請假未經核准或未將其職務移交暫代人員不得離職否則以曠職論續假時亦同

第十三條　遲到早退作曠職論但遲到尚未逾規定時刻半小時者得免予計算

第十四條　職工任職一年以上在一年內未請事假者於年終照其二十日之薪工額發給獎金曾經請假者照其請假日數與二十日（薪工額）之差數發給之全年未請事假病假者除給予二十日（一月薪工額）之獎金外再給予特別獎金五十日

81

第十五條 每滿三年度未請事假者除照前條給予當年之獎金外加給予特別獎金二十日 如未請事假滿假者亦照前條給予獎金外加給予兩月薪工額之特別獎金

第十六條 各辦公處所應分別備具簽到簿及請假簿請假簿內應將職工之請假事由及起訖日期登錄之

第十七條 各辦公處所應以職工請假單之一聯送秘書室人事股登記備查

第十八條 本規則自三十一年七月一日起施行

第十九條 本規則所稱之薪工額依照最後一月之薪工額計算不包括米貼加工工資在內

第二十條 本規則經董事會議決施行修改時亦同

重庆电力股份有限公司各种规则草案（一九四二年五月） 0219-2-46

重慶電力股份有限公司職工退職金規則

第一條 職員工友經解職或自動退職者得依照本規則發給退職金

第二條 任職在二十年以上年老力衰之職員工友本公司認為不堪任事令其退職者由董事會酌視其以前勞績按月發給薪工額十分之二至十分之五之退職金以至死亡之日為止

第三條 除前條情形外職員工友退職金規定如左於退職時一次發給之

（一）任職期在一年以上三年以內者發給薪工額二個月
（二）任職期在三年以上五年以內者發給薪工額三個月
（三）任職期在五年以上七年以內者發給薪工額四個月
（四）任職期在七年以上九年以內者發給薪工額五個月
（五）任職期在九年以上十一年以內者發給薪工額六個月

9-1

六、任職期在十一年以上十三年以內者發給薪工額七個月
七、任職期在十三年以上十五年以內者發給薪工額八個月
八、任職期在十五年以上十七年以內者發給薪工額九個月
九、任職期在十七年以上十九年以內者發給薪工額十個月
十、任職期在十九年以上者發給薪工額十一個月
十一、任職期在二十年以上而自請退職者發給薪工額一年以後每多一年加發一薪工額一月

第四條　職員工友任職在十年以上而於公司有特殊勞績者退職時除照第二條發給退職金外由董事會酌視情形另議酬勞

第五條　職員工友以年齡未逾六十歲者為限經董事會特許者不在此例因本條之規定而退職者依第三條之規定發給退職金

第六條　本規則所稱任職期在本公司成立日（即廿四年二月一日）已在本公司服務者自該日起算在該日後到職者各自到職之日起算

第七條　職員工友自請退職後再進本公司者其任職期自再進之日起算

第八條　職員工友經解職後再進本公司者其任職期自最初到職之日計算但解職時既應扣算者

第九條　因過失開除者不給退職金

第十條　本規則所稱薪工額依最後一個月之薪工額計算不包括加工工資

公司員在內

第十一條　本規則自公佈之日施行

第十二條　本規則經董事會議決施行修改時亦同

重庆电力股份有限公司各种规则草案（一九四二年五月）　0219-2-46

重慶電力股份有限公司年金規則

第一條 職員工友在本公司繼續任職每滿六年而在六年中請假未逾請假規則所定之期限者於期滿時發給年金其數額依各人在該六年內所領薪工全額十二分之一定之

第二條 每六年中如某年請假逾請假規則所定之期限時該年即不得算入六年期限之內須俟以後補足六年時方得發給

第三條 職員工友繼續任職未滿六年因年滿六十而退職或辭職或在職死亡者得照其在該繼續任職期內所領薪工額十二分之一發給之但第二條所定不得算入之時期仍應扣算自請退職或因過失開除者不給

第四條 本規則所稱薪工額不包括公費獎勵金在內

第五條 本規則自三十一年七月一日起施行職員工友在三十一年七月

重庆电力股份有限公司各种规则草案（一九四二年五月） 0219-2-46

一日已在本公司服務者自該日起算在該日後到職者各月到職之日起算

第六條 職員工友自請退職後再進本公司者其任職期自再進之日起算

第七條 職員工友經解職後再進本公司者其解職前繼續任職時期仍照計算但第二條所定不得算入之時期亦仍應扣算

第八條 本規則經董事會議決施行修改時亦同

12

重慶電力股份有限公司非常時期職工撫卹規則

第一條 職員工友於空襲時間內或派往戰事地帶遇有因公傷亡者依本規則辦理之

第二條 職員工友因公死亡或受重傷不治死亡時除依職工卹金規則第二條辦理外並加給薪工額及津貼額一年由其合法繼承人具領

第三條 職員工友因受重傷治愈致成殘廢不能再操持工作者除依職工卹養規則第四條辦理外並加給八個月薪工額之慰勞金

第四條 凡受輕傷治愈後仍能操持工作者依章升級加資

第五條 職員工友因受重傷治愈致不能操持原有工作但仍能操持其他工作者除照職工卹養規則第三條辦理外加給二個月薪工額之慰勞金

第六條 因公死亡或因殘廢退職者除照本規則之規定撫卹外並得

重庆电力股份有限公司各种规则草案（一九四二年五月） 0219-2-46

遣退職金規則及年金規則發給退職金及年金

第七條 本規則所稱薪工額及津貼額係最後一個月之薪工額及津貼額計算不包括公費加工資在內

第八條 因公傷亡須由主管人證明因傷殘廢須由醫診斷陳述經理協理核定辦理之

第九條 本規則自公佈之日施行

第十條 本規則經董事會議決施行修改時亦同

13

重慶電力股份有限公司職工卹養規則

第一條 職員工友因執行職務而致死亡殘廢或病死者按照本規則之規定發給卹養金

第二條 職員工友直接因執行職務而致死亡者以左列各款之卹養金發給其合法之承繼人

(一) 二年薪工額之卹養金 (二) 喪葬費三百元

第三條 職員工友直接因執行職務者而成殘廢不能操持原有工作但仍能操持其他工作發給二個月薪工額之慰勞金

第四條 職員工友直接因執行職務而成殘廢不能再操持工作者發給五年薪工額之卹養金

第五條 任職在一年以上而在職病故者向其合法之承繼人發給喪葬費一百元並給薪工額二個月之卹養金以後每多一年加給薪工額一個月之卹養金

重庆电力股份有限公司各种规则草案（一九四二年五月） 0219-2-46

但不得超過一年

第六條 因救護公司財產之重大危險而致死亡或永久殘廢者由董事會酌量情形另議優卹辦法

第七條 本規則所稱薪工額依最後一個月之薪工額計算不包括公費在內（加工資）

第八條 本規則所稱任職期在本公司成立日（即廿四年二月一日）已在本公司服務者自該日起算在該日後到職者各自到職之日起算

第九條 職員工友自請退職後再進本公司者其任職期自再進之日起算

第十條 職員工友經解職後再進本公司者其（職）任期自最初之日起計但解職時期應（扣）除

第十一條 職員工友因執行職務而致死亡或因殘廢退職或病死者除照本規則之規定發給卹養金外並照退職金規則及年金規則發給退職金及年金

第十二條 職員工友因執行職務而致死亡殘廢者須由主管人證明（因傷）其殘廢程度由醫（師）診斷陳總經理協理核定辦理之

第十三條 本規則自公佈之日施行

第十四條 本規則經董事會會議決施行修改時亦同

14

重慶電力股份有限公司醫藥待遇規則

第一條　本公司職員工友因公受傷或患病者依本規待遇之

第二條　職員工友除患花柳病或吸毒物及其他本公司醫務室不能醫治之病外，得一律免費由本公司醫師治療，但不備補劑、補針，重病須進醫院治療者概不供給住院費醫藥費

第三條　職員工友因公受傷本公司負擔全部醫藥費用至全愈為止，重傷者送醫院治療，但須經本公司醫師診斷許可，其住院醫藥各費概由公司供給

第四條　職員工友因公受傷未經本公司醫師診斷許可而自願往醫院治療者，概不供給住院醫藥等費

第五條　職員工友因公受傷不願由本公司醫師治療或送醫院治療自行負責醫治者，非先經總經理協理核准概不供給醫藥費

14-2

第六條　職員工友因公受傷須住醫院者科長或處主任工程師以上得住頭等病房工務員股主任領班得住二等病房其他職工概准住三等病房如受傷職工選住較高病房者除照規定供給醫藥住院費外不足由職工自理

第七條　職員工友因公受傷未經本公司醫師診斷認為必須休養而自願休養者以請事假論

第八條　職員工友因公受傷須有負責人之證明經總經理協理核准方得以因公受傷論

第十條　本規則自公佈之日施行

第十一條　本規則經董事會議決施行修改時亦同

重庆电力股份有限公司各种规则草案（一九四二年五月）　0219-2-46

重庆电力股份有限公司各种规则草案（一九四二年五月） 0219-2-46

14-1

第九條 職員工友因患重病公司醫室不能治療而無力自行醫治者得向公司借支醫藥費用但須由該醫師之證明經總經理協理核准借支金額不得超過照規則可得之退職金及年金病愈後服務分六個月在薪工津貼內扣還

15

重慶電力股份有限公司職員薪俸規則

三十一年五月修訂

第一條　本公司職員之薪俸依後列之第一表定之

第一表

	級別	金額
共三級 每級差五十元	一	800.00
	二	750.00
	三	700.00
共四級 每級差四十元	四	660.00
	五	620.00
	六	580.00
	七	540.00
共四級 每級差三十元	八	510.00
	九	480.00
	十	450.00
	十一	420.00
共八級 每級差二十元	十二	400.00
	十三	380.00
	十四	360.00
	十五	340.00
	十六	320.00
	十七	300.00
	十八	280.00
	十九	260.00
共八級 每級差十五元	二十	245.00
	二十一	230.00
	二十二	215.00
	二十三	200.00
	二十四	185.00
	二十五	170.00
	二十六	155.00
	二十七	140.00
共七級 每級差十元	二十八	130.00
	二十九	120.00
	三十	110.00
	三十一	100.00
	三十二	90.00
	三十三	80.00
	三十四	70.00

重庆电力股份有限公司各种规则草案（一九四二年五月）　0219-2-46

157

第八表

共七級每級差五元	三五	65	00
	三六	60	00
	三七	55	00
	三八	50	00
	三九	45	00
	四十	40	00
	四一	35	00
共三級每級差四元	四二	30	00
	四三	26	00
	四四	22	00
共二級每級差二元	四五	20	00

職別	級別	薪額
總經理	15—1	340—800
協理	16—2	320—750
總工程師	18—2	400—800
科長	26—6	155—580
主任工程師	23—7	200—540
工程師	29—9	120—480
主任	34—20	70—265
副工程師	31—11	100—320
工務員	36—23	60—200
科員	41—26	35—185
助理工務員	38—27	50—140
學習工務員		50
工務練習生	42—33	30—80
見習生	45—42	20—30

學習工務員起支額五十元學習期滿即照工務員薪級起支

重庆电力股份有限公司各种规则草案（一九四二年五月） 0219-2-46

重慶電力股份有限公司非常時期發給職工酬勞金獎勵金退職金卹養金年金辦法

第一條 非常時期職員工友酬勞金獎勵金退職金卹養金年金除依各該規則辦理外并照本辦法發給之

第二條 各規則所稱之薪工額原薪工及附加薪工均一併計算

第三條 獎懲規則第二條之年終獎勵金另給一月津貼額之半數

第四條 請假規則第十四條之獎金每得一月薪工額之獎金加給一月津貼額特別獎金祇以薪工額計算

第五條 職員工友經本公司解職者每得一個月薪工額之退職金加給一月薪津額之半數自動退職或因殘廢退職或死亡者退職金概祇以薪工額計算

第六條 卹養規則第二條與第四條之卹養金得連津貼額一併計算并加[illegible]

17-1

規則第五條之[illegible]膳食金每[illegible]一月之薪工加給每月津貼額[illegible]

膳養規則第二條與第五條之喪葬費以戰時經濟研究所統計[illegible]

重慶物價指數為~~標準~~表指數一百為標準指數每增加一百喪葬費增加十分之一[illegible]

第八條　除本辦法特別規定者外餘均照各規則發給[illegible]

第九條　發給年金辦法另行規定

第十條　本辦法所稱津貼額以最後一個月之津貼額計算包括一般津貼[illegible]

第十一條　[illegible]津貼種種[illegible]

第十二條　本辦法經董事會議決施行修改時亦同

重庆电力股份有限公司各种规则草案（一九四二年五月） 0219-2-46

18

重慶電力公司職員任免規則

第一條 本公司職員之任免除本公司組織規程另有規定外依照本規則辦理

第二條 本公司工務人員以具有左列資格之一者充任之

一、國內外大學校電機系或機械系畢業者

二、曾在電力廠機器廠擔任技術工作服務在五年以上者

三、高等工業學校畢業者

第三條 本公司非工務人員以具有左列資格之一者充任之

一、國內外大學或高中學校畢業者

二、曾在商業機關服務二年以上而有一種專門經驗者

第四條 本公司全體職員除總工程師由總經理聘任函董事會備案

重庆电力股份有限公司各种规则草案（一九四二年五月） 0219-2-46

外其餘概由總經理任免之

第五條　各科室廠處之職員得由各該科室廠處之主管陳請總經理任免之

第六條　職員之任用分左列三種

一、聘任　聘任總工程師時用之

二、遴派　任用各科長各室廠處主任及主任工程師時用之

三、委派　任用聘任遴派以外各職員時用之

第七條　職員之免職分左列五種

一、辭職　自請辭去職務者

二、停職留資　因疾病或其他不得已之事故而停止職務保留資格者

重庆电力股份有限公司各种规则草案（一九四二年五月）　0219-2-46

18-1

三、裁遣　因裁併或緊縮而裁遣者

四、解職　依本公司職工獎懲規則之規定解除職務者

五、開除　依本公司職工獎懲規則之規定開除職務者

第八條　停職留資之期限視其疾病或事故之輕重與年資之深淺成績之優劣定之至多以一年為限

停職留資之職工在核定期間以內得隨時申請復回公司服務逾期以辭職論

第九條　本規則經董事會議決後施行

18-2

重慶電力公司職工服務規則

第一條 本公司職工服務公司應忠勤廉謹對於本公司一切章程規則應恪守勿渝

第二條 職工除公司規定休假日外應該公司辦事時間逐日準時辦公不得遲到早退其指定值班者并應依照指定之時間到值時應在考績簿上親筆簽到

第三條 職工經辦事務應隨時趕辦不得積壓如須當日辦畢者并應延長時間辦理之

第四條 外勤職工經辦事務隨時由主管依照事實限定時間交與辦理逐日考核並按月填報 總經理

第五條 職工在辦事時間內非經主管之允準或請假不得擅離職守

重庆电力股份有限公司各种规则草案（一九四二年五月）　0219-2-46

第六條　職工如有意見應據誠陳述以供採擇并應服從上級職員之指導

第七條　職工對於用戶應謙和誠懇不得增積對於用戶委辦事件尤應周到以敏捷

第八條　職工對於公司之一切器材設備及材料燃料日用消耗品等應刻意愛惜撙節不得損傷浪費

第九條　職工無論故意或過失致公司受損害時除照職工獎懲規則辦理外並應負賠償之責

第十條　職工對於用戶不得有職務以外之行為或舞弊營私情事

第十一條　職工不得兼任公司以外職務但經總經理核准者不在此限

18-3

第十二條　職工不得任意告退如因不得已之事故必須辭職時應候經總經理之核准

第十三條　職工調職時應迅與接替不得藉故推諉其應行交代人員亦不得藉故遲延

第十四條　本規則經董事會議決施行

調配技術人員介紹表

調　字第　號

姓名		年齡		籍貫		性別	
家庭出身		本人成份		黨派			
學歷				專長			
工作經歷							
現任職務					工薪		
鑑定							
適宜何種工作	本人志願						
	原屬機關意見						
	本部意見						
	決定分配何處						
備註	(1)此表兩張同時填寫　(2)屬於本人範圍由本人填寫 (3)鑑定與原屬機關意見由原機關填寫 (4)決定分配何處由分配機關填寫，留一張備查，另一張退回本部人事司技幹科備查。						

燃料工業部人事司製　　　年　月　日　分配部門簽字

重庆电力股份有限公司各种规则草案（一九四二年五月）　0219-2-46

調配技術人員材料介紹表

姓名		年齡		籍貫		性別	
家庭出身		本人成份		健康狀況			
學歷				專長			
工作經歷							
現任職務					工薪		
鑑定							
適宜何種工作	本人志願						
	原屬機關意見						
	本部意見						
	決定分配何處						
備註	(1)此表兩張同時填寫 (2)屬於本人範圍由本人填寫 (3)鑑定與原屬機關意見由原機關填寫 (4)決定分配何處由分配機關填寫留一張備查另一張退回本部人事司技幹科備查						

燃料工業部人事司製　　年　月　日　原屬部門簽字

重庆电力股份有限公司各种规则草案（一九四二年五月） 0219-2-46

22

重慶電力公司職工請假規則

第一條 本公司職工請假除總經理協理以書面向董事會辦理不適用本規則之規定外悉依本規則辦理、

第二條 核准請假權限如左、

總工程師請假由總經理核准函董事會備案、

秘書正副科長及室組處廠正副主任請假由總經理核准、

其餘職工請假在三日以內者由主管人核准、三日以上者由主管人核轉總經理核准、

第三條 請假期限如左、

事假 臨時發生之故或因事回籍無須請假時得請事假、

每年積計不得逾二十日、其在七月以後到職者，

不得逾十日、逾限按日照扣薪工，照扣薪津、逾限

周月無薪其請假回藉者其往來旅程日數一

不計入

病假 凡因疾病請假者，每年積計不得逾一

個月 其在七月以後到職者，不得逾十五日、逾限

得以事假所餘日數作抵，逾一個月者，給薪

工津照半數

仍扣津貼四分之三，逾二個月者，按日照扣薪工，逾三個月

給薪工津貼四分之一，逾四個月者停薪，逾六個月者停職

者停職，但因公受傷並經特准者，不在此限、

其因花柳病、酗酒、政傷或戒吸毒物請病

或因公受傷未經本公司醫師診斷證明必須休養而自願休養者，均

假者，以事假論。

重庆电力股份有限公司各种规则草案（一九四二年五月） 0219-2-46

22

婚丧假　因结婚请假者，不得逾十日，因丧事请

假者，父母丧（或配偶丧）不得逾二十日，祖父母及配偶丧不

得逾十五日，但均得按其往来旅程请求加给日

数，逾限按日照扣薪饷（工人按日照扣工资）。逾一个月者[illegible]

生育假　女职工因生育请假者，不得逾一个月，逾限按日照扣薪饷

第四条　职工请假应依式填具请假单，叙明事由起

讫日期、时间及代理人姓名，由本人及其代理人

签名或盖章，送本单位主管签证，请假[illegible]

第五条　[illegible]再行准假后，即送人事股登记，[illegible]

假期内之代理人，以办理与职务性质相同之同人

為限，主管人認為必要時得進行派人代理。

第六條 假期內之星期日及其他例假日免予計算，其在星期日或其他例假日曾經值日不以加工計資者，得照其值日日數減少因假期逾限應扣之薪餉津貼。

第七條 請病假在三日以上者，應先經本公司特約醫生或其他註冊醫生出具證明書，連同請假單陳核。

第八條 確因急事或重病不能親到請假者，應於當日以電話或其他方法託由公司同人代理職務並代填請假單陳核，其親友或醫士代為請假單陳核。

第九條 假期屆滿不能到職者，得聲明理由續假，續假手續與請假同。

第十条 凡未經請假或請假未經核准擅離（或雖經核准而未將職務移交代理人）職守及假期已滿并未核准續假亦不到職者，均以曠職論，曠職一日以事假二日論，按日照扣薪餉津貼，逾五日者停職。

第十一条 職工服務一年未曾請假者，於年終時給予一個月薪餉額之獎金。

第十二条 職工服務繼續六年，每年請假均未逾規定期限者，于第六年終給予六年內薪餉總額十二分之一之獎金，如某年請假已

重慶電力公司職員薪給規則

第一條 本公司職員薪給依另列二表定之

第一表

第二表

第二條 總經理協理之薪給級數由董事會議定 總工程師由總經理提請董事會議定 其他職員由總經理決定

第三條 職員有兼職者不另支薪

第四條 職員因獎勵或升級應予加薪者依本公司職工獎懲及升級規則辦理 而無級可加

第五条　职员月薪金于每月十五日发给，如十五日为例假时于前一日发给，在十五日以后到职者于次月十五日发给。

第六条　职员到职、退职时其服务未满一个月者按日计算

第七条

重庆电力股份有限公司各种规则草案（一九四二年五月）　0219-2-46

重庆电力股份有限公司各种规则草案（一九四二年五月）　0219-2-46

重慶電力公司輪值規則

第一條　本公司為星期及其他假期便於應付各方接洽及處理臨時發生事件輪派人員值日

第二條　值日起訖時間即平日辦公時間

第三條　輪值人員分總值日及值日兩種總值日一人由股主任担任值日二人由科員以次人員担任

第四條　工務業務兩科與各用戶有直接關係須酌派一人輪值

第五條　輪值人員由總務科長商同各科科長先行遴選排定輪值表由人事股陳總協理及各科長核閱並通告

通知仍於前一日分別通知當值人員
輪值表如有變更之必要時由總務科依前項手
續辦理
第六條　星期及其他假期之當值人員按輪值
表順推仍由人事股於前一日分別通知當值人員
第七條　應行當值人員如因疾病或不得已事故必
須請假須於前一日陳經核准後即按輪值表
順推假滿後仍須補值
第八條　每屆星期及其他假期由人事股將總值
日及值日姓名懸牌揭示

重庆电力股份有限公司各种规则草案（一九四二年五月）　0219-2-46

30-1

第九條　輪值人員在當值時間內对於詢問或請求之來人或電話應負答復或辦理之責其重要事件由總值日報請有關科長或總協理核示辦理

第十條　輪值人員遇有緊急文件應速送陳總協理核閱

第十一條　輪值人員遇空襲或火警應召集在公司內之職工搬運重要文件或施救

第十二條　輪值人員在當值时間內不得擅離違者議處

第十三条　轮值人员如非在公司午膳者由公司供给午膳

第十四条　轮值人员应于当值时间终了时在日记簿登记日期天气事项及职别姓名并盖章于次日上午送请总务科长转陈总协理核阅

第十五条　当值时间内由庶务股轮派工友二人供轮值人员差遣

第十六条　轮值职工每人每日得酌给津贴其金额由总经理核定之

第十七条　本规则自总经理核准公布之日施行

31

重庆电力公司职工医药费支给规则

第一条 本公司职工因公受伤或患病并依本规则支给医药费，但患花柳病或吸毒物及非本公司医务室所能治疗之病不适用之。

第二条 职工因公受伤或患病经主管人证明，随由总协理核准给治疗费，由本公司医师诊断书，由本公司医师免费治疗。

第三条 职工因公受伤者由本公司支付全部医药费，须送医院治疗时，非经本公司医师诊断许可其住院，医药费仍由本公司全部支付。

第四条 职工因公受伤不能由本公司医师治疗或送医院

而自行覓醫治療者非經總經協理核准概不支給醫藥費。

第五條　職工因公受傷送往醫院後其醫藥費全由公司負擔主任股長工程師以上得住頭等病房工務員股長領班得住二等病房其他職工概住三等病房如願住較高之病房者其較高部分所需費用由本人自給

第六條　職工患病經公司醫師診斷須治療而無力自行延醫治者得陳由主管人核轉總經協理核准借支醫藥費其金額不得超過該職工一個月薪工津貼總數分六個月扣還

重庆电力股份有限公司各种规则草案（一九四二年五月）　0219-2-46

32

重慶電力公司職工用電優待辦法

一 本公司職工自有房屋或租賃之房屋用電時、依本辦法優待電費，其寄住公司宿舍之職工、不適用之、

二 職工用電每月應付電費，職員以九度計算、技工見習以六度計算、小工雜役以三度計算、

三 職工用電以電燈為限，不得使用電爐電扇、違者一經查覺即予取消優待、

四 職工用電以本人住處為限、不得將電燈

与他人使用、遇此一經查覺、即予停職、

五　職工用電以本人所住一處為限、其眷屬分居他處者、不予優待、

三　職工用電以在自屋或租賃房屋居住者為限、其寄住公司宿舍者不予優待

七　本辦法自總經理核定施行、原定職工用電度九度六度三度以內由本公司供給、超過度數照章收費之辦法、即行廢止

重庆电力股份有限公司各种规则草案（一九四二年五月）　0219-2-46

重庆电力股份有限公司各种规则草案（一九四二年五月） 0219-2-46

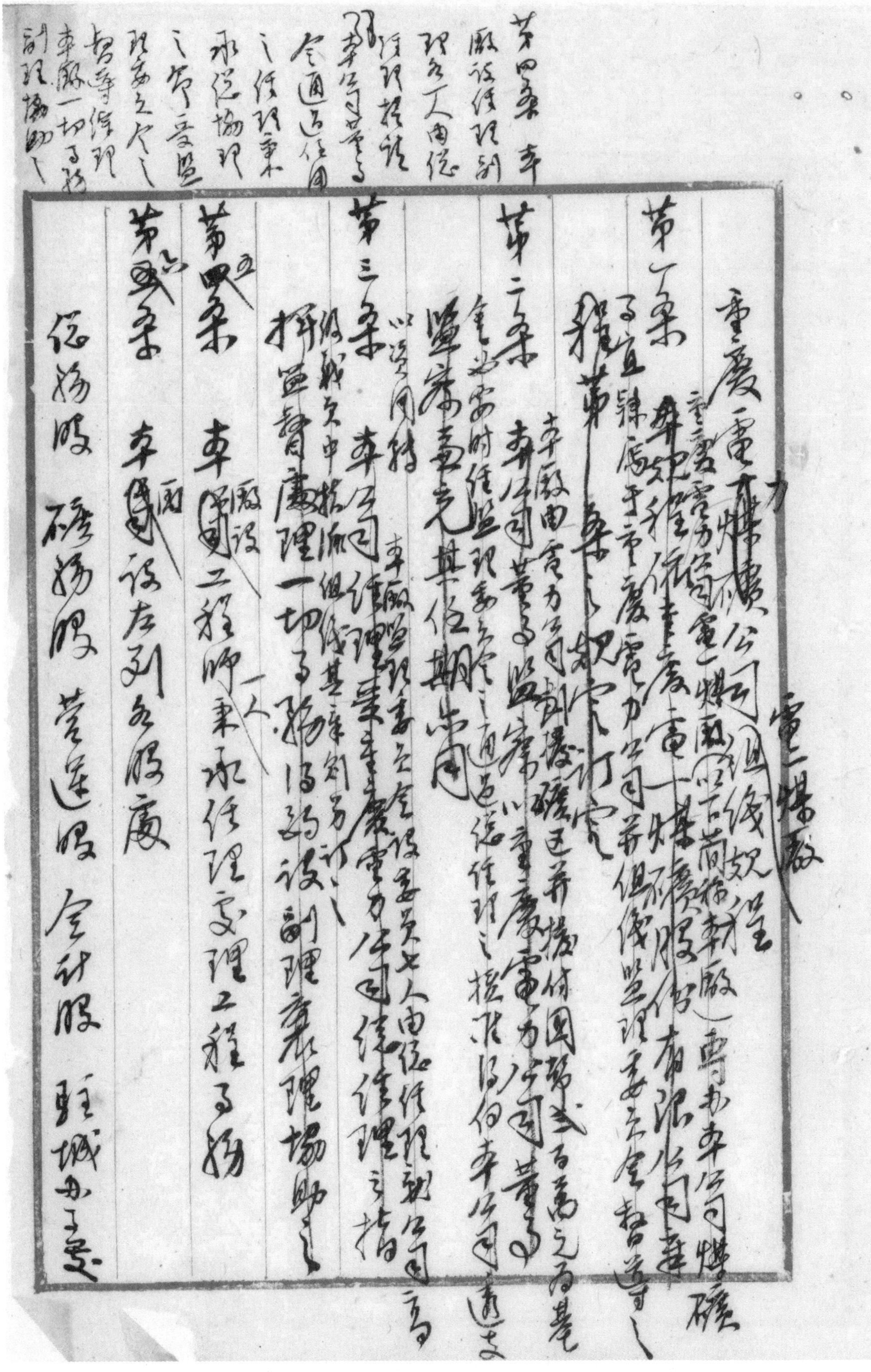
第四條 本廠設工程師一人秉承經理處理工程事務

第五條 本廠設左列各股處

總務股 礦務股 營運股 會計股 駐城辦事處

74

二、关于存煤之保管登记及收发事项
三、关于二程师计划修办事项
四、关于锅工之督饬分配及管理事项
五、其他关于锅务事项

第八条 营运股职掌如左

一、关于车船之标准规划及煤仪之分配事项
二、关于购备运煤物之采购及保管事项
四、关于锅工之分配、督饬及管理事项
三、关于运费用之支付结算事项
五、其他关于运输业务事项

第九条 会计股职掌如左

一 关于账务之设计（登记）及处理事项

二 关于账本计算事项

三 关于现金之出纳及单据之保存事项

四 关于计算之编制书据事项

~~关于统计事项~~

五 其他关于会计统计事项

第十条 驻城办事处之职掌如左

一 关于售给煤价之收汇事项

二 关于账户收卸之清结事项

三 关于转账事项

重庆电力股份有限公司各种规则草案（一九四二年五月） 0219-2-46

34-1

以同于公司临时份办

第十一条 本厂各股设股长一人，由经理遴选提请，秉承经理办理各该股事务

第十二条 本厂设主任一人，若干人由经理提请总经理委派之，秉承经理综理厂务

第十三条 本厂各股设股长（员）若干人，由经理派充或互调之

第 条 本厂办事细则另订

第 条 本规程经理提请本公司董事会议决施行

第六條 總務股職掌如左

一 關於各電之收發繕擬及檔卷之保管事項

二 關於印章之鈐蓋保管事項

三 關於職工進退遷調考績之登記報告稽核工友之訓練管理及其他有關人事事項

四 關於物品之購置收發保管及登記事項

五 關於薪工津支之發給事項

六 關於其他不屬各股事項

第七條 稽核股職掌如左

一 關於營業增進工作之改善推動事項

重庆电力股份有限公司各种规则草案（一九四二年五月） 0219-2-46

重庆电力公司职员薪金规则

第一条 本公司各级职员之薪金级数依左列之表定之、

第一表（照原表抄）

第二表

第二条 总经理协理之薪金、由董事会议定，总工程师由总经理提请董事会议定、其他职员由总经理决定、

第三条 职员有兼职者、不得兼薪、

第四条 职员因奖励或抚恤应予加薪者

重庆电力股份有限公司各种规则草案（一九四二年五月） 0219-2-46

依本公司職工獎勵規則及撫卹規則之規定辦理。

第五條 職員薪金於每月十五日發給，如十五日為例假期，於前一日發給，在十五日以後到職者，於次月十五日併給。

第六條 職員到職退職，其服務未滿一個月者，按日計薪。

第七條 本規則經董事會決議施行。

重庆电力股份有限公司各种规则草案（一九四二年五月） 0219-2-46

40

重庆电力公司职工保证规则

第一条 本公司职工，除左列者外，均须有保证人保证其在服务期间恪守本则，绝无违法舞弊，以及亏挪款项，致损公司信誉利益情事。

一 总经理、
二 协理、
三 总工程师、
四 秘书、正副科长及各室处厂正副主任、
五 总经理协理特许者、

第二条 本公司保证分为定额及不定额二种，本公司主管人視被保人職務之性質、於保證書內記載相當金額、由保證人負金額內保證之責任、並為定額保證、保證書不記載金額、由保證人負無限責任、並為不定額保證、保證書式另定、

前項主管人、在各科為科長、在各處廠為主任、下倣此、

第三條　負銀錢責任之職工、須用不定額保證、其餘職工用定額保證、

第四條　職工更調職務、如主管人認為應改用不定

重庆电力股份有限公司各种规则草案（一九四二年五月） 0219-2-46

41

額保証或增加保額時該職工應於更調前商得原保証人同意或另覓保証人更換保証書

第五条 保証人以有商業上之信用及居住重慶市区內者為限並須先經總協理認可、對於特種職工得指定必以殷實商號為保証人、

第六条 每一保証人不得同時保証本公司職工三人以上、

第七条 各級職工不得為其他職工之保証人對於不傳送銀錢票據之工友得允許本公司其他職工三人為其聯帶保証人但一人不得保証二人以上、並不得相互保証、

「民法第七百四十五条保证人于债权人未就主债务人之财产强制执行而无效果前对于债权人得拒绝清偿」

第八条 保证人应亲自填写本公司所备之保证书、加盖姓名印章、其以商号作保者、应由其经理人亲自填写保证书、加盖姓名印章及该号图章印章。

第九条 保证人应于保证书内声明自愿放弃民法第七百四十五条规定之先诉抗辩权、

第十条 保证书经本公司派员查明相符、由保证人复盖原式印章、并由被保人依印花税法规定粘贴印花、俾发生效力。

第十一条 被保人变更职务或服务所在地时、保证人

42

不变更保证责任。

第十二条 保证书成立后本公司如发现保证人有不適當情形得随时通知被保人更换之。

第十三条 保证书成立後每届满一年应复查一次由本公司通知保证人限期函复声明照旧负责并盖原式印章以资证明或由本公司派员持书赴保证人住所复查应由保证人在原书内加盖原式印章。

第十四条 保证人如不愿继续负责得随时向本公司声明退保但以盖有原式印章之书面为限。

第十五條　保證人聲明退保後十五日內仍負保證責任，保證人退保或被保人退職均於六個月後經本公司審查認為無未了事件時始退還保證書、解除保證責任。

第十六條　被保人應於保證人聲明退保後十五日內另覓保證人，逾期尚未覓妥，即予暫停職，俟覓妥後再行復職。

第十七條　保證人原留印章遺失或作廢時，在未正式以書面向本公司聲明前，原保證書仍認為有效。

重庆电力股份有限公司各种规则草案（一九四二年五月） 0219-2-46

43

第十八条 保证人如死亡远去或丧失保证能力时，被保人应即报告并另觅保证人，保证人职业、住址有变更时，被保人亦应报告备查，否则一经察觉即对该职工予以停职查办处分。

第十九条 本规则经董事会议决施行。

44

重慶電力公司職員交代規則

第一條 本公司職員如有更迭無論是否為一部份主管人均應依本規則辦理交代事宜

第二條 移交人應繕造交代清冊同式二份會同接收人憑冊逐件點交雙方蓋章

第三條 交代清冊內應詳載左列事項

一、經手款項

二、經管物品

三、經辦案件

四、辦公用具

五、其他

第四条　移交人对于经手款项或经管物品应自接办日起至移交日止将收支及结存数详细开列一面将所存款项或物品交付接收人如系一部份主管人移交并应注明经办人或经管人姓名由该经办人或经管人加盖私章

第五条　移交人经办案件应将未结之案逐件开列事由说明经过及现状一面将待办各件交付接收人如系一部份主管人移交并应注明经办人姓名由该经办人加盖私章

第六条　移交人对于所领桌椅文具及印章图记等办公用具应逐项开列其名称式样及数量一面点交接收人

45

第七条　本規則第三條第一款至第四款以外事項應開列于其他項內如係一部份主管人移交并應將其所屬職員開列姓名職銜及職務

第八条　接收人會同移交人應交代清冊點收之件應即分別存轉其移交部份如係撤銷由總經理派員接收時接收人應將點收之件分別轉交各主管部份

第九条　接收人應將接收情形連同移交清冊陳經直接部份主管人查核蓋章轉陳總協理如主管人查核不符得令重辦

第十条　總協理核閱交代清冊后批交總務科如總協理認為

有疑義時得批交有關部份復核

第十一条　有關部份接奉批交之文件清冊後應即核對有關

案件加蓋印章簽復如有不符得簽復飭令重辦

第十二条　總務科接奉批交之文件清冊除即以一份備查外以一份

發交接文人並通知接收人及直接部份主管人

第十三条　本規則經董事會決議公佈施行變更時亦同

重庆电力股份有限公司各种规则草案（一九四二年五月）　0219-2-46

重庆电力股份有限公司各种规则草案（一九四二年五月）　0219-2-46

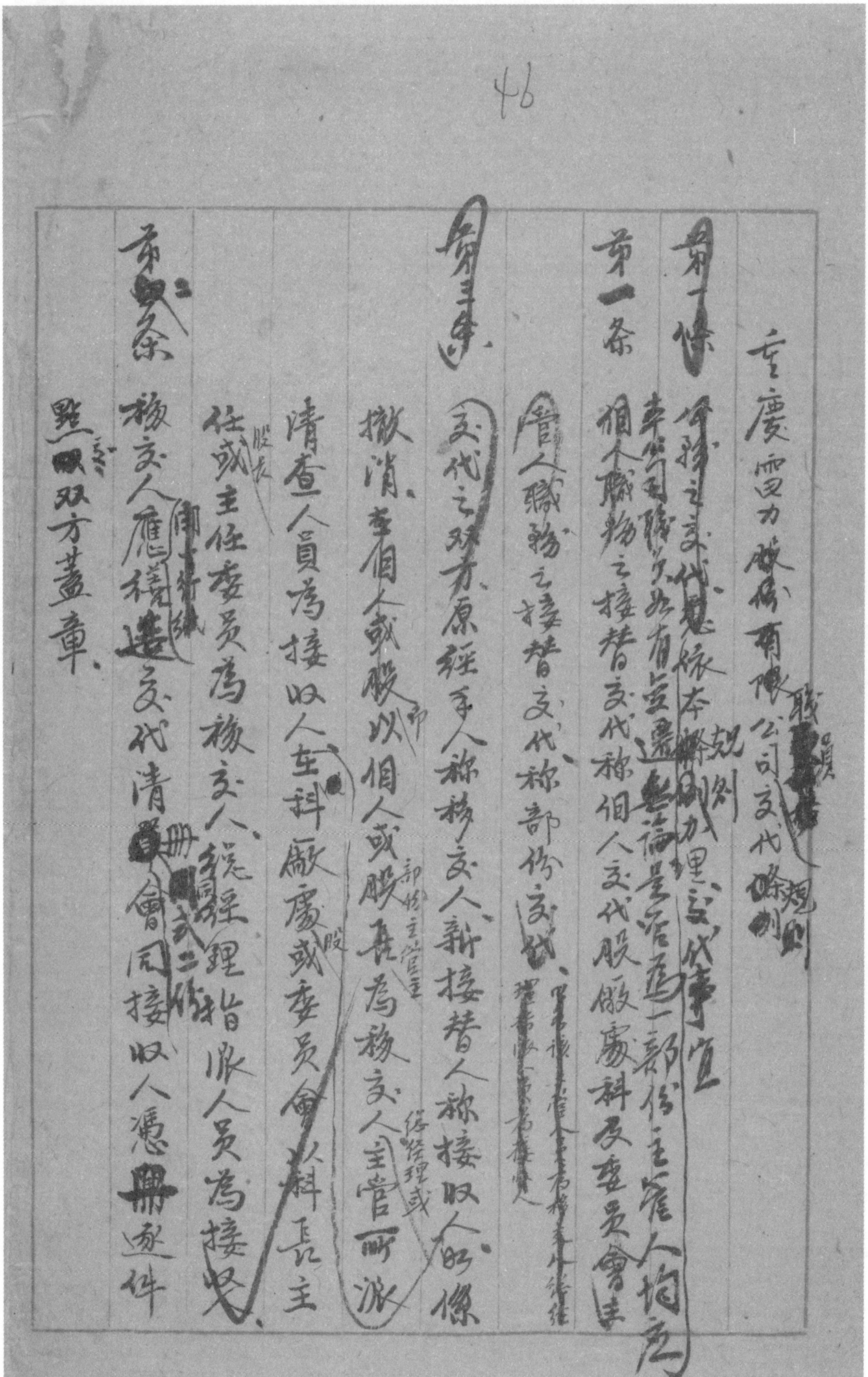

46

重慶電力股份有限公司交代條例

第一條 本公司職員如有遷調無論是否全部或一部份主管人均應

第一條 個人職務之接替交代稱個人交代股級處科及委員會主

管人職務之接替交代稱部份交代

第三條 交代之雙方原經手人稱移交人新接替人稱接收人但係

撤消本個人或股以個人或股長為移交人主管所派

清查人員為接收人在科廠處或委員會科長主

任或主任委員為移交人總經理指派人員為接收

第二條 移交人應將移交清冊會同接收人憑冊逐件

點收雙方蓋章

重庆电力股份有限公司各种规则草案（一九四二年五月） 0219-2-46

第五條 個人或股長之交代應造交代清冊一份，以一份呈報總經理批交總務科備查，一份呈報主管存查，一份移交人存查，一份接收人存查。

第六條 科長主任或主任委員之交代應造交代清冊三份，以一份呈報總經理批交總務科備查，一份移交人存查，一份接收人存查。

第七條 移交人及接收人存查之交代清冊，應經直接主管簽蓋。

第十三條 交代清冊內應詳載左列各事項。

經手款項

一、印章開證

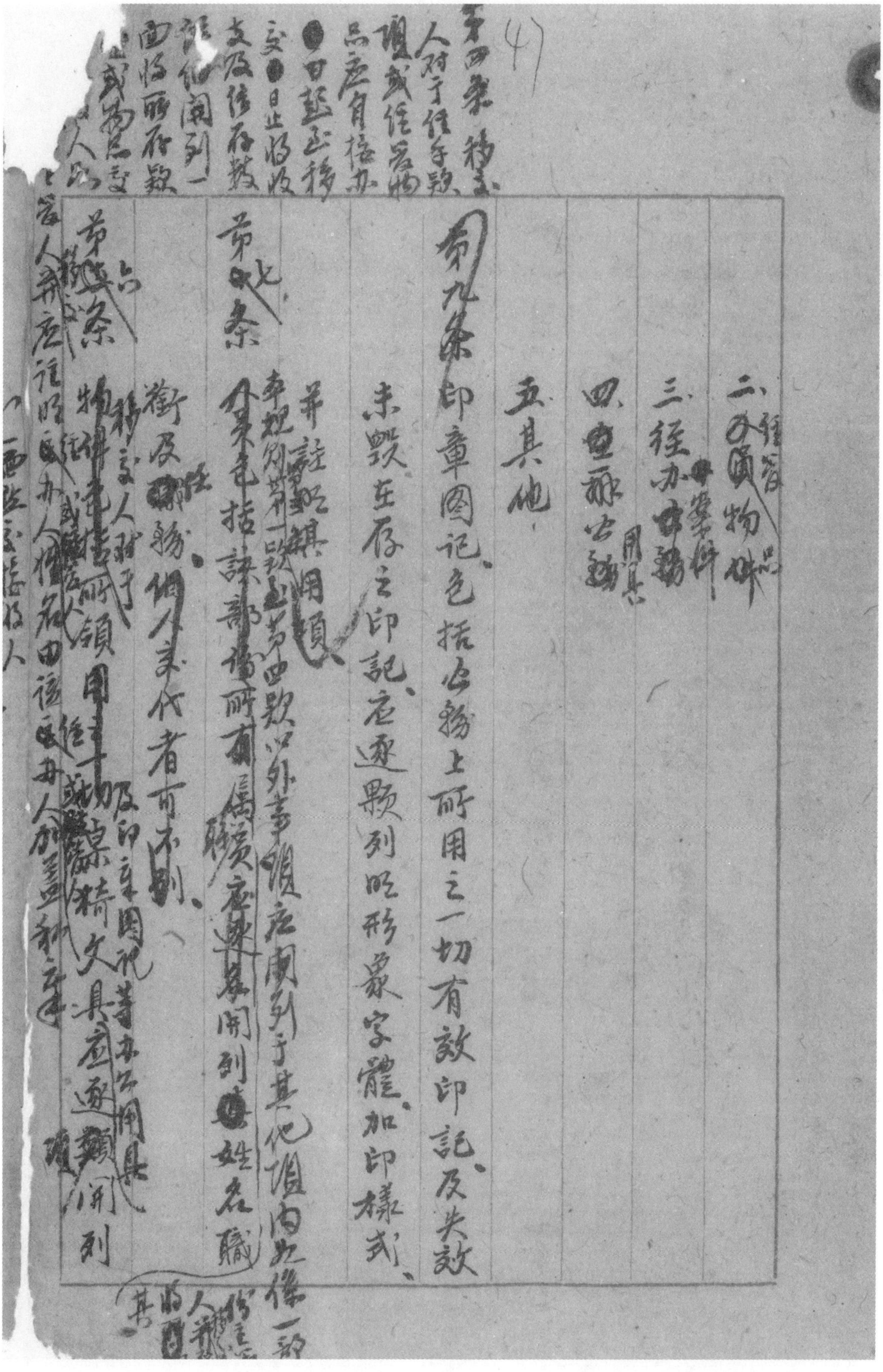

二、經管物品
三、經辦案件
四、經辦帳目 用具
五、其他。
第九條 印章圖記包括公務上所用之一切有效印記、及失效未毀存之印記，應逐顆列明形象字體、加印樣式、并註明其用途。
第七條 本規則第一款至第四款以外事項，應開列于其他項内，如係……
第八條 包括該部份所有職員應逐一開列其姓名職……

其名称式样数量及新旧部份交代者、并应注明领
用人非本由领用人附章证明、
移交人暂件应将未结之案件
经办件务已经已办在存卷案本视其繁简逐卷注明待办及现状一面将待办部份交代者
第五条
应列明件数及逐件开列说明其内容部份交代者
件交付接收人接收一部份交代者
并应注明经办人或接收人姓名由经办人或接收人
加盖私
附章证明、
第十一条 本办公务包括正在办理及尚未清结各案、应逐件开
列说明其内容、属于□项者、除现款外并应详列账
目表数部份交代者、并应注明主办人姓名由主办人
附章证明

重庆电力股份有限公司各种规则草案（一九四二年五月） 0219-2-46

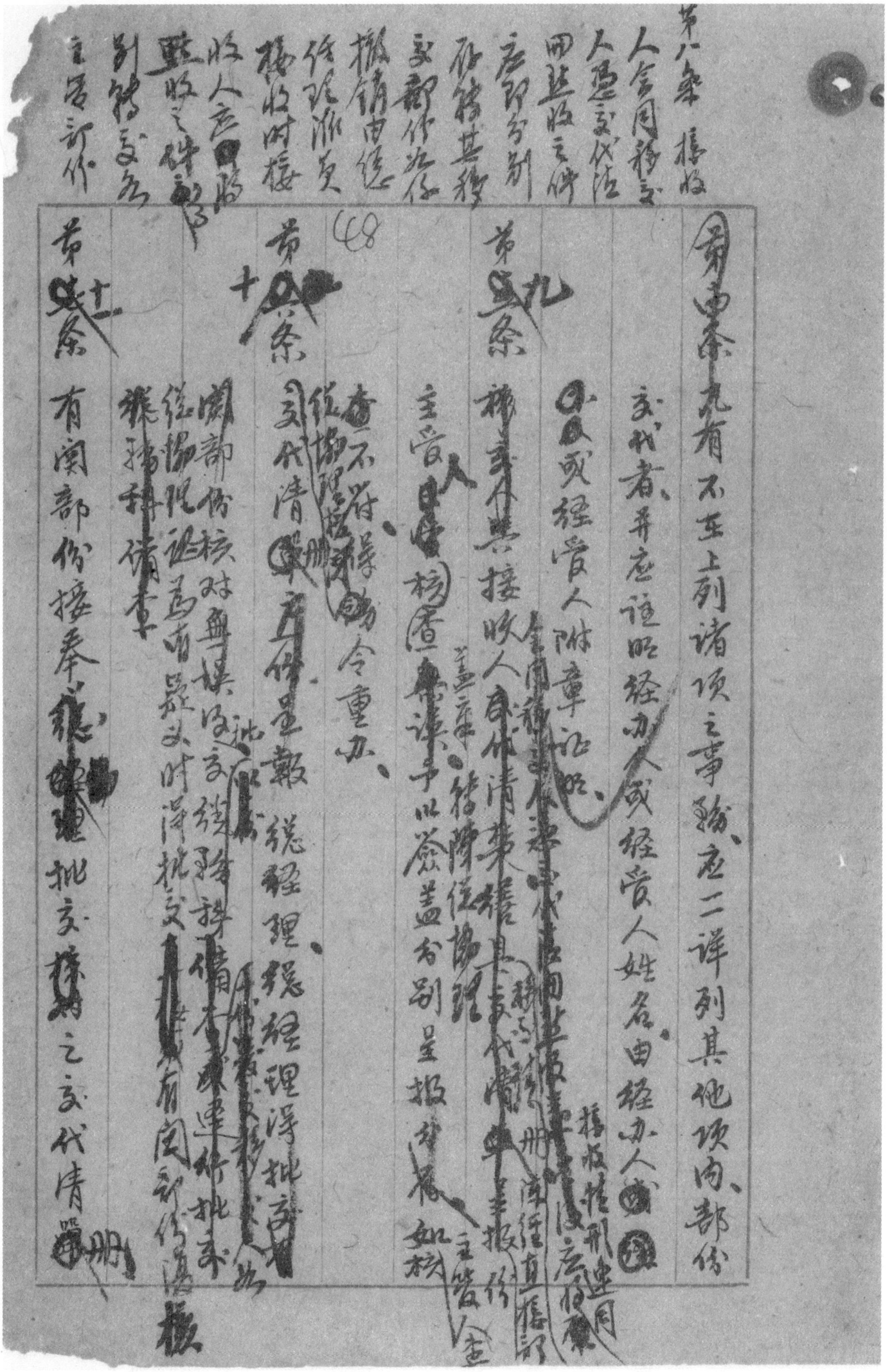
第十条 凡有不在上列诸项之事務，应一一详列其他项内，部份或代者，并应注明经办人或经管人姓名，由经办人或经管人附章证明。

第九条 移交接收人……主管人……核阅……予以签盖分别呈报……

第十条 ……交代清册……总经理……批交……

第十一条 有关部份接交……之交代清册

重庆电力股份有限公司各种规则草案（一九四二年五月） 0219-2-46

後應即行核對有關案件、加蓋印章簽復後

第十八條 有關部份核對有不符時、得飭令重辦、

第十九條 未辦清楚之總務科經管事項、總務科應查明造冊、依備查以一份簽存、

具未辦清案卷清單、交給移交人接收人及直接部份主管人

第廿條 移交人接收人於接辦總務科交代清楚具單後、

交代手續始稱清楚、

第廿一條 如係撤消接收人應於接辦總務科交代清楚具

單後時全案文卷呈交主管查收時物品文具呈

交主管轉總務股查收部份交代者、得將全案文

卷請總務科查收歸檔、

47

第十三条 本规则经董事会决议后公布施行、变更时亦同。

重庆电力股份有限公司各种规则草案（一九四二年五月） 0219-2-46

80

職工服務規則 已公佈

職員任免規則 已公佈

職員保証規則 已呈閱

職員請假規則 已批 已呈閱

公務交代條例 已呈閱

工友保証規則 已呈閱

~~工友雇傭規則 未擬~~ 工人雇用規則 已批 已呈閱

~~學徒雇用條例 未擬~~ 招收學徒辦法 已批 已呈閱 附學徒契約

工友請假規則 已呈閱

職員獎懲規則 已呈閱

重庆电力股份有限公司各种规则草案（一九四二年五月） 0219-2-46

工友奬懲規則 原有 已修改呈閱

工資法規

發放工資辦法 原有

職員值班加班規則

工友值班加班規則

工友領用工具規則

廠房規則

外勤工作規則

奬金頒給規則辦法

發放薪金辦法

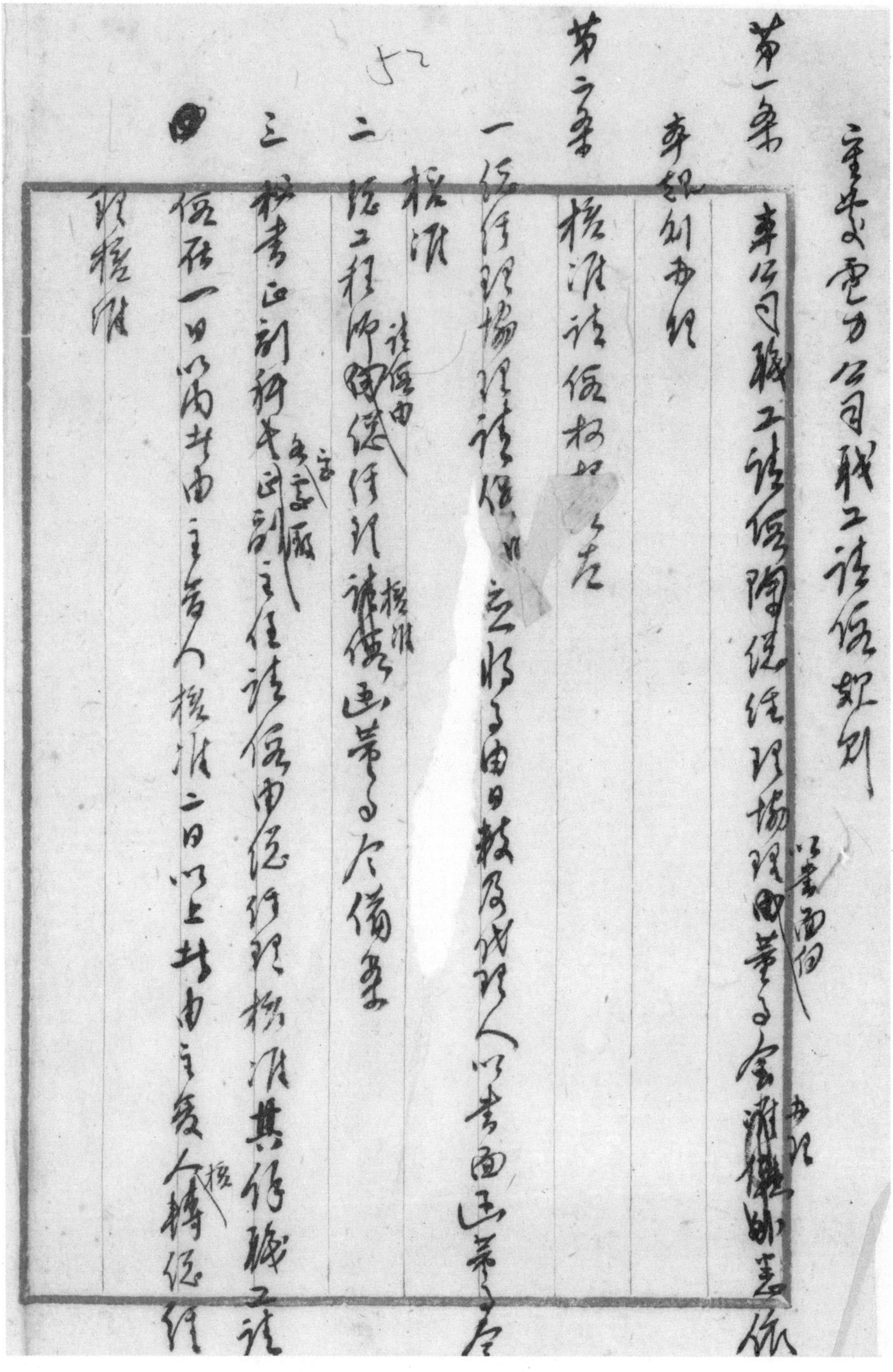

重庆电力公司职工请假规则

第一条 本公司职工请假除经理协理以书面向董事会请假外依本规则办理

第二条 核准请假权限如左

一 经理协理请假应将事由日数及代理人以书面送董事会核准

二 总工程师请假由总经理核准报董事会备案

三 稽核室正副科长各厂主任请假由总经理核准其余职工请假一日以内者由主管人核准二日以上者由主管人核转总经理核准

重庆电力股份有限公司各种规则草案（一九四二年五月） 0219-2-46

第三条 请假期限如左

一 事假 职员遇有事故必须请假时得请事假每年积计不得逾二十日其七月以后到职者不得逾十日逾限按每日照扣薪津再逾一個月者停職

二 病假 员因疾病请假者每年积计不得逾三十日其七月以后到职者不得逾十五日逾限得以事假所余日数作抵再逾二個月者按每日照扣薪津半数逾三個月者停職但因公受傷並經特准者不在此限其因花柳病酗酒鬥毆或吞服毒物請病假以事假論

三 婚丧假 ……及结婚不得逾十日……父母丧者不得逾十五日……祖父母……但得按其往来路程请求加给日数逾限按日照扣薪津再逾一個月者停職

重庆电力股份有限公司各种规则草案（一九四二年五月） 0219-2-46

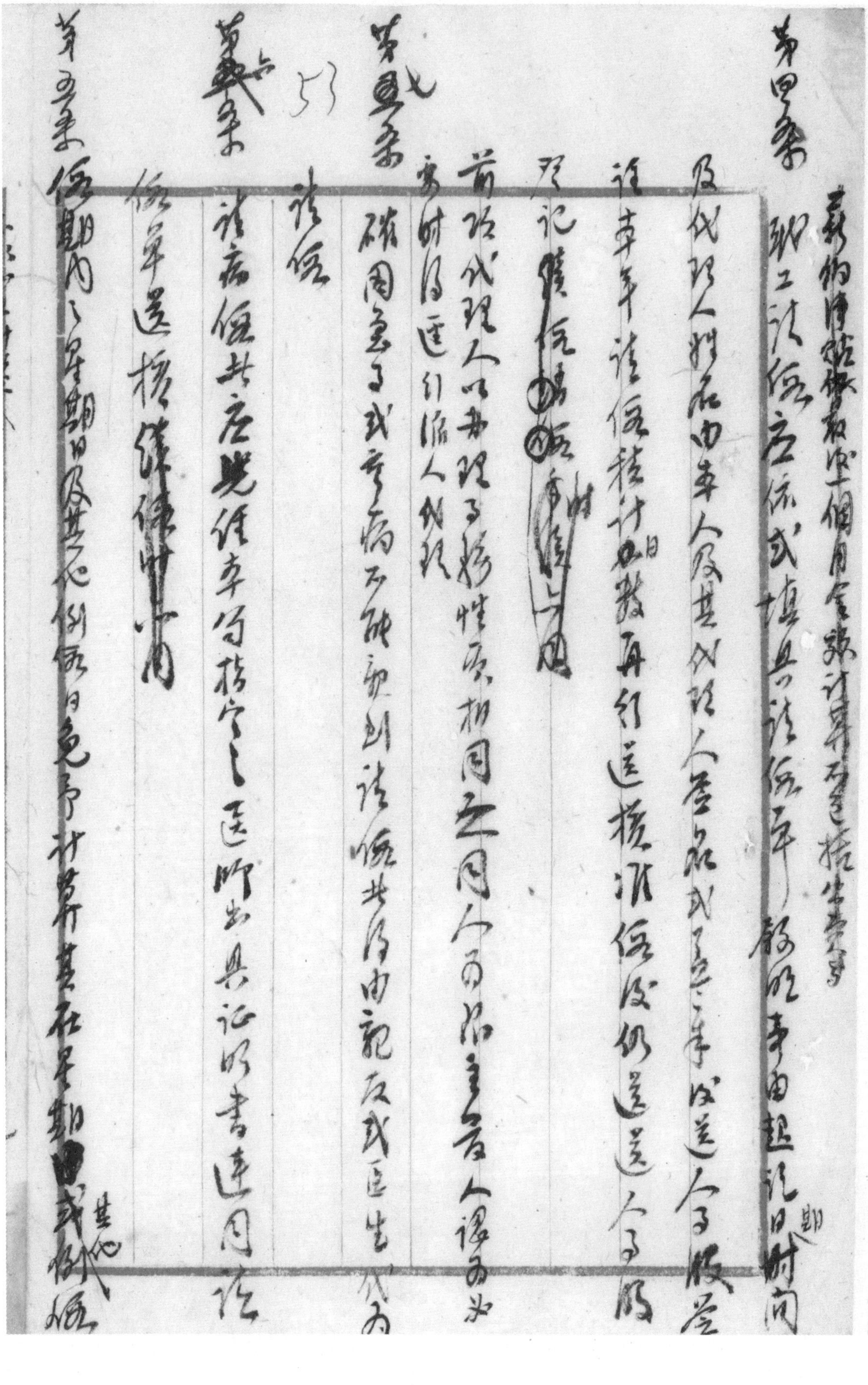

薪給清結後如不足一個月全數計算不足者[illegible]

第四條 職工請假應依式填具請假單聲明事由起訖日期時間及代理人姓名由本人及其代理人簽名或蓋章後送人事股登記請事年請假積計日數再行送核准假後送人事股登記[illegible]

第七條 前項代理人以兼理事務性質相同之同人為原則主管人認為必要時得通知代理人代理

第五條 確因急病或意外不能預先請假者得由親友或醫生代為請假

第六條 請病假者應經本公司指定醫師出具證明書連同請假單送核[illegible]

第五條 假期內之星期日及其他例假日免予計算其在星期日或例假[illegible]

日曾得值日者（不以加工计算之）得照其值日时间减少因假期逾限应扣之薪津

第八条 假期届满不销到职者应声叙理由续假续假未准与请假同

第九条 凡未经请假或请假未经核准擅离职守及假期已满并未核准续假而不到职者以旷职论扣除薪钱五日以内

第十条 其旷日以扣薪津逾五日者停职

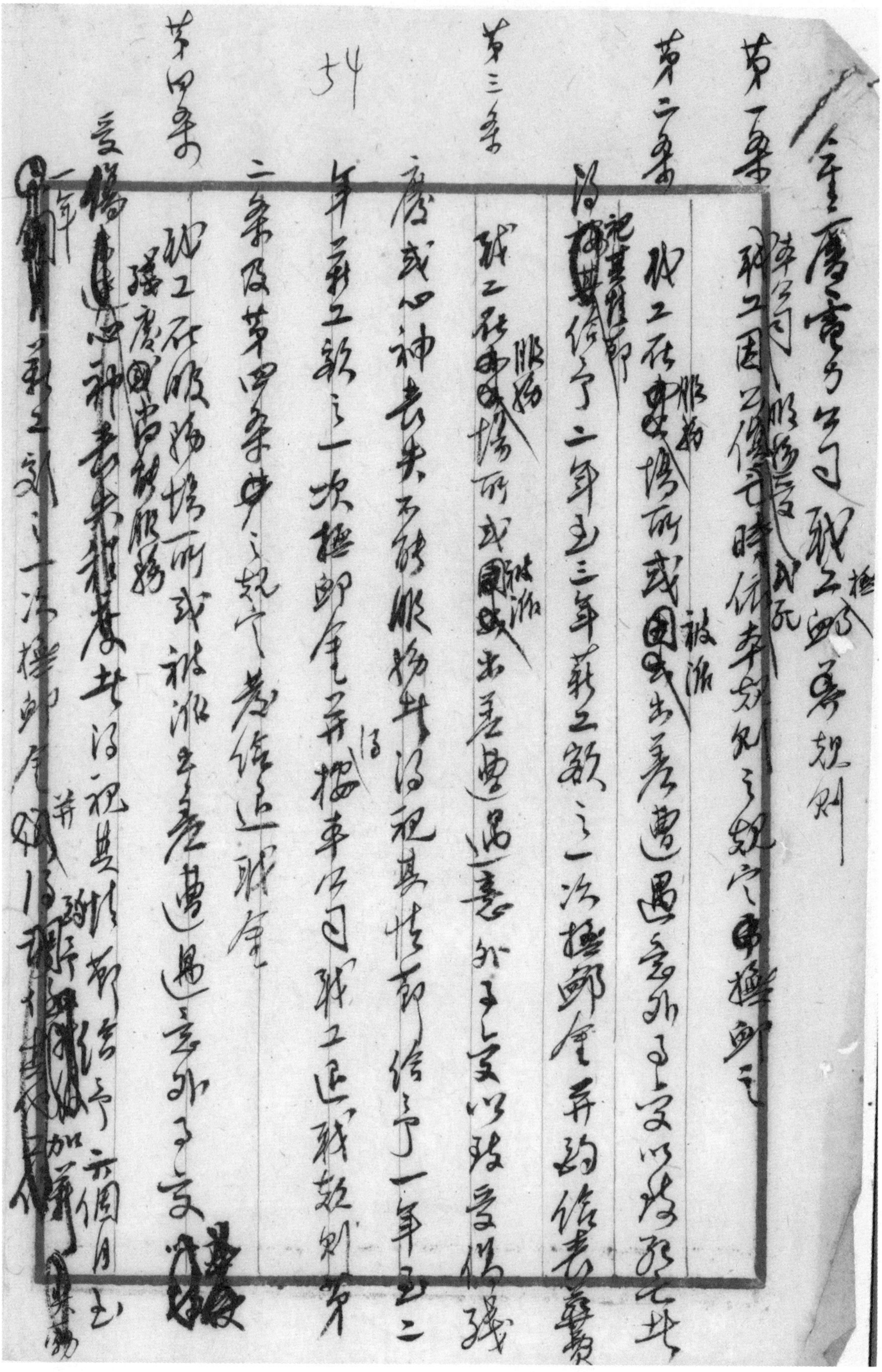

重庆电力公司职工抚恤费规则

第一条 本公司职工因公伤亡时依本规则之规定申请抚恤金

第二条 职工在服务场所或因公出差遭遇意外事变以致殒亡者得视其情节给予二年至三年薪工额之一次抚恤金并酌给丧葬费

第三条 职工在服务场所或被派出差遭遇意外事变以致受伤残废或心神丧失不能服务者得视其情节给予一年至二年薪工额之一次抚恤金并按本公司职工退职规则第二条及第四条之规定发给退职金

第四条 职工在服务场所或被派出差遭遇意外事变受伤……并视其情节给予六个月至一年薪工额之一次抚恤金……

54

重庆电力股份有限公司各种规则草案（一九四二年五月） 0219-2-46

第五条　职工在服务场所或被派出外遇意外受伤未达残废程度者得视其情节给予二个月至六个月薪工之一次抚恤金并得酌予医药费或加给

第六条　职工供职一年以上而在职病故者得给葬费并给予二个月薪工之一次抚恤金供职每多一年加给薪工一个月但不得超过薪工一年

[illegible]

前项病故职工薪给以[illegible]计算

第七条　职工有重大危险损害公司财产以致殁亡或受伤者得由董事会从优议恤

重庆电力股份有限公司各种规则草案（一九四二年五月） 0219-2-46

54-1

第八条 职工死亡无遗族或遗族远离不及赶到者由本公司代为殓埋不另给丧葬费

第九条 职工死亡其应领抚恤金之遗族以配偶子女父母为限

第十条 本规则第二条至第六条所称伤亡之事实须由主管人证明或医院医师诊断书证明由总经理核定

第十一条 本规则所称薪工系以伤亡职工最后一个月实得薪工数目为限

第十二条

55

重庆电力公司职工退职规则

第一条 本公司职工因其本身意志请求退职者，得依本规则发给退职金，但任职不满一年或因过失开除者不适用之

第二条 职工退职金于退职时一次发给，其标准如左

一 任职一年以上不满三年者，薪给一个月

二	三	五	二
三	五	七	三
四	七	九	四
五	九	十一	五
六	十一	十三	六
七	十三	十五	七
八	十五	十七	八
九	十七	十九	九

重庆电力股份有限公司各种规则草案（一九四二年五月） 0219-2-46

重庆电力公司职工奖惩规则

第一条 本公司各级职工之奖惩除别有规定外均依本规则办理

第二条 总经理协理之奖惩由董事会议定总工程师由总经理核转董事会议定秘书处长科长主任由总经理核定其他职工由各该主管人核转总经理核定

第三条 奖励分左列三种

一 嘉奖 二 记功 三 奖金 四 加薪

第九条 惩罚分左列四种 一 申诫 二 记过 三 罚金 四 开除

第五条 一 [illegible] 二次以记功一次论 记功十二次论记功 [illegible] 并给奖金（中行）二次以记过

[illegible] 论记过十二次并 [illegible] 记过 [illegible] 并 [illegible] 开除 [illegible]

第四条 嘉奖二次以记功一次论曾经记功或给奖金二次者加薪

应予以记功或奖金奖励时，得改为加薪

第五条　加薪于年终考绩时行之，甲等加三级，乙等加二级，丙等加一级

第[illegible]条　告诫二次以记过一次论

第六条　曾经记功或给奖金二次，此后再应予记功或奖金时，得随时酌为加薪；曾经记过或罚薪二次，此后再应

第九条　予记过或罚金时，得遣退予开除，因一人之功过得

第十条　功过数互相抵销

重庆电力股份有限公司各种规则草案（一九四二年五月） 0219-2-46

重庆电力公司职工保证规则

第一条 本公司职工除左列者外均须有保证人保证其在服务期间[illegible]

一 总经理 二 协理 三 总工程师 四 秘书[illegible]

五 总经理协理特许者

第二条 本公司保证分为定款及不定款二种视被保证人职务之性质于保证

证书内记载相当金额由保证人负金额内保证之责任者为定额保证

保证书不记载金额由保证人负无限责任者为不定额保证保证书式[illegible]

第三条 前项之[illegible]人[illegible]

保证

第四条 职工[illegible]调换职务如主管人认为应改用不定款保证或应增加原定

保证[illegible]

第五条 更换保证书 [illegible] 保证人须具 [illegible] 并须先经 [illegible] 对于特种职工得指定以殷实商号为保证人

第六条 [illegible] 每一保证人不得同时 [illegible]

第七条 [illegible] 银钱 [illegible] 之工友 [illegible] 三人 [illegible]

[illegible] 保证人 [illegible] 一人不得由两人 [illegible] 并不得相互保证

第八条 [illegible]

保证人 [illegible] 本公司 [illegible] 由其保证人亲自填写 [illegible]

第九条 [illegible] 保证人应于保证书内声明 [illegible]

[illegible]

第十条 保证书 [illegible] 由原保证人 [illegible]

[illegible] 印花 [illegible]

重庆电力股份有限公司各种规则草案（一九四二年五月） 0219-2-46

57-1

第十一条 被保人完全脫離職務或服務所在地時保證人不完全負保證責任

第十二条 保證書成立後每屆滿一年應復查一次由本公司函知原保證人限期出具書面無積負責並蓋原式印章以資證明或由本公司派員持書親赴保證人住所復查應由保證人在原書內加蓋原式印章

第十三条 保證書成立後由本公司如發現保證人有不適當情形隨時通知被保人更換之

第十四条 保證人如不願繼續擔負責任得向本公司聲明退保但以蓋有原式印章之書面為限

第十五条 保證人聲明退保後十五日內仍負保證責任但保證人及被保人[illegible]個

無異議[illegible]件 一 解除保證責任

月以作本公司营业损失时始得退还保证书

第十六条 被保证人应于保证人声明退保后十五日内另觅保证人更换，逾期尚未觅妥，即予暂时停职，俟觅妥后始能复职。

第十七条 保证人如有迁移、失踪或他处时，应以书面函告本公司声明前，原保证书仍认为有效。

第十八条 保证人如死亡、逃亡、失踪、失其保证能力时，被保证人应即报告并另行觅保。保证人职业、住址有变更时，被保证人应报告备查，否则一经发觉，即对被保证人予以停职查办。

第十九条 本规则经董事会议决施行。

重庆电力股份有限公司各种规则草案（一九四二年五月） 0219-2-46

5-7-2

重慶電力股份有限公司便箋

重慶市工廠用電暫行辦法第十條奉准施行後

凡工廠申請用電須經經濟部之核准

第六条 其租价之中均包括之

宿舍租价得视物价指数之变动每三个月调整一次

有自来水及电灯设备之宿舍应照标准租价加收百分之二十，仅有电灯而无自来水设备者加收百分之十，其他杂费由总务科视各该宿舍情形分别估计陈总经理核定

第八条 每一宿舍设管理员一人管理宿舍内一切事宜，管理员执行职务时住宿职工均应服从其指挥

职工宿舍住宿职工不得有左列情事 住宿舍进住外出

一（2）（3） 二（6） 三（7） 四（8） 五（11）（13） 六（14） 七（15） 八（18）

第十二条 宿舍内由住宿职工应轮流值日洒扫清洁

不另牟收得由住宿职工二十人以上联名签请

第十条 住宿职工应爱惜公物，如有损失应即报告管理人照价赔偿

其他用品概由住宿职工自备

第九条 宿舍内由公司预备供给床铺桌椅，不得任意需索

重庆电力股份有限公司各种规则草案（一九四二年五月） 0219-2-46

第十一条　住宿职工对于银钱及贵重物品应负有留心，如有遗失，公司不负责任。

第十二条　[illegible]宿舍情形应随时检查，住宿职工不得拒绝。

第十三条　住宿职工发现同住者有不规则行为时应加劝阻或报告管理员。

第十四条　住宿职工如有疾病应即通知公司医师诊断，以免传染。

第十五条　住宿职工每晚十一时前应返宿舍，逾时得由管理

员拒绝入宿，但因职务值班、轮工或有特殊情形者
经主管职员准许，不在此限。

~~第十八条 宿舍伙食[illegible]~~

第十九条 住宿职工如有违反规则情事，由管理员签报各该科室主管人核转总协理议处，其情节重大者签报总协理核办，得令其迁出。

第十八条 公司职员不在本市有住宅或不便住宅者，得由住宿舍[illegible]二十五岁以上[illegible]。

第十九条 本规则自公布之日施行，以前本公司职员工友宿舍管理规则即予废止。

一　携帶眷屬或寄留外人
二　床鋪行李污穢凌亂
三　携帶違禁之品及不必需與過多之用具
四　喧嘩吵閙及有妨碍他人之聲音舉動
八　損壞物之公物或擅自取用他人物件
七　私自集會
五　對於同宿舍者漫罵鬥毆
六　酗酒賭博及其他不道德行爲
九　非辦公時間擅入宿舍
十　住宿者遣使役外出

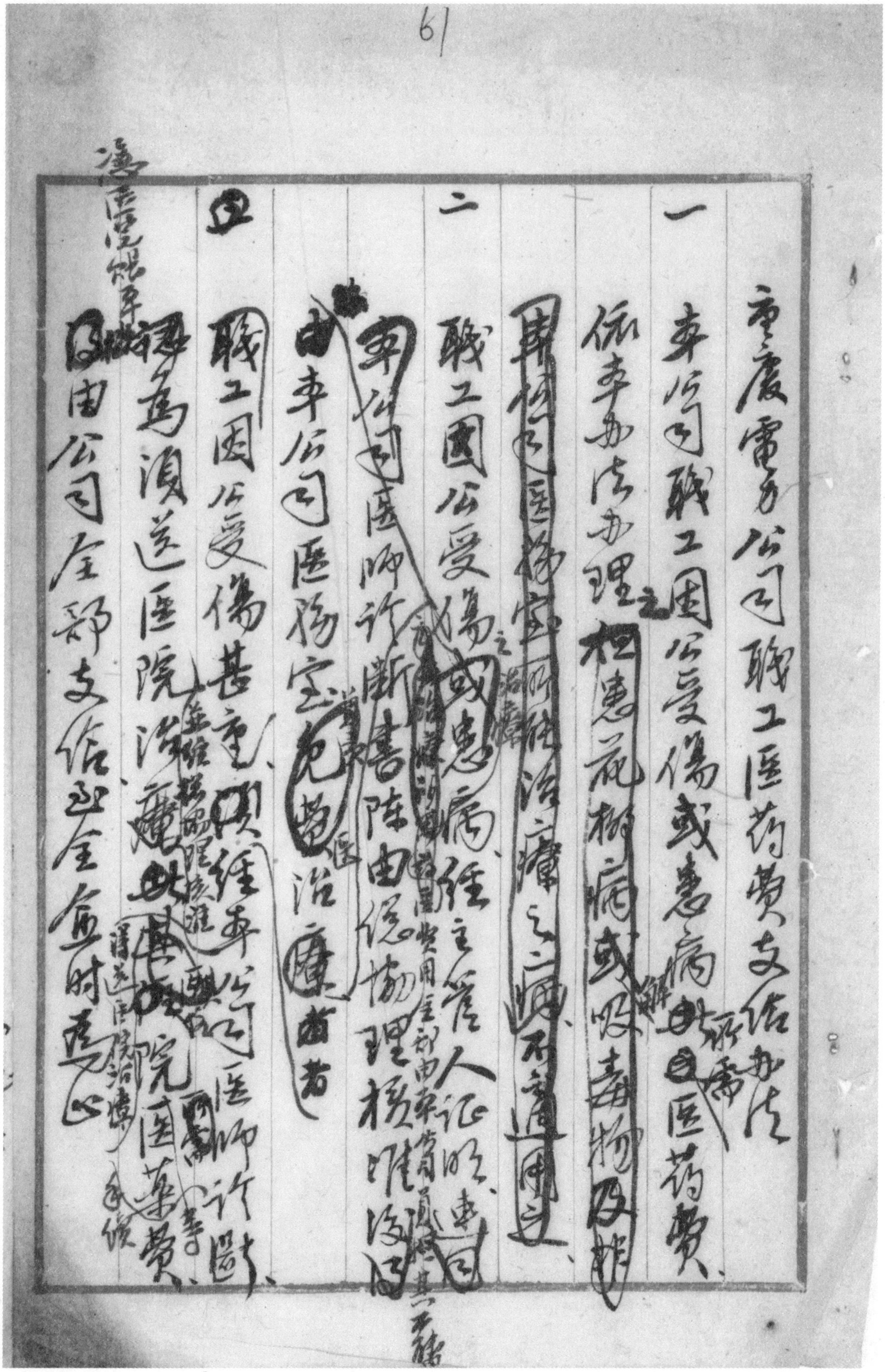

61

重庆电力公司职工医药费支给办法

一 本公司职工因公受伤或患病，所需之医药费，依本办法办理之，但患花柳病或吸毒物及非因公受伤者不适用之。

二 职工因公受伤或患病，经主管人证明，由本公司医师诊断，由本公司医务室免费医治者。

三 职工因公受伤甚重，须经本公司医师诊断，认为须送医院治疗者，其医院医药费，由公司全部支给至全愈时为止。

重庆电力股份有限公司各种规则草案（一九四二年五月） 0219-2-46

三、四 职工因公受伤，不愿由本公司医务室或送医院治疗，而自行觅医者，非事先陈经主管人陈由总协理核准，概不支给医药费。

七、五 职工因公受伤送医院治疗者，其各科室股主管人及工程师以上得住头等病房，股主任、主务员、领班得住二等病房，其他职工概住三等病房，如愿住较高等病房者，其较高部分所需费用由本人自付。

四、六 职工患病经本公司医师证明须住院治疗而无力自行觅医者，得由主管人……

152

（六）職工因[illegible]患病醫[illegible]由本公司醫師診斷認為非公司醫務室能治療者[illegible]

[illegible]至院[illegible]草由公司[illegible]

核准借支醫藥費，其借支全額不得超過該職工一個月薪津總額，以便分六個月扣還。

[illegible]費用[illegible]自[illegible]覓醫[illegible]由主管人轉請協理核准

八、本辦法經董事會議決施行

（四）職工患病不願由本公司醫務包醫治或經准而不願進醫院治療而自行覓醫之治，若概不補助醫藥費

重庆电力股份有限公司人事章则等（一九四二年十月二十日） 0219-2-226

重慶電力公司人事章則

重庆电力股份有限公司人事章则等（一九四二年十月二十日） 0219-2-226

8

目錄

重庆电力股份有限公司人事章则等（一九四二年十月二十日） 0219-2-226

9

僱員臨時僱用辦法

10

重慶電力公司職員任免規則

卅一年十月廿日第七十次董事會通過

第一條 本公司職員之任免除本公司組織規程另有規定外依照本規則辦理

第二條 本公司工務人員具有左列資格之一者

一、國內外大學電機系或機械系畢業者

二、曾在電力廠或機器廠担任技術工作服務在五年以上者

三、高等工業學校畢業者

第三條 本公司非工務人員以具有左列資格之一者

重庆电力股份有限公司人事章则等（一九四二年十月二十日） 0219-2-226

一、國內外大學或高中學校畢業者
二、曾在事業機關服務三年以上而有辦事經驗者
第四條 本公司全體職員除總工程師由總經理聘任函董事會備案外，其餘概由總經理任免之
第五條 各科室廠處之職員得由各該科室廠處之主管陳請總經理任免之
第六條 職員之任用分左列三種
一、聘任 聘任總工程師時用之

12

二、遴派　任用各科科長各室服務主任及主任工程師時用之

三、委派　任用聘任遴派以外各職員時用之

第七條　職員之免職分左列五種

一、辭職　自請辭去職務者

二、停職留資　因疾病或其他不得已之事故而停止職務保

留資格者

三、裁遣　因裁併或緊縮而裁遣者

四、解職　依本公司職工獎懲規程之規定解除職務者

17

五、開除 依本公司職工獎懲規程之規定開除職務者

第八條 停職留資之期限視其疾病或事故之輕重與年資之深淺成績之優劣定之至多以一年為限

停職留資之職工在核定期間以内得隨時申請准回公司服務逾期以辭職論

第九條 本規則經董事會議决施行

14

重慶電力公司職工保證規則

卅三年十一月廿日第八十二次董事會通過

第一條 本公司職員及工友除聘任之職員或經總協理特許免保者外均須取具保證書其書式另訂之

第二條 辦理會計經管物品及有關現金出納之職員管理物品及保送現金票據之工友其保證人之資格如左

一、殷實商號之廠

二、工商業界有信譽之人士

第三條 前條以外之職工其保證人之資格除適用前條規定外并得

重庆电力股份有限公司人事章则等（一九四二年十月二十日） 0219-2-226

15

以左列之資格為保證人

一、現任政府機関荐任以上之職員

二、有正當職業及有信譽之人士

第四條 保證人之服務或居住地点及商號之廠開設地點以在重慶市區內便於調查對保者為限

第五條 職工之直系親屬及配偶兄弟姊妹不得為各該職工之保證人

第六條 本公司之職工不得互為保證人但小工學徒茶役如確實不能覓具妥保者得由本公司職員或技工五人連帶保證

重庆电力股份有限公司人事章则等（一九四二年十月二十日） 0219-2-226

16

第七條　每一保證人對於本公司職員不得同時為三人以上之保證本公司職員按之連帶保證者亦同

第八條　職員保證書一份及保證書同式二份應由保證人親自填寫并簽名蓋章其以商號工廠作保者應由經理簽名蓋章并加蓋該商號工廠之正式印章

第九條　保證書須由被保人依法貼足印花稅票

第十條　保證書送秘書室審查合格後即交由~~稽核科~~秘書室派員對保經保證人在原書面復加簽蓋後再陳總經理核准將職員

17

保證書交秘書室工友保證書以一份交秘書室以一份交工作部
份存查

第十一條　保證書成立後如發現保證人有不適當情事得由秘書室隨
時通知被保人更換之其舊保證書須俟新保證書經過前條
規定手續後始由秘書室發還

第十二條　保證成立後每年應復查一次由秘書室函知保證人限期函復
聲明或由秘書室人事股持書赴保證人所在地復查應由保證
人在原書內加以簽蓋

18

第十三條　被保人變更職務或服務所在地時保證人不變更保證責任

第十四條　保證人如欲聲明退保須直接以書面通知本公司即由秘書室通知被保人覓換新保俟新保證書辦妥將原保證書發還後始能解除保證責任其依本規則第六條規定由五人連帶保證者如內中有一人聲明退保者即視同全体退保

第十五條　保證人原簽蓋於保證人之簽字或印章如有變更或作廢時須直接以書面通知本公司並換發新保證書在新保證書未辦妥前原保證書仍舊有效其依本規則第六條之規定由五人連帶保

重庆电力股份有限公司人事章则等（一九四二年十月二十日） 0219-2-226

19

證者如內中有一人聲明更換得在原保證書上另行簽蓋

第十六條 保證人之職業住址或其服務地點及商號工廠開設地點或其經理住址如有變遷該保證人如死亡遠去或喪失保證能力時應報請更改或另行覓保其本規則第六條規定由五人連帶保證者如內中有一人離開公司應即換保

第十七條 職工離開公司自其離開之日起滿六個月始將其保證書發還在此時間如發現該職工有未清事件得隨時通知原保證人轉知前未清理否則保證人仍應負責

20

第十八條　職工離開公司後如再入公司服務時無論原保證書已否發還均應另具保證書

第十九條　職工在換保期間如安時得將其工作暫行停止俟換保手續辦妥再行開復

第廿條　本規則經董事會議決施行

重庆电力股份有限公司人事章则等（一九四二年十月二十日） 0219-2-226

重慶電力公司職工服務規則　中華民國卅一年十月廿日第廿次董事會議通過

第一條　本公司職工服務公司應忠勤謹廉對於本公司一切章程規則應恪守勿渝

第二條　職工除公司規定休假日外應依公司辦事時間逐日準時辦公不得遲到早退其指定值班者並應依照指定之時間到值時應親筆簽到

第三條　職工經辦事務應隨時趕辦不得積壓如須當日辦畢者並應延長時間辦理之

第四條　外勤職工經辦事務隨時由主管依照事實限定時間支配辦理逐

22

日改核并按月陳報總經理

第五條　職工在辦事時間內非經主管之允許或請假不得擅離職守

第六條　職工如有意見應披誠陳述以供採擇並應服從上級職員之指導

第七條　職工對於用戶應謙和誠懇不得繁瑣對於用戶委辦事件尤應周妥敏捷

第八條　職工對於公司之一切器材設備及材料煤觔日用消耗品等應刻意愛惜撙節不得損傷浪費

第九條　職工無論故意或過失致公司受損害時除照職工獎懲規則辦理外

重庆电力股份有限公司人事章则等（一九四二年十月二十日） 0219-2-226

23

并應負賠償之責

第十條 職工對於用戶不得有職務以外之行為或舞弊營私情事

第十一條 職工不得兼任公司以外職務但經 總經理核准者不在此限

第十二條 職工不得任意告退如因不得已之事故必須辭職時應陳經 總經理之核准

第十三條 職工調職時應迅即接替不得藉故推諉其應行交代人員亦不得藉故遲延

第十四條 本規則經董事會議決施行

24

重慶電力公司職工請假規則
卅三年十六月廿日第六十一次董事會通過

第一條　本公司職工請假悉依本規則辦理

第二條　核准請假權限如左

總工程師請假由總經理核准函董事會備案秘書正副科長及各室組處廠正副主任請假由總經理核准

其餘職工請假在三日以內者由主管人核准三日以上者由主管人核轉總經理核准

第三條　請假期限如左

重庆电力股份有限公司人事章则等（一九四二年十月二十日）　0219-2-226

重庆电力股份有限公司人事章则等（一九四二年十月二十日） 0219-2-226

25

事假：臨時發生事故或因事回籍者須請假時得請事假每年積計不得逾廿日其在七月以後到職者不得逾十日逾限按日照扣薪工津貼請假回籍者其往來旅程日數得不計入

病假：因疾病請假者每年積計不得逾一個月其在七月以後到職者不得逾十五日逾限得以事假所餘日數作抵逾一個月者給薪工津貼四分之三逾二個月者給薪工津貼半數逾三個月者給半薪工津貼四分之一逾四個月者停薪逾六個月者停職但因公受傷者並經特准不在此限其因花柳病因毆致傷或戒

26

吸毒物請病或因公受傷未經本公司醫師診斷證明必須休
養而自願休養者均以事假論
婚喪假：因結婚請假者不得逾十日因喪事請假者父母或承
重喪不得逾廿日祖父母或配偶喪不得逾十五日但均得按其
往來旅程請求加給日數逾限按日照扣薪津貼
生育假：女職員因生育子女請假者不得逾一個月逾限按日
照扣薪津
第四條 職員請假應依式填具請假單敘明事由起訖日期時間及

重庆电力股份有限公司人事章则等（一九四二年十月二十日） 0219-2-226

21

代理人姓名由本人及其代理人簽名或蓋章陳經准假後送人事股登記

各辦事處及發電廠應具備請假單正副兩張經核准後正張送人事股登記副張退還主管部份存查

第五條 假期內之代理人以辦理其事務相同之同人為限主管部份為必要時得逕行派人代理

第六條 假期內之星期日及其他例假日免予計算其在星期日及其他例假日曾經值日予以加工計資者得照其值日日數減去同假

28

期逾限應扣之薪津貼

第七條 請病假在三日以上者應先經本公司醫生或其他註册醫生出具證明書連同請假單陳核

第八條 確因急要事或重病不能親到請假者應於當日以書面或其他方法託由公司同人代理職務並代填請假單陳核

第九條 假期屆滿不得到職者得聲明理由續假續假手續與請假同

第十條 凡未經請假請假未經核准或雖經核准而未將職務移交

重庆电力股份有限公司人事章则等（一九四二年十月二十日） 0219-2-226

29

代理人擅離職守及假期已滿并未核准續假亦不到職者

均以曠職論曠職一日以事假二日論

第十一條 本規則經董事會議決施行修改時亦同

重慶電力公司職員簽到劃退辦法

一、本公司內外勤職員每日上午下午上班均須在主管科室組股處簽到退班時并須劃退

二、簽到時間不得超過到公時間卅分鐘無特殊理由不得早退如遲到一次者或早退一次者申誡二次者扣全月薪津十分之一連續遲到或早退若滿三次者記過三次以上即行停職

三、簽到劃退均須本人簽字或簽章不得請託他人代為簽字違犯本條規定之職員無論請託人被請託人一經查實均即行停職

重庆电力股份有限公司人事章则等（一九四二年十月二十日） 0219-2-226

四、簽到劃退完畢由主管人簽字並註明完畢時間屬於各廠處者於次日送呈總經理核閱屬於本公司各室科組之簽到劃退簿由人事股按時收集並送呈總經理核閱

五、在各廠處工作之燃料股材料股醫務室人員即在本廠處簽到劃退並由本廠處主管簽字證明完畢時間同第四條之規定呈閱

六、外勤職員須外出接洽公務時應事先向主管人陳明事由以便攷核如查出有未經陳明理由私出情事以第二條規定辦理

七、簽到劃退由各主管單位彙案存保備查

32

八、本办法由总经理核准公布后施行并呈报董事会备案。

33

重慶電力公司職工卹養規則

中華民國廿七年六月十八日
第一〇六次董事會通過

第一條 本公司職工卹養金分下列三種
一、撫卹金 二、贍養金 三、退職金

第二條 職工服務一年以上在職死亡時除按其最後二個月薪工額同薪工附加發給喪費外並依下列標準核給撫卹金

服務年限	核給月數
1	1
2	2
3	3
4	4
5	5
6	6
7	8
8	10
9	12
10	14
11	16
12	18
13	20
14	22
15	24
16	26
17	28
18	30
19	33
20	36

上項撫卹金按其最後一個月薪工額同薪工附加計算服務年
以後每多一年即加給三個月

重庆电力股份有限公司人事章则等（一九四二年十月二十日） 0219-2-226

34

第三條 職工服務十年以上具有特殊勞績而在職死亡時除按前條規定核給喪葬費及撫卹外得由總經理提請董事會核給特別撫卹金

第四條 職工因公殉職時除按本規則第二條規定核給喪葬費及撫卹金外并加給其最後一年薪工額同薪工附加之撫卹金其有特殊勞績或因冒重大危險救護本公司財產以致殉職者得由總經理提請董事會核給特別撫卹金

第五條 撫卹金由死亡職工之法定繼承人具領

重庆电力股份有限公司人事章则等（一九四二年十月二十日）　0219-2-226

35

第六條　職工因公傷殘肢體經醫師診斷並爲本公司察驗確已不能任事令其退職者依下列標準按月核給贍養金

一、服務廿年以上退職時薪工額及薪工附加全數

二、服務十五年以上不滿廿年者退職時薪工額及薪工附加百分之八十五

三、服務十年以上不滿十五年者退職時薪工額及薪工附加百分之七十

四、服務五年以上不滿十年者退職時薪工額及薪工附加百分之五十五

五、服務不滿五年者退職時薪工額及薪工附加百分之四十

第七條　職工因公死傷須由主管人將經過情形速陳總經理查核

36

第六條 職員服務十年以上年逾六十五歲技工小工工役服務十年以上年逾六十歲精力已衰不堪任事自請退職或由本公司令其退職者得依下列標準按月核給贍養金

一、服務廿五年以上者退職時薪工額及薪工附加全數

二、服務廿年以上不滿廿五年者退職時薪工額及薪工附加百分之八十

三、服務十五年以上不滿廿年者退職時薪工額及薪工附加百分之六十

四、服務十年以上未滿十五年者退職時薪工額及薪工附加百分之四十

職工年齡未逾六十而服務已滿廿年因精力已衰不堪任事自請退

職或由本公司令其退職者得依上項第一款辦理

第九條 領贍養金之職工自退職之翌日起未滿二年死亡者得援照本規則第二條之規定標準核給四分之三撫卹金三年以上未滿五年者核給二分之一撫卹金五年以上者不再給卹

第十條 領贍養金之職工應備具四寸半身照片一張繳由公司核發取款憑摺並留存印鑑

第十一條 職工領取贍養金自退職之翌日起至死亡之日止停領時應由其親屬繳銷取款憑摺違者一經查覺即將其冒領數額加息

38

退還

第十二條 職工服務十年以上年逾五十五歲精力就衰不堪任事或年齡未逾五十五歲而身体衰弱不堪任事且有勞績自請退職或由本公司令其退職者得依下列標準一次核給退職金其有特殊勞績者得由總經理提請董事會核酌加給

服務年限	核給月數
10	20
11	21
12	22
13	23
14	24
15	25
16	26
17	27
18	28
19	29
20	30

上項退職金按其最後一個月薪額同薪之附加計算其服務年以後每多一年即加給二個月

321

第十三條 贍養金與退職金不得併給

第十四條 職工服務年限以實際到職之日起算其不滿一年之餘數如在半年以上者以一年論其停薪留資者得將在職年月前後併計

第十五條 本規則經董事會議決施行修改時亦同

重庆电力股份有限公司人事章则等（一九四二年十月二十日） 0219-2-226

40

重慶電力公司職工疾病醫藥規則

（卅二年十二月七日臨時董事會通過）

第一條 本公司設醫務室專為職工患疾病時醫治所有醫治辦法及藥費負担悉依本規則辦理之

第二條 職工患病及受傷統由本公司醫務室免費醫治并免費供給普通藥品

第三條 職工因公受傷經各該主管確實證明主任醫師認為須送醫院醫治并報請總協理核准者所有住院醫藥費用概由公司負担

4

第四條 職工患病及受傷除因公受傷外主任醫師認爲須送醫院醫治并報請總協理核准者所有住院醫藥費用准由公司負担百分之六十

第五條 凡核准送醫院醫治之職工副科長及工程師以上得住頭等病房股長及副工程師以下得住二等病房其自願改住三等病房者聽便技工見習以下概住三等病房如願照規定住較高病房者所有超過費用由各該職工自理公司不予負担或分担

第六條 職工患病或受傷如不照本規則二三四條規定之辦法就醫而擅

42

自行覓醫者或住院者所有醫藥費用公司概不負担

第七條　花柳病及職工患病時發覺染有毒品嗜好者公司概不負担或分担

第八條　補藥補針及高貴藥品（可改用代用品者）公司概不供給或分担費用

第九條　職工應行負担部份之醫藥費用經查明確屬無力支付而又病勢嚴重者得酌予借支惟以一個月薪工為限

第十條　職工眷屬患病得就廠醫務室診治惟不供給藥品

重庆电力股份有限公司人事章则等（一九四二年十月二十日） 0219-2-226

43

第十二條 本規則經董事會議決公佈施行之

44

重慶電力公司僱員臨工僱用辦法

一、本公司各部門因工作需要得呈准總經理僱用臨時員工如工作不需要即予解僱

二、臨時僱用之職員稱僱員工人稱臨工

三、僱員臨工應照章填具保證書對於本公司職工服務應守規程一律適用

四、僱員臨工不得与本公司職工同樣享受職工福利

五、僱員臨工按月支給津貼自到公司之日起支僱員每月以一市石五斗

重庆电力股份有限公司人事章则等（一九四二年十月二十日） 0219-2-226

45

米折合法幣發給臨工每月以一市石米折合法幣發給

六、雇員臨工服務勤勞者年終由總經理酌予批給獎金

七、雇員臨工解雇時除發給當月津貼外不再給遣散費

八、本辦法經董事會議決施行

重庆电力股份有限公司职员任免规则（一九四二年十月二十日） 0219-2-103

重慶電力公司職員任免規則

中華民國三十一年十月二十日第七十次董事會議通過

第一條　本公司職員之任免除本公司組織規程另有規定外悉依本規則辦理

第二條　本公司工務人員以具有左列資格之一者充任之

一、國內外大學校電機系或機械系畢業者

二、曾在電力廠機器廠擔任技術工作服務在五年以上者

三、高等工業學校畢業者

第三條　本公司非工務人員以具有左列資格之一者充任之

一、國內外大學或高中學校畢業者

二、曾在事業機關服務三年以上而有一科專長經驗者

第四條　本公司全體職員除總工程師由總經理聘任遞呈董事會備案

重庆电力股份有限公司职员任免规则（一九四二年十月二十日） 0219-2-103

54

外其餘概由總經理任免之

第五條 各科室廠處之職員得由各該科室廠處之主管陳請總經理任免之

第六條 職員之任用分左列三種

一、聘任 聘任總工程師時用之

二、遴派 任用各科々長各室廠處主任及主任工程師時用之

三、委派 任用聘任遴派以外各職員時用之

第七條 職員之免職分左列五種

一、辭職 自請辭去職務者

二、停職留資 因疾病或其他不得已之事故須停其職務保留資格者

三、裁遣　因裁併或緊縮而裁遣者

四、解職　依本公司職工獎懲規則之規定解除職務者

五、開除　依本公司職工獎懲規則之規定開除職務者

第八條　停職留資之期限視其疾病或事故之輕重與年資之深淺成績之優劣定之至多以一年為限

停職留資之職工在核定期間以內得隨時申請復回公司服務逾期以辭職論

第九條　本規則經董事會議決施行

重庆电力股份有限公司组织规程（一九四二年十月二十日）　0219-2-70

重慶電力股份有限公司組織規程

中華民國卅一年十月廿日第七十次董事会议通過

第一章　總則

第一條　本公司依章程之規定設總公司於重慶總攬公司事務

第二條　本公司由總經理商同董事長常務董事處理一切事務協理協助之

第三條　本公司設總工程師秉承總協理負責處理工程事務

第四條　本公司設第一廠於大溪溝第二廠於南岸第三廠於鵝公岩並於南岸江北沙坪垻各設辦事處

前項機構之增減移併視業務之繁簡與實際之需要由總經理請董事会議行之

第二章　總公司

第五條　各廠各處直隸於總公司

第六條　本公司設左列各室科会

總工程師室　總務科　工務科　業務科

一

第七條　会计科　稽核科　購料委员会

本公司組織系統如左

（另表）

第八條　總工程師室之職掌如左

一、關於各科廠處有關工程之指示監督改進及審核事項

二、關於擴充工程之設計估值及工程進行期間之監督考核事項

三、關於配購材料之建設及審核事項

四、關於工程設備單價之估計及審查事項

五、關於工程業務契約之審核事項

六、關於工程人員之指揮考核事項

七、其他關於工程事項

重庆电力股份有限公司组织规程（一九四二年十月二十日） 0219-2-70

16

第九條　總工程師室須設主任工程師協助總工程師處理工程一切事務並須設工程師工程員必要時須由總工程師臨時指調各科廠處人員處理該室事項

第十條　總務科之職掌如左

一、關於文電之收發撰擬及保管事項

二、關於印章之保管事項

三、關於職工進退升調考績之登記通告及其他有關人事事項

四、關於燃料材料物品之購置收發保管及登記事項

五、關於薪工之發放事項

六、關於一切庶務及不屬於其他各科事項

第十一條　工務科之職掌如左

一、關於各廠各處有關工程之指示改進審核及報告事項
二、關於輸電線路配電設備之查勘設計估價及施工事項
三、關於線路之管理檢查整理及修理事項
四、關於變壓器及配電設備之管理檢查及修理事項
七、關於機務電務工料帳之分配事項
八、關於發電統計及成本計算事項
九、關於燃料水質之化驗事項
十、關於兩廠職工之管理及編造工帳事項
十一、其他關於工務事項

第十二條　業務科之職掌如左

一、關於各辦事處有關業務之指示改進審核及報告事項

重庆电力股份有限公司组织规程（一九四二年十月二十日）　0219-2-70

17

二、關於業務之接洽及推廣事項

三、關於業務之調查及統計事項

四、關於用戶紀錄及抄表事項

五、關於電費之計算及征收事項

六、關於用戶電表之校驗裝置及修理事項

七、關於用戶電氣設備之檢查及接電事項

八、關於廠職工之管理及編造工帳事項

九、關於電料商號之註冊事項

十、其他關於業務事項

第十三條　會計科之職掌如左

一、關於現金之出納及單據之保管事項

二、關於帳目之登記及預算決算之編造事項

三、關於股票事項

四、其他關於會計事項

第十四條 稽核科之職掌如左

一、關於各項收支之審核及統計事項

二、關於各項工程及材料之驗收稽核事項

三、關於總協理交辦事項

四、其他關於統計稽查事項

第十五條 購料委員會之職掌如左

一、關於購料預算之彙集及審查事項

二、關於購料手續之決定事項

三、關於購料價格之審查事項

四、關於購料運輸方式之建議及運費之考核事項

重庆电力股份有限公司组织规程（一九四二年十月二十日） 0219-2-70

18

第十六條 其關於總協理支配預算以外各科之核定事項
各科設科長一人秉承總協理辦理各該科事務並
得視事務繁簡酌設副科長輔助科長辦理該科事務

第十七條 各科設股分理事務每股設股長一人秉承該科科
長副科長分掌該股事務事務較繁之股得設
副股長

第十八條 各股設工程師工務員科員見習視各該股事務
之繁簡酌派之

第十九條 稽核委員會設委員七人由總經理就各司重要
職員中指派之並指定一人為主任

第二十條 本公司設秘書辦公室直隸於總經理辦事

第六章　各廠

第廿一條　廠設主任一人主持該廠事務
事務繁之廠得酌設副主任

第廿二條　各廠之職掌如左
一、關於發電設備之運用改進管理檢查及修理事項
二、關於燃料之節用報告事項
三、關於發電紀錄事項
四、關於廠屬職工之管理及編造工務帳事項
五、其他有關廠務事項

第廿三條　各廠設股處理事務每股設股長一人秉承主任
辦理該股事務

第廿四條　各廠設工程師工務員料員見習視各廠事務之繁簡酌派之

第四章 各辦事處

第廿五條 辦事處設主任一人主持該處事務事務較繁之處得酌設副主任

第廿六條 各辦事處之職掌如左

一、關於所屬區內業務之接洽推廣事務

二、關於所屬區內用戶之紀錄事項

三、關於所屬區內用戶電表之裝置及校驗事項

四、關於所屬區內用戶電氣設備之檢查及接電事項

五、關於所屬職工之管理及編造工帳事項

六、關於委辦之電務工程事項

七、其他有關處務事項

第廿七條 各處設股處理事務各股設股長一人秉承

主任分掌該股事務

第五章 附則

第廿八條 各室科各廠處所之細則另定之

第廿九條 職工任免薪給獎懲請假卹養等一切規則另定之

第卅條 本規程經董事會議決施行修改時同

重庆电力股份有限公司组织规程草案（一九四二年十月二十日） 0219-2-103

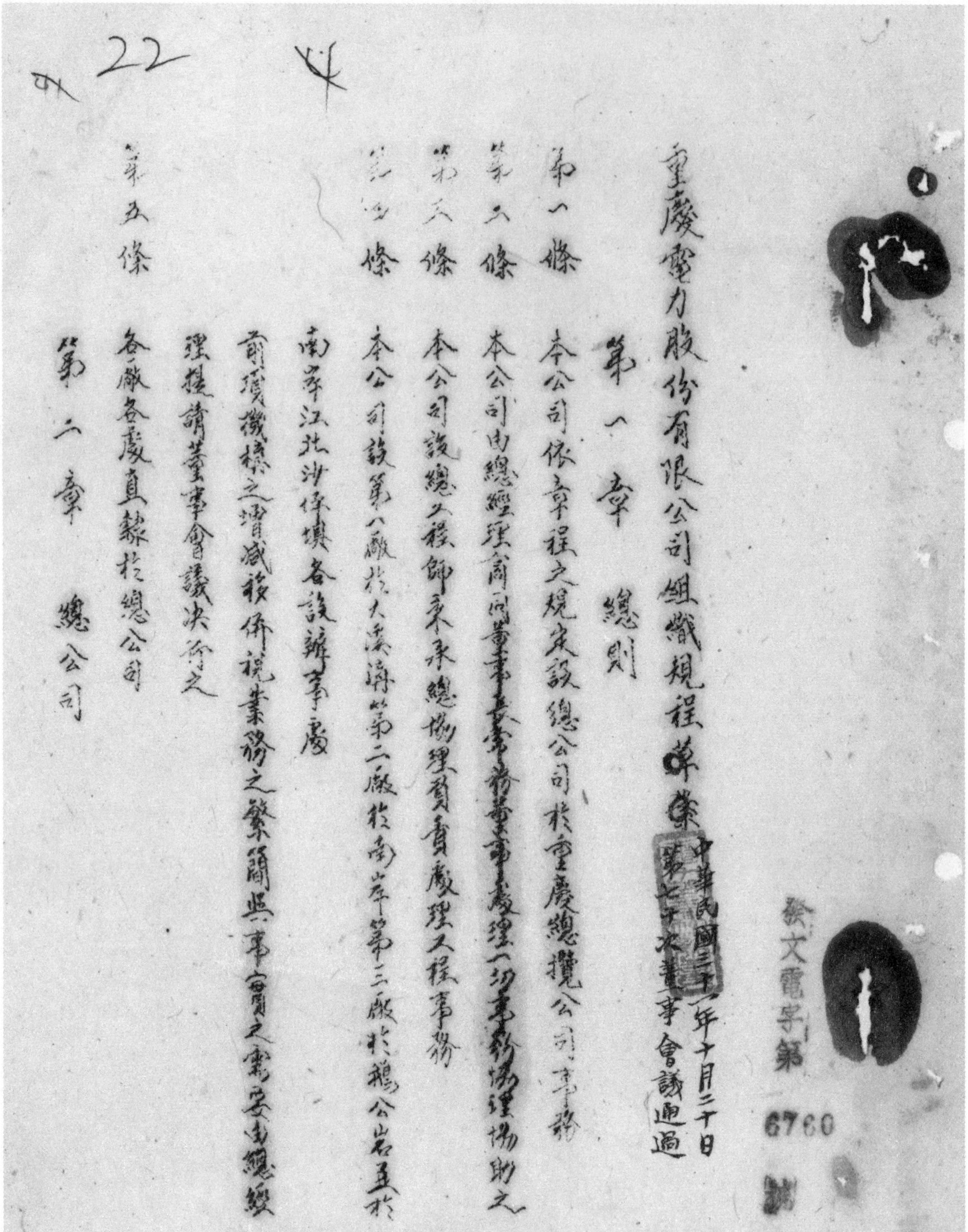

發文電字第6760號

中華民國三十一年十月二十日第七十次董事會議通過

重慶電力股份有限公司組織規程草案

第一章 總則

第一條 本公司依章程之規定設總公司於重慶總攬公司事務

第二條 本公司由總經理商同董事長常務董事處理一切事務協理協助之

第三條 本公司設總工程師秉承總協理負責處理工程事務

第四條 本公司設第一廠於大溪溝第二廠於南岸第三廠於鵝公岩並於南岸江北沙坪壩各設辦事處

前項機構之增減移併視業務之繁簡與事實之需要由總經理提請董事會議決行之

第五條 各廠各處直隸於總公司

第二章 總公司

第六條 本公司設左列各室科會

總工程師室 總務科 工務科 業務科

會計科 稽核科 購料委員會

第七條 本公司組織系統如左表

（另表）

第八條 總工程師室之職掌如左

一 關於各科廠處有關工程之指示監督改進及審核事項

二 關於擴充工程之設計估價及工程進行期間之監督考核事項

三 關於訂購材料之擬議及籌核事項

四 關於工程設備重價之估計及審查事項

五 關於工程業務契約之審核事項

般 23

六、關於工程人員之指揮考核事項

七、其他關於工程事項

第九條 總工程師室得設副總工程師協助總工程師處理工程一切事務並得設工程師工務員必要時得由總工程師臨時指揮各科處[illegible]事項

第十條 總務科之職掌如左

一、關於文書之收發撰擬及保管事項

二、關於印信之保管事項

三、關於職員之進退升調考績之登記通告及其他有關人事事項

四、關於總務科材料物品之購置收發保管及登記事項

五、關於薪工之發放事項

六、關於一切庶務及不屬於其他各科事項

重庆电力股份有限公司组织规程草案（一九四二年十月二十日） 0219-2-103

重庆电力股份有限公司组织规程草案（一九四二年十月二十日） 0219-2-103

第十八條　工務科之職掌如左

一、關於各廠各處有關工程之指示改進審核及報告事項
二、關於輸電線路配電設備之查勘設計估價及施工事項
三、關於線路之管理檢查整理及修理事項
四、關於變壓器及配電設備之管理檢查及修理事項
六、關於出租電器設備之管理檢查及修理事項
七、關於機務電務工料帳之分配事項
八、關於發電統計及成本計算事項
九、關於燃料水質之化驗事項
十、關於所屬職工之管理及編造工帳事項
十一、其他關於工務事項

重庆电力股份有限公司组织规程草案（一九四二年十月二十日） 0219-2-103

24

第十二條 業務科之職掌如左

一 關於各辦事處有關業務之指示改進審核及報告事項

二 關於業務之接洽及推廣事項

三 關於業務之調查及統計事項

四 關於用戶紀錄及抄表事項

五 關於電費之計算及徵收事項

六 關於用戶電表之校驗裝置及修理事項

七 關於用戶電氣設備之檢查及接電事項

八 關於所屬職工之管理及編造工帳事項

九 關於電料商號之註冊事項

十 其他有關於業務事項

第十三條 會計科之職掌如左

三

一 關於現金之出納及單據之保管事項
二 關於帳目之登記及預算決算之編造事項
三 關於股票事項
四 其他關於會計事項

第十四條 稽核科之職掌如左
一 關於各項收支之審核及統計事項
二 關於各項工程及材料之驗收稽核事項
三 關於總協理交辦事項
四 其他關於統計稽查事項

第十五條 購料委員會之職掌如左
一 關於購料預算之彙集及審查事項

重庆电力股份有限公司组织规程草案（一九四二年十月二十日） 0219-2-103

25

二 關於購料手續之決定事項
三 關於購料價格之審查事項
四 關於購料定貨方式之建議及運費之考核事項
五 關於總協理交辦預算以外購料之核議事項

第十六條 各科設科長一人秉承總協理辦理各該科事務并得視事務之繁簡酌設副科長輔助科長料理該科事務

第十七條 各科設股，每股設股長一人秉承該科科長副科長分掌該股事務，事務較繁之股得設副股長

第十八條 各股設工程師、工務員、科員、見習視各該股事務之繁簡酌派之

第十九條 購料委員會設委員七人由總經理就公司重要職員中指派之并指定一人為主任

四

第二十條　本公司設秘書稽核直隸於總經理辦事

第三章　各廠

第廿一條　廠設主任一人主持該廠事務
事務較繁之廠得酌設副主任

第廿二條　各廠之職掌如左

一　關於發電設備之運用改進管理檢查及修理事項

二　關於燃料之節用報告事項

三　關於發電紀錄事項

四　關於所屬職工之管理及編造工帳事項

五　其他有關廠務事項

第廿三條　各廠設股處理事務每股設股長一人秉承主任分掌該股事務

重庆电力股份有限公司组织规程草案（一九四二年十月二十日） 0219-2-103

卅26

第廿四條　各廠設工程師工務員科員見習視各廠事務之繁簡酌派之

第四章　各辦事處

第廿五條　辦事處設主任一人主持該處事務事務較繁之處得酌設副主任

第廿六條　各辦事處之職掌如左

一　關於所屬區內業務之接洽推廣事項

二　關於所屬區內用户之紀錄事項

三　關於所屬區內用户電表之裝置及校驗事項

四　關於所屬區內用户電氣設備之檢查及接電事項

五　關於所屬職工之管理及編造工帳事項

六　關於委辦之電務工程事項

七　其他有關處務事項

五

50

第廿七條 各廠設股處理事務各股設股長一人秉承主任分掌該股事務

第五章 附則

第廿八條 各室科各廠處之辦事細則另定之

第廿九條 職工任免薪給獎懲請假卹養等一切規則另定之

第三十條 本規程提經董事會議決施行修改時同

重庆电力股份有限公司组织规程草案（一九四二年十月二十日） 0219-2-103

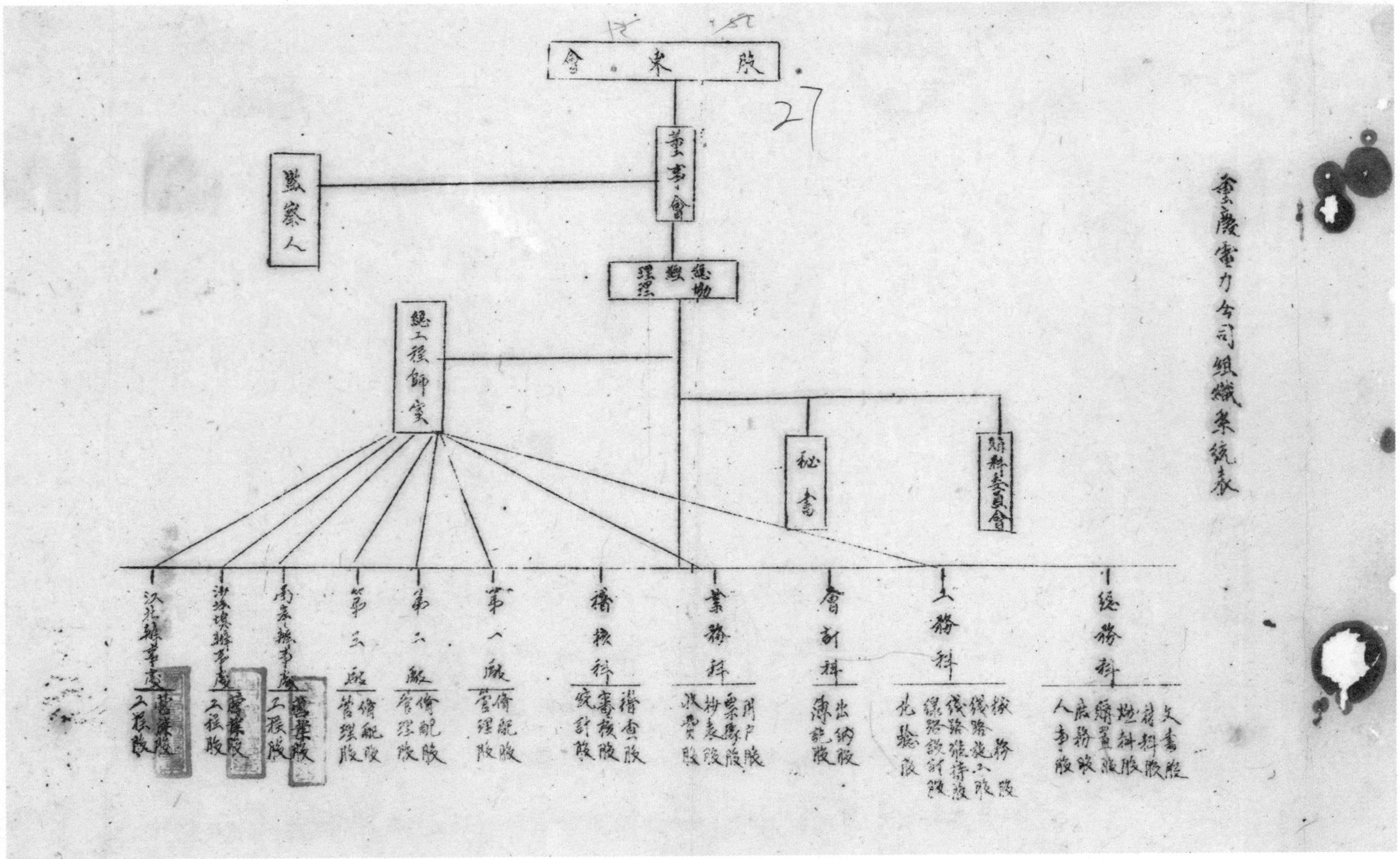

重庆电力股份有限公司工友奖惩规则（一九四二年） 0219-2-103

重慶電力股份有限公司工友獎懲規則

第一條 本規則依職工服務規則之規定訂定之

第二條 工友之獎勵分左列五種

一、嘉獎

二、記功

三、獎金

四、晉級

五、升職

第三條 工友之懲處分左列六種

一、申誡

重庆电力股份有限公司工友奖惩规则（一九四二年） 0219-2-103

62

二、記過

三、罰工

四、降級

五、解雇

六、開除

第四條 記功三次得酌給奬金 記過三次得酌予罰工

第五條 申誡至第六次記過至三次或曾經罰工而仍不悛改者得酌予降級解雇或開除之懲戒處分

第六條 工友有左列情形之一者得由各管工人員報請主管詳陳事實陳請總工程師轉陳總經理核理

33

獎勵　依第二條之規定分別予以

一、對於公司各種設備有特殊改良貢獻經審查認為完善者

二、對於公司各種設備有危險現象能於事先發現因而得以預防或矯正者

三、使用各種消耗物料及消耗工具能節省至規定數量以下者

四、對於工作特別努力效率甚高者

五、有所建議或條陳經採行確有成效者

六、發現其他工友有妨害公司名譽及利益之行為密

報主管調查屬實者

七、發覺公司材物被人窃盗密報主管緝查因而人贓俱獲者

八、其他對公司有利或本人有特殊表見之事項

第七條　工友有左列情形之一者得由各管工人員報請主管詳陳事實依請總工程師轉陳總經理協理予以懲處（依第三條之規定，分別）

一、用公司材料私造物品者及浪費材料經查証明屬實者

二、因工作怠忽或故意損壞或遺失材料工具者除照價賠償外并予懲戒處分

65　54

六、有不良嗜好者及

三、有妨害公司名誉之行为或图不正当之收入者

六、擅自取用他人工具者

三、领用物料工具朦混携出或擅自转借或使用不慎取用及

致以损坏或遗失者

八、犯盗窃行为者

九、故意损坏各种设备者

四、不服从主管人值班员管工员领班命令指挥者或

三、刁唆煽惑或帮助他人使之犯惩处事项者或提倡风潮破坏纪律者

五、知道明其他工友有妨害公司名誉及利益之行为而不

廠方規則以應請由各廠擬來送核（註：詳）
似應由人事股商同各廠主管擬訂送核 六、廿

虛報經查屬實者

十三、轉借本人證章服務證或其他證件與他人經查屬實者

十四、不遵守廠中規則者本公司一切規章規定者

四、違反職工服務規則者

五、違反工友請假規則者

十六、不遵守公司一切規章者

十七、倩人或為人代印或代填工作證者

十八、倩人（廠外）代工者或疏忽職守致發生不良影響者

十九、藉詞鼓動風潮聚眾要挾怠工罷工或有上述之煽動行為者以及私自參加其他非法組織妨害公司及社會者

重庆电力股份有限公司工友奖惩规则（一九四二年） 0219-2-103

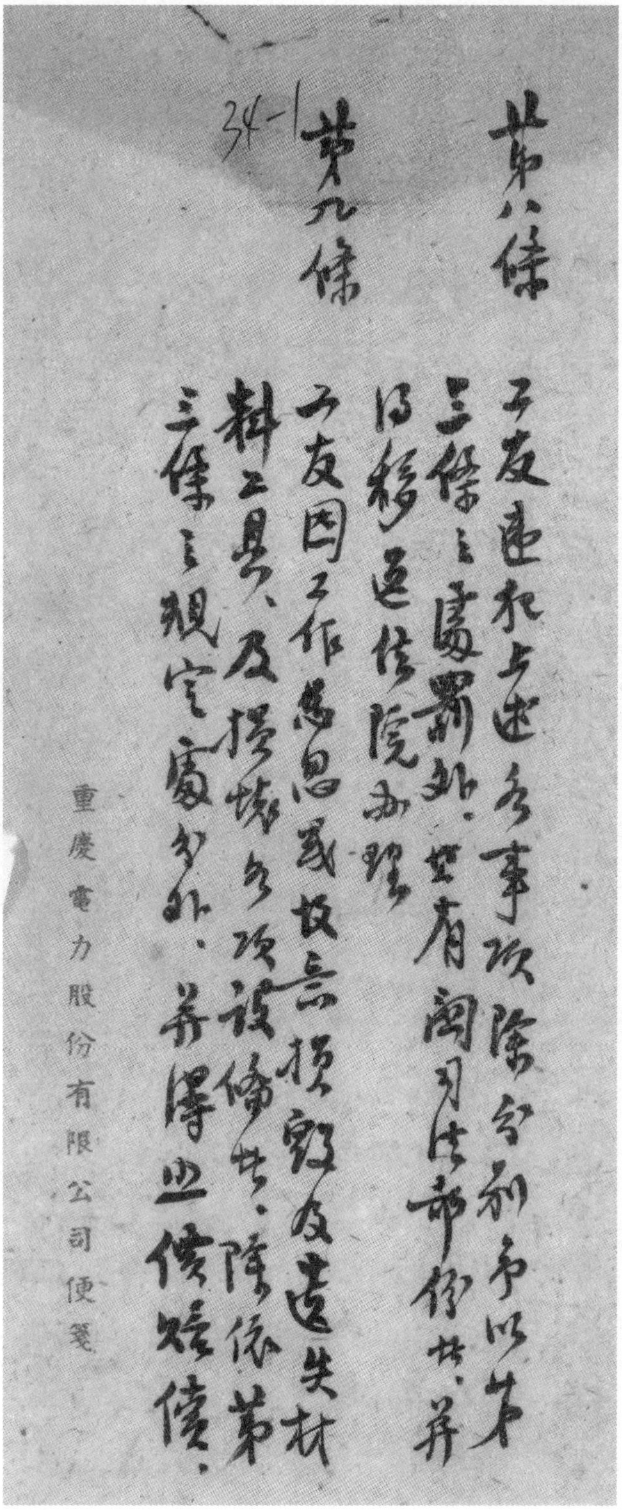

34-1

第八條　工友違犯上述各事項除分別予以第三條之處罰外，其有關司法部份者，并得移送法院辦理。

第九條　工友因工作怠忽或故意損毀及遺失材料工具，及損壞各項設備者，除依第三條之規定處分外，并得照價賠償。

重慶電力股份有限公司便箋

重庆电力股份有限公司工友奖惩规则（一九四二年） 0219-2-103

第十八条 工友曠工得由各管工人員報請主管依左列之規定處罰之並應隨時報總務科備案

一、曠工一日者除申誡及不給該日工資外並加罰一日工資

二、連續曠工二日者除記過一次及不給該二日工資外並加罰二日工資

三、連續曠工三日者除記過三次及不給該三日工資外並加罰三日工資

四、連續曠工在三日以上者除記過三次及不給該數日工資並按加罰加倍日數之工資

重庆电力股份有限公司工友奖惩规则（一九四二年） 0219-2-103

五、連續曠工滿七日者開除

第十一条 工友曠工除按前条規定辦理外并依下列規定由管工人員報請主管陳請總經理協理核办

一、連續三個月內累記曠工滿七日者降級

二、連續五個月內累記曠工滿十四日者降級

三、連續三個月內累記曠工滿二十日者開除

第十二条 工友不照規定時間上工下工而事前未准假者得由各管工人員報請主管依左列之規定處罰之并應隨时報總務科備案

一、凡遲到或早退在十分鐘以內者罰工資一小時

二、凡遲到或早退在半小時以內者罰工資三小時
三、凡遲到或早退在一小時以內者罰工資半日
四、凡遲到或早退在一小時以上者以曠工一日論
第十三条　工友如受刑事處分或為破產之宣告者即予
解雇
第十四条　工友有營私舞弊行為者視其情節之輕重予
以解雇或開除
第十四条　工友受記過處分者於其悔過有據時得由管工
人員報請主管聲請註銷之
第十五条　開除之工友永不錄用

重庆电力股份有限公司工友奖惩规则（一九四二年）　0219-2-103

第十六条　工友工作满足一年得于届满一年之年度内参加工作考核

工作考核办法另订之

~~第十六条　本规则经董事会议决通过公布施行~~

第十七条　工友离工再到公司工作者以新到工友论

第十八条　本规则经董事会议决通过公布施行

重庆电力股份有限公司非常时期职工抚恤规则（一九四二年） 0219-2-103

重慶電力公司非常時期職工撫卹規則

第一條 本公司職工因非常時間遭受寇機轟炸死傷者依本規則辦理

第二條 本公司職工因遭受轟炸死亡者依下列各項之規定給卹

(一) 空襲時廠由當班職工以職務關係不能離職因而死亡者給予一次卹金職員壹仟元工人五百元夫役貳百元作殮葬費用外並照最後所支薪工金額每月給予三分之一作其家屬生活費用以支滿五年為止

（二）公司職工於空襲時因職務關係不能離開（如值星職員當班工役等是）因而死亡者照五項之規定辦理

（三）廠房非當班職工及公司外勤職工與辦公時間內職工於空襲時不及避免因而死亡者給予一次卹金三個月照最後所支薪工金額計算

（四）公司規定之辦公時間外職工有遇空襲死亡者給予一次卹金一月照最後所支薪工金額計算

上列三四兩項領卹職工如有符合職工撫卹規則第四項之規定者依其數額辦理

重庆电力股份有限公司非常时期职工抚恤规则（一九四二年） 0219-2-103

45 7

第三條　本公司職工因遭受轟炸傷廢者依下列各項之規定撫卹

一、前條各項職工因遭受空襲負傷者給予全部醫藥費用在治療期間內按月照發全薪

二、前條各項職工因遭受空襲負傷經治療之結果殘廢不能工作者照死亡例分別辦理

第四條　前兩條規定領卹家屬依法以死亡者之妻或子女父母為限如同時俱備指定並主持家務者領取如俱無以無家屬論如僅有子女俱幼者由法定監護人代領

第五條　請卹者須填具請卹表詳載死傷地點時間經過情形及證據與就後辦由總協理核定

第六條　臨時僱用工役不得援用本規則之規定

第七條　撫卹各費照給法幣

第八條　本規則經董事會議決後發生效力修改時亦同

第九條　本規則經過非常時期後由董事會決定廢止之

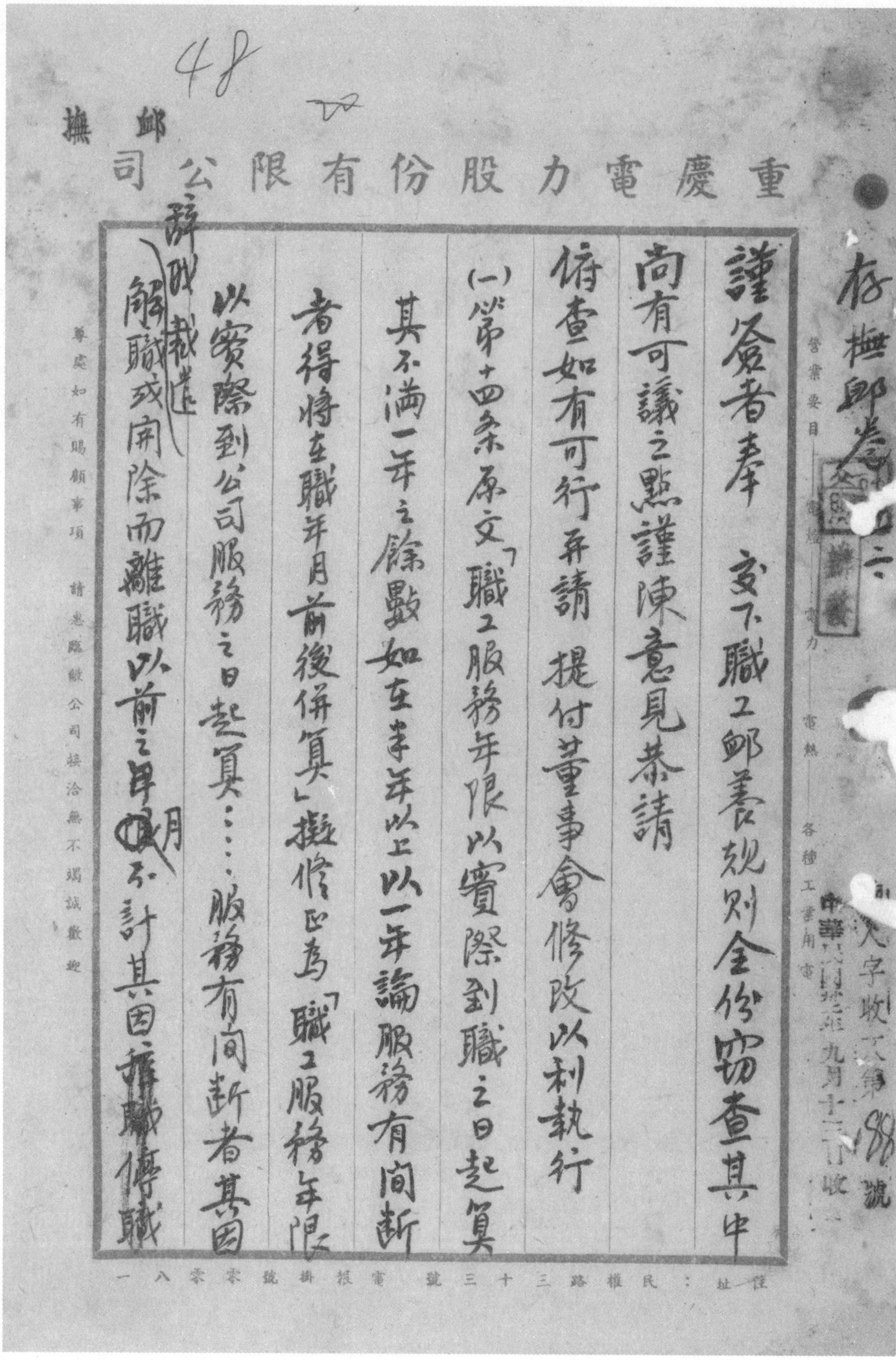
48

重慶電力股份有限公司

郵撫

存撫卹卷

營業要目 電燈 電力 電熱 各種工業用電

謹簽者奉 交下職工卹養規則全份窃查其中
尚有可議之點謹陳意見恭請
俯查如有可行并請 提付董事會修改以利執行
(一)第十四条原文「職工服務年限以實際到職之日起算
其不滿一年之餘數如在半年以上以一年論服務有間斷
者得將在職年月前後併算」擬修正為「職工服務年限
以實際到公司服務之日起算……服務有間斷者其因
辭職裁遣解職或開除而離職以前之年月不計其因辭職停職

人字收文第188號
中華民國卅二年九月十三日收

尊處如有賜顧事項 請惠臨敝公司接洽無不竭誠歡迎

住址：民權路三十三號 電報掛號零零八一

重庆电力股份有限公司职工恤养规则疑义各点（一九四三年九月十三日） 0219-2-103

重庆电力股份有限公司职工恤养规则疑义各点（一九四三年九月十三日） 0219-2-103

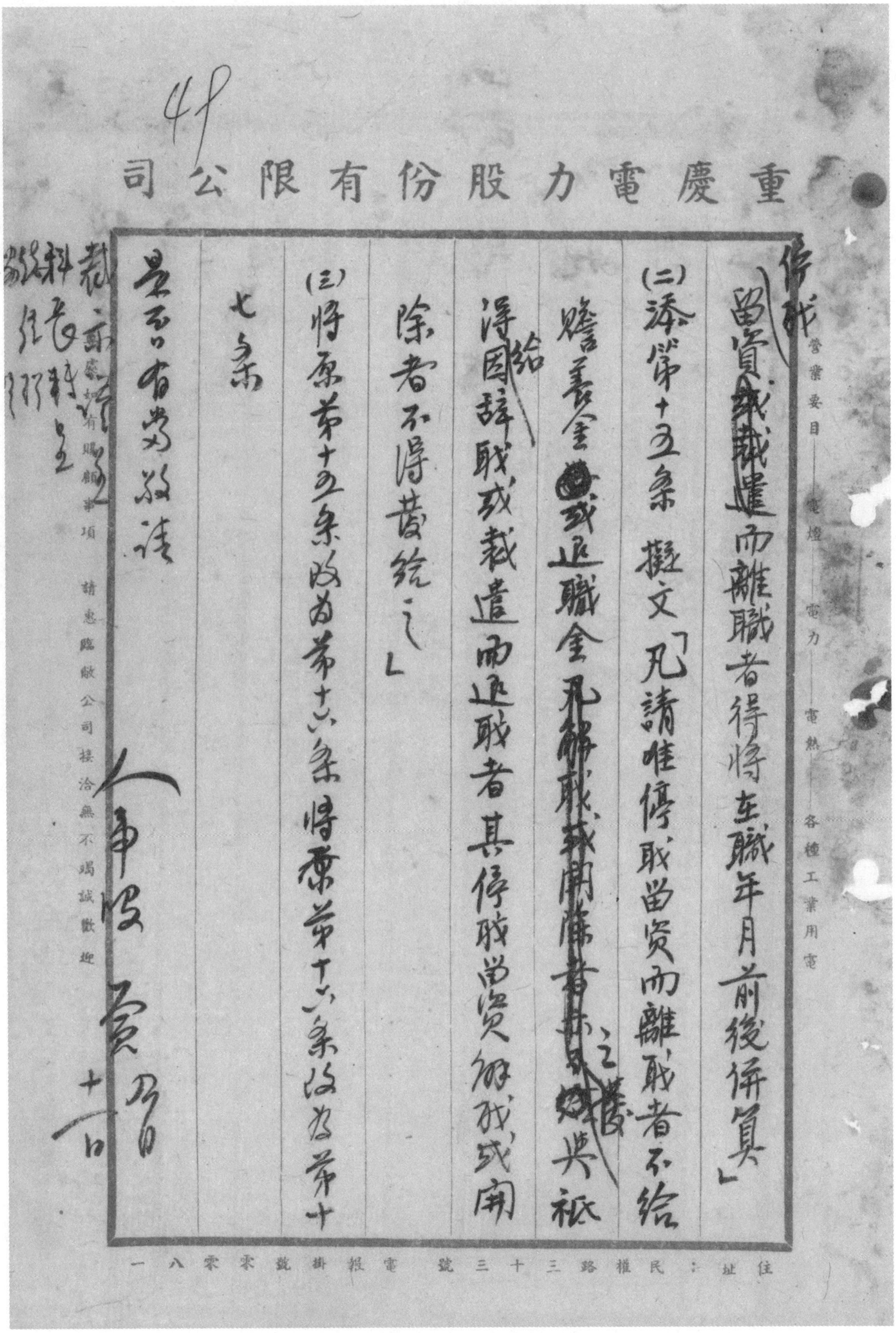
重慶電力股份有限公司

停職留資或裁遣而離職者得將在職年月前後併算」

(二)添第十五條擬文「凡請准停職留資而離職者不給

贍養金或退職金，凡解職或開除者亦不給之，其祇

得因辭職或裁遣而退職者其停職留資解職或開

除者不得發給之」

(三)將原第十五條改為第十六條將原第十六條改為第十

七條

是否有當敬請

人事股 員 十一日

營業要目 電燈 電力 電熱 各種工業用電

處如有賜顧事項 請惠臨敝公司接洽無不竭誠歡迎

住址：民權路三十三號 電報掛號零零八一

重庆电力股份有限公司职工恤养规则疑义各点（一九四三年九月十三日）　0219-2-103

50　24

撫卹

重慶電力股份有限公司職員工務報單

字第　　號　　民國　　年　　月　　日

事由

謹簽者：奉

交下職工卹養規則全份，細查其中尚有可議之點，謹陳意見，恭請

俯查，如有可行，並請　提付董事會修改，以利執行。

（一）第五條原文「職工服務年限以實際到職之日起算，其不滿一年之餘數，如在半年以上，以一年論。服務有間斷者，得將在職年月前後併算」，擬修正為「職工服務年限以實際到公司服務之日起算……服務有間斷者，其因辭職、裁遣、解職或開除而離職，以前年月一概不計。其因停職留資而離職者，得將停職年月

（蓋章）　報

重庆电力股份有限公司职工恤养规则疑义各点（一九四三年九月十三日） 0219-2-103

51. 六

重慶電力股份有限公司職員工務報單

字第　　號　　民國　　年　　月　　日

事由

前改併算」

（二）添第十五条 擬文「凡請假停職留資而離職者停給贍養金或退職金之發給 祇得給因辭職或裁遣而退職者其停職留資辭職或開除者不得發給之」

（三）將原第十五条改為第十六条將原第十六条改為第十七条

是否有當敬請

裁示謹呈

科長轉　鑒核

（蓋章）　報

重庆电力股份有限公司职工恤养规则疑义各点（一九四三年九月十三日） 0219-2-103

52

重慶電力股份有限公司職員工務報單

字第 號 民國 年 月 日

事由

總經理

協理

人事股 簽 九月十三日

存 九 十三

鑒核

（蓋章）報

重庆电力股份有限公司营业章程（一九四三年十月） 0219-2-70

重慶電力公司營業章程

卅二年十月業務科書
整理 十一月業務科擬
賴樹稿

第一章 總則

第一條 本公司營業除另有規定外，悉依本章程辦理。

第二條 本公司以供給左列用電為主要業務：

一 電燈 凡以電為照明之用者屬之，如太陽燈、愛克斯光、電風扇、放映機及其他家用電器等，均以電燈論。

二 電力 凡以電為暨電熱原動力之用者屬之，但以電動機拖動發電機或以交流機變電照明或使

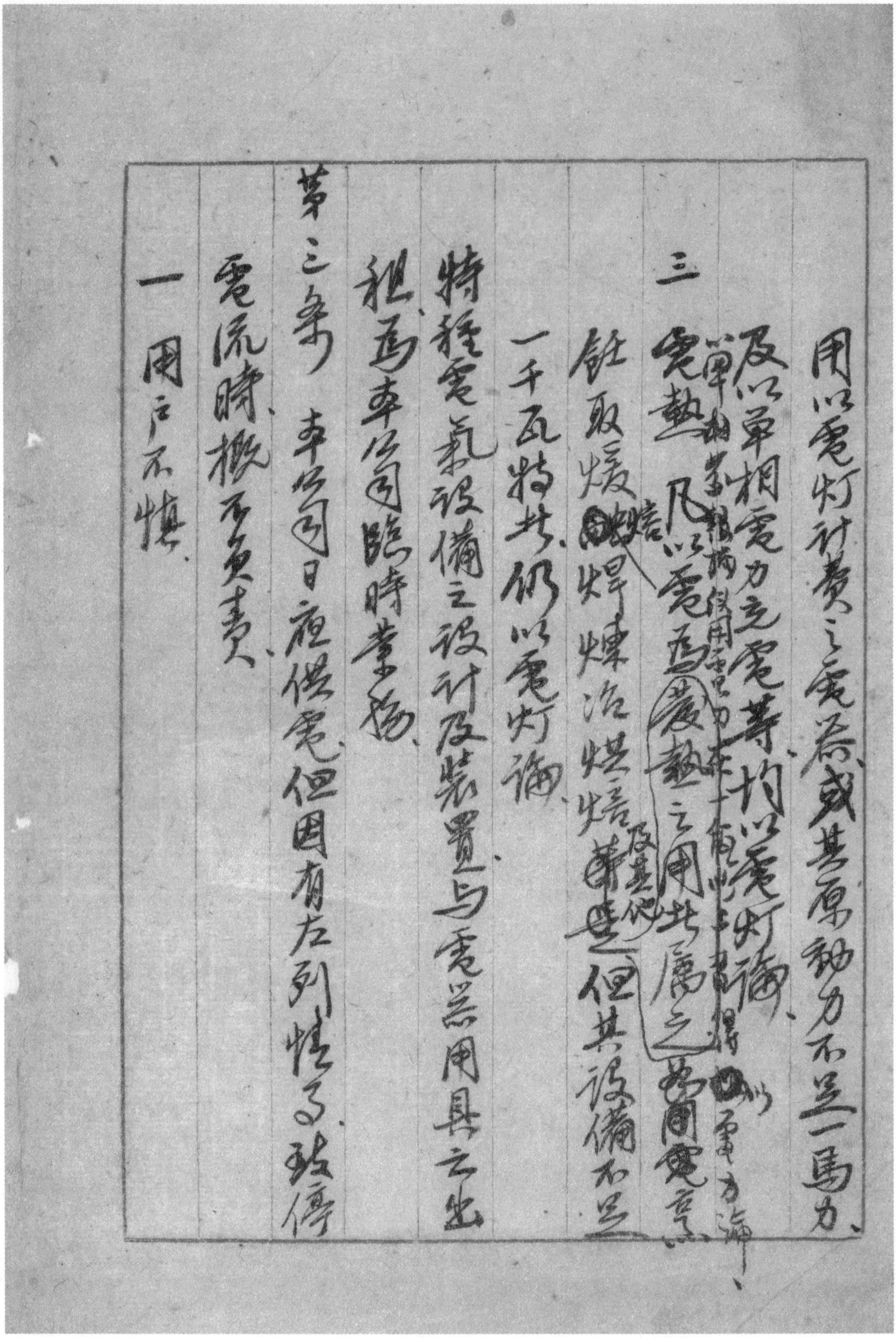

用以電灯計費之電器、或其原動力不足一馬力、
及以單相電力之電器等均以電灯論、
三 電熱 凡以電為發熱之用者屬之
[illegible]取煖烤焊煉冶煤爐及其他之設備但其設備不足
一千瓦特者仍以電灯論、
特種電氣設備之設計及裝置與電器用具之出
租為本公司臨時業務、
第三條 本公司日夜供電但因有左列情形致停
電流時概不負責、
一 用戶不慎

重庆电力股份有限公司营业章程（一九四三年十月） 0219-2-70

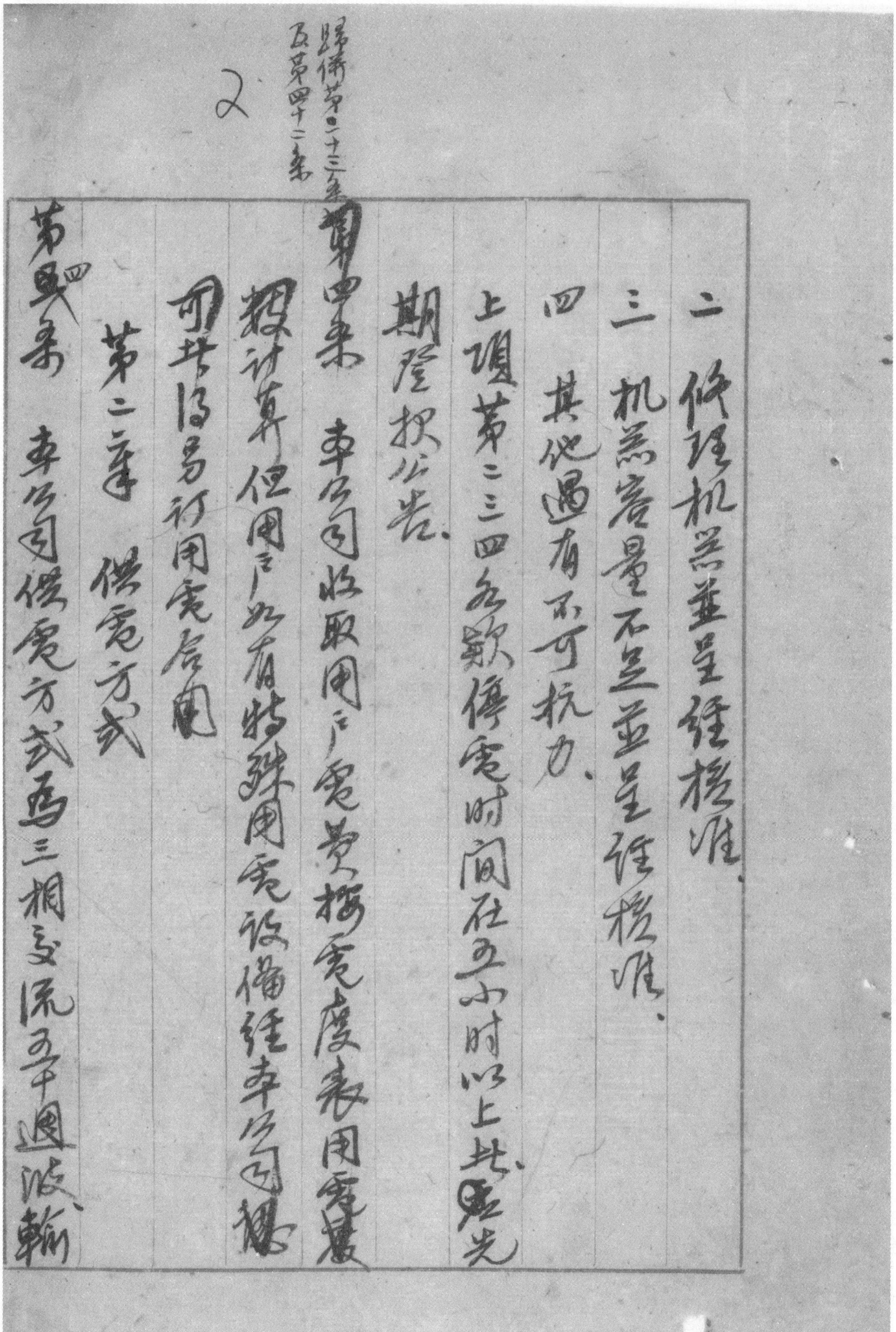

2

歸併第二十三條及第四十二條

二 修理机器並呈經核准、
三 机器容量不足並呈經核准、
四 其他遇有不可抗力、
上項第二三四各款停電时間在五小时以上者應先
期登報公告、
第四條 本公司收取用戶電費按電度表用電度
數計算、但用戶如有特殊用電設備經本公司核
可者得另訂用電合同
第二章 供電方式
第四條 本公司供電方式為三相交流五十週波輸

重庆电力股份有限公司营业章程（一九四三年十月） 0219-2-70

高压输电或是另有其数额，请工务科酌夺

电压暂定为一万三千八百伏、五千二百五十伏，用电电压定为三相三百八十伏及单相二百二十伏两种，但有特殊用电性形经本公司认可者得用其他电压、

第五条 电力用电其装见不足一马力者得用单相、一马力以上者限用三相、

第六条 电动机在十马力以下者得用鼠笼式起动、十马力者须用滑圈式，但有特殊用电性形经本公司认可者得用其他式样之电动机、五马力以上之电动机须装置适当之起动设备、

單挾降壓起動器及Y△開關等裝置使在定額電壓下之起動電流、不致超過其全負荷電流之二倍半、

第三章 添桿放綫

第七條 用戶聲請供電、其距離本公司綫路較遠須添桿放綫、方能接電者、應先向本公司業務科或區辦事處（以下簡稱主管科處）填具添桿放綫聲請單、經派員查勘認可、並估計工料價後、即將可能添桿放綫通知單送交原聲請戶於一個月內持單到主管科處繳付桿綫補助費、如因工程困難或器材缺乏無法辦理時、即將不可能添桿放綫通知單送交原

声请户。

前项杆线补助费，系按市价估计器材数及加工费，于敷设时计算。

第八条 用户声请供电，因本公司电杆所到之区无适当线路设备以资接用者，其声请敷线及线费，依前条规定办理。

第九条 同一地段内有二户以上同时声请添杆敷线，其杆线补助费，应由各声请户自行摊付；如系先后声请，应由最先声请户负担，其已交补助费不得要求续用户或公司。

第十一条 本公司添设之杆线，虽经续用户收取补助费，其所有权仍属本公司。附近居户声请在是

重庆电力股份有限公司营业章程（一九四三年十月） 0219-2-70

4

項撑線接電時原繳付補助費之用户不得干涉、

第四章 內線裝置

第十一条 用户屋內一切電氣裝置、應由現經重慶市政府註冊之承裝電氣商店辦理、其特别裝置經本公司認可者得由用户自辦或委託本公司代辦、

第十二条 用户內綫裝置、如查有不依前条規定、或不遵前中央建設委員會頒布之屋內電灯綫裝置規則及重慶市政府頒布之電氣裝置取締規則規定辦理者、本公司得拒絕接電、

第十三条 本公司裝于用户之電表、如查有將表

重庆电力股份有限公司营业章程（一九四三年十月） 0219-2-70

内電綫轉移或供他人房屋或轉售電流與他人
使用者，本公司得停止供電。

第五章 接電手續

第十四條 用戶裝置內綫後，須由承裝商店或用戶主填
具報裝請驗單，經檢驗認為可節於檢驗
合格通知單並交原請驗人，於一個月內持單向
主管業務科處繳納電度表押金、用電保證金（以下簡稱押金）及表費，
本公司於收款後五日內派工裝表接電（遇天雨例
假或其他意外之事不在此限），如檢驗認為不合，即
將改正通知單並交原請驗人，照改再持單報

重庆电力股份有限公司营业章程（一九四三年十月） 0219-2-70

5

請復驗，如復驗仍認為不合，即通知其改至合格為止。但請復驗至二次以上時，每次應由承裝商應照繳復驗費。

前項保押金及接表電表等費，須遵照經濟部核定金額收取，但臨時用戶須加倍繳付。

第十五條　用戶電表及自備進電桿起至電表止之接戶線，均由本公司代做，其電表之種類、容量由本公司依照裝置電氣種數及用電量酌定。對于電灯用戶每戶拚皮線以七十五市尺為限，鉛皮線以十市尺為限，對于電力用戶加倍做給，如逾此量，應由用戶繳付補助費。

本公司如遇器材缺乏，不能依前項規定備線裝表

重庆电力股份有限公司营业章程（一九四三年十月） 0219-2-70

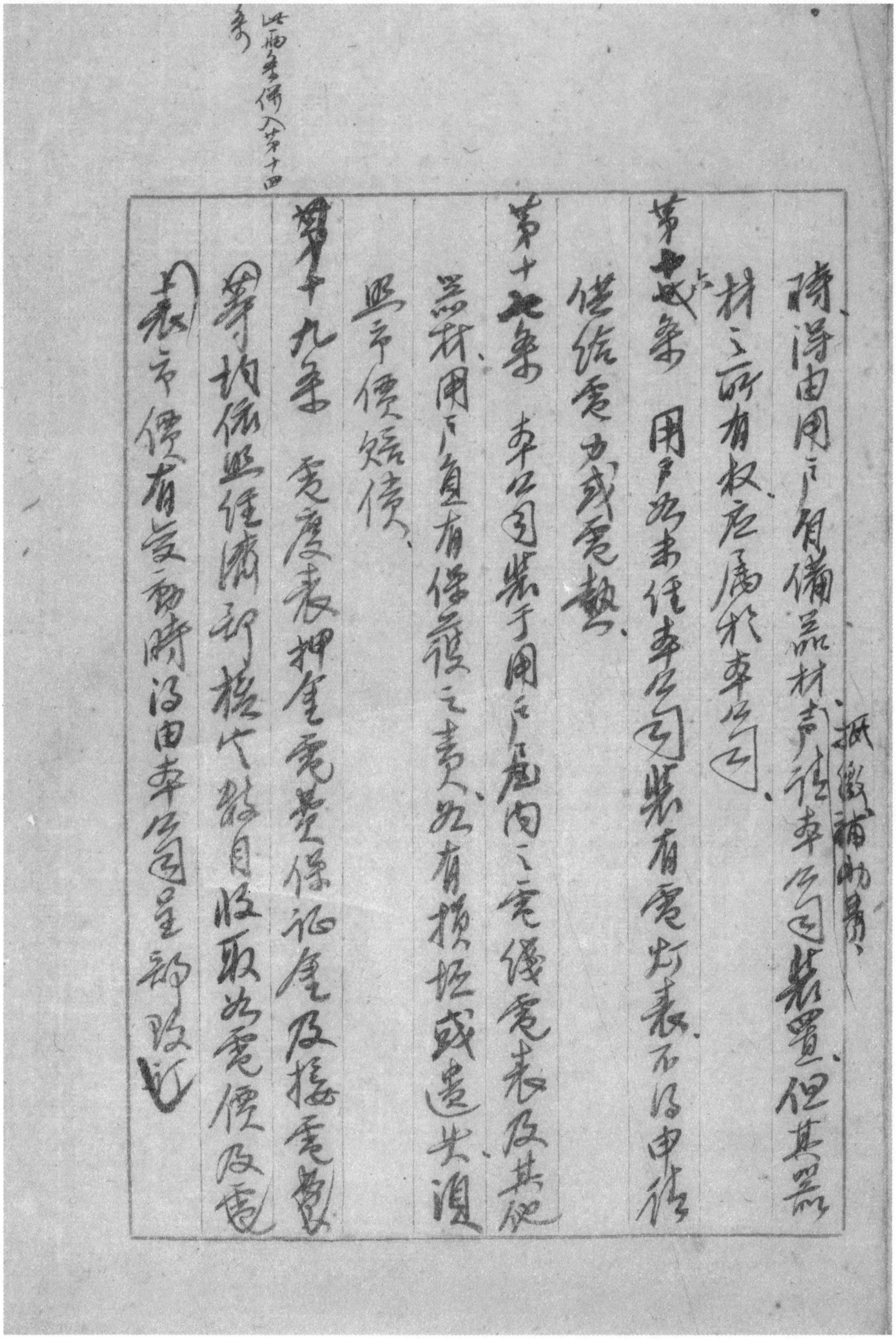

此兩條併入第十四條

時得由用户自備器材抵繳補助費、請本公司裝置，但其器材之所有權應屬於本公司。

第十五條 用户如未經本公司裝有電燈表，不得申請供給電力或電熱。

第十七條 本公司裝于用户屋內之電線、電表及其他器材，用户負有保護之責，如有損壞或遺失，須照市價賠償。

第十九條 電度表押金、電費保証金及接電費等均依照經濟部核定數目收取，如電價及電表市價有變動時，得由本公司呈請改訂。

7

用户新增急需用电时，得声请加急迁移，本公司接受声请后，即提前检验，其接电费应加倍收取。但用户不得藉口需用孔急自行撤表或装迁，否则一经查觉，即以窃电论，撤回电表，停止供电，没收原缴保押金并追偿欠费。

第二十五条 用户向本公司拟将原装电表于同一屋内迁移处所时，应先填具屋内移表声请单，经检验认可，即将可能移表通知单交原声请户于一个月内持单向原主管营业所处照缴移表费，其须加添材料者并照缴材料补助费，本公司于收费后二日内派工移表（遇天时倒流或其他意外不在此限）如在检验认为不便移时，即将不能移表通知单交与用户。

第二十一条　本公司所装各用户电表，每三年检验轮流检验一次。如用户认为所装电表不甚准确，得随时向本公司主管科填具检表声请单，照缴检表费，本公司对于单相表得派员赴用户检验，三相表须拆回检验。电表经检验后，依前中央建设委员会所定标准，其快慢在百分之二以内者，以准确论；如快慢在百分之二以上，即按所得之准确百分数计算追还或补

重庆电力股份有限公司营业章程（一九四三年十月）　0219-2-70

收最近一個月之電費之差額，並追還按表費外。

電表發生故障無法計算其電度時，應照最近三個月平均實用電度更正當月電費，其裝表未滿三個月者，應照用電後各月實用電度平均更正電費，其裝表未滿一個月者，應照裝表後一個月每日用電平均度數按日更正電費。

第二十五條 舊用戶所裝電表擬過讓新用戶時，應由新、舊二户過同舊户携帶保押金收據及印章偕同公司主管股科，辦理過户手續，填具過户申請單，繳清電費，辦理過户手續，並照繳過户手續費

重庆电力股份有限公司营业章程（一九四三年十月） 0219-2-70

否则旧户所有欠费、赔偿及其他责任概由新户负担。

第七章 电费底度

第二十三条 本公司收取用户电费，遵照经济部核定电价表照算，并按电度表用电度数计算。

第二十四条 用户装用电表，设每月用电不及底度或未用电度，均应照底度算付电费，超过底度者照实用电度计费。各种底度规定如左：

一 电力每月每马力以二十五度为底度，其大宗电力用电特约经本公司认可者，得另订用电合同。

二　电灯底度依装用电表容量分别计算如左、

电表安培数	每月底度
一·五	四
三	六
五	一〇
一〇	二〇
一五	三〇
二〇	四〇
三〇	六〇
五〇	一〇〇

一〇〇　　二〇〇

三　電熱以五安培為最小電表量、每月底度為

電灯同、

第二十五條　臨時用戶以五安培為最小電表量（其用電時間在一個月內時、電費照核定電價[illegible]計算）

月底度照前條加倍計算、

第八章　抄表收費

第二十六條　本公司每月規定日期派員至各用戶抄

表一次、計算所用電度記載於抄表記錄卡片上、

以便用戶隨時核算、對于客館旅館茶館戲院

及其他公共娛樂場所得酌量情形另訂抄表收

重庆电力股份有限公司营业章程（一九四三年十月）　0219-2-70

10

费为准。

第二十七条 本公司派员赴用户抄表时，如遇门锁闭，无法抄录，即由本公司致函约期，如到期仍无法抄录，亦无复函，即派工剪线，并照通用邻居或华楼停甲人员作证，收回电表，仍追偿欠费。

第二十八条 本公司抄表后，派员持正式收据向用户收取电费，如用户当时未能照付，即由该收费员告知其应付金额及日期，再往催收。

第二十九条 用户电费，须一次付清，取得本公司正式收据为凭，如未取得正式收据，或取得收费员所给临时收

重庆电力股份有限公司营业章程（一九四三年十月） 0219-2-70

援此概作无效

第三十四条 用户电费经催收仍未付清时，由本公司寄发催费通知单，限期缴付，如再逾限即派工剪线撤表，并追偿欠费。

第九章 撤表复火

第三十五条 用户原有电气设备经剪线撤表拆设，如欲复火用电，应于三日内向本公司营业股或区事务所填具复火声请单，照缴欠费及复电费，如已逾期，即照新户报装办理。

第三十六条 用户自动请求撤表，应于三日前随带证

11

併入第卅一條

應向本公司主管科處填具停電撤表聲請單，粘派工往撤除。

第三十六條 舊用戶原有電氣設備經售讓於新戶，相聲請讓戶時，應與新戶一律、

第十二條 補據過費

第三十三條 用戶遺失保押金收據時，應即向本公司主管科處填具掛失聲請單，照繳掛失手續費、隨交殷實鋪保簽具本公司製發之掛失補據保單、前登報聲明，經本公司對保查實後，即照原繳金額補發收據或過費、

重庆电力股份有限公司营业章程（一九四三年十月） 0219-2-70

第三十四条 用户所缴保押金非经撤表不得请求退费

第三十五条 用户撤表后得凭撤表凭证、保押金收据及最后一个月电费收据、向本公司主管科室领回保押金，如有欠费或须赔偿损坏之器材，即以原缴保押金作抵，倘不足仍应追缴

第三十六条 用户撤表凭证、如逾六个月未换保押金收据向本公司主管科室请求退费、其该证作为无效

第十一章 改装修理

第三十七条 用户屋内之电气设备、导线及其他材料如有

12

腐坏漏电情形者，即通知其限期改装，逾期得停止停电。

第三十八条 用户表外线保险丝熔断时，应即通知本公司免费修理；至屋内电气设备有损坏时，应自雇承装工匠修理之。

第三十九条 用户擅增加或改装电气设备，应由承装商于改装后向本公司主管科处填具添装或改装声请单，报请查验。如未报验而与本公司计算电费有关者，不论何时添装或改装，均自查觉之日起补算电费一年，其装表不满一年者，自装表起补之。

重庆电力股份有限公司营业章程（一九四三年十月） 0219-2-70

决算、

第十二章 附则

第四十四条 本公司员工赴用户检查或工作时，均带有编号证章及外勤服务证，用户不得拒绝检查或阻碍其工作。

第四十五条 本公司对于窃电案件，遵照前中央建设委员会公布之电气事业人处理窃电规则及军政部内政部军事委员会建设委员会会颁之取缔军警政机关部队及其所属人员窃用电流规则处理、

13

第四十二條　用戶如有特殊用電設備經本公司同意認可者須另訂專線用電合同、

第四十三條　本公司出租電器用具另訂章程辦理、

第四十四條　本章程經本公司董事會決議呈報經濟部及重慶市政府核准後公布施行，修改時亦同、